Hrsg. Petra Pau/Dominic Heilig

Internationale Berliner Konferenz

D1695124

HRSG. PETRA PAU/DOMINIC HEILIG

Internationale Berliner Konferenz

„Für eine tolerante Gesellschaft – gegen Rechtsextremismus und Rassismus"

12. und 13. Mai 2001 Rathaus Schöneberg, Berlin

Veranstaltet durch
die Partei des Demokratischen Sozialismus (PDS),
die Bundestagsfraktion der Partei des Demokratischen
Sozialismus (PDS),
das Forum der Neuen Europäischen Linken (NELF) und
die Konföderale Fraktion der Vereinten Europäischen
Linken/Nordische Grüne Linke (GUE/NGL) im
Europäischen Parlament

Karl Dietz Verlag Berlin

Es gilt das gesprochene Wort.
Zusammengestellt und redaktionell bearbeitet von
Adelheid Neumann und Dominic Heilig

Kontakt:
Dominic Heilig
PDS Parteivorstand
Kleine Alexanderstraße 28
10 178 Berlin
Tel.: 030/24 009 447
E-Mail: dominic.heilig@pds-online.de
Internet: http://www.pds-online.de

Die Deutsche Bibliothek – CIP-Einheitsaufnahme

Internationale Konferenz für eine tolerante Gesellschaft – gegen
Rechtsextremismus und Rassismus <2001, Berlin>:
Internationale Berliner Konferenz „Für eine tolerante Gesellschaft –
gegen Rechtsextremismus und Rassismus" : 12. und 13. Mai 2001, Rathaus
Schöneberg,
Berlin / veranst. durch die Partei des Demokratischen Sozialismus (PDS)
Hrsg. Petra Pau/Dominic Heilig. – Berlin: Dietz, 2001

ISDN 3-320-02032-3

© Karl Dietz Verlag Berlin GmbH 2001
Umschlag: Heike Schmelter, unter Verwendung eines Fotos von Burkhard Lange
Gesamtherstellung: MediaService GmbH BärenDruck und Werbung, Berlin
Printed in Germany

INHALT

Internationale Berliner Konferenz „Für eine tolerante Gesellschaft – gegen Rechtsextremismus und Rassismus"

Eröffnung

Gabriele Zimmer, *Vorsitzende der Partei des Demokratischen Sozialismus (PDS)*

Liebe Gäste, Freunde, Genossinnen und Genossen, ich freue mich, Sie zur Rechtsextremismus-Konferenz der PDS begrüßen zu können. Gemeinsam mit der PDS-Bundestagsfraktion und der Konföderalen Fraktion der Vereinten Europäischen Linken/Nordisch Grüne Linke (GUE/NGL) im Europäischen Parlament sind wir Gastgeber einer internationalen Konferenz, die sowohl Beratungsgegenstand des XX. Treffens des Forums der Neuen Europäischen Linken (NELF) sein wird und zugleich die Aufgabe hat, den Beschluss der 1. Tagung des VII. Parteitages in Cottbus umzusetzen. Es geht darum, dass wir eine gemeinsame Verständigung zu den brennenden Fragen der Auseinandersetzung mit dem Rechtsextremismus und Rassismus intensivieren, mit dem Ziel, in und mit der Öffentlichkeit wirksame, vor allem öffentliche Gegenstrategien zu erarbeiten.

Vielleicht wird mancher der hier Anwesenden sagen: Es ist problematisch, dass genau zu diesem Zeitpunkt, da in Lichtenberg 500 Neonazis einen Aufmarsch inszenieren, wir uns jetzt nicht ihnen entgegenstellen können. Ich möchte deshalb den couragierten Lichtenberger BürgerInnen, den PDS-Mitgliedern, die sich mit Mahnwachen und Gegenaktionen gegenwärtig am Bahnhof Lichtenberg zur Wehr setzen, meine Solidarität zum Ausdruck bringen.

Das die Bekämpfung von Neofaschismus, Rechtsextremismus keine alleinige deutsche Angelegenheit ist, sondern Aufgabe demokratischer Kräfte auch in anderen Ländern unseres Kontinents, beweist der Entschluss des Forums der Neuen Europäischen Linken, den politischen Schwerpunkt gerade seines XX. Treffens diesem Thema, das sich als Leitgedanke über die verschiedenen Veranstaltungen spannt, zu widmen, für eine tolerante Gesellschaft, gegen Rechtsextremismus und Rassismus.

Ich begrüße herzlich die VertreterInnen von zwanzig Mitgliedsparteien bzw.

Parteien, die als ständige Gäste an der Arbeit dieses bereits seit zehn Jahren existierenden strukturellen Zusammenschlusses teilnehmen, aus Dänemark, Estland, Finnland, Frankreich, Griechenland, Italien, den Niederlanden, Norwegen, Österreich, Portugal, Schweden, Spanien, Zypern. Ich freue mich, dass zu dieser Konferenz sich auch Gäste aus der Tschechischen Republik, der Russischen Föderation, aus Großbritannien, Ungarn, der Türkei und Guatemala angemeldet haben. Ich begrüße natürlich auch herzlich die ReferentInnen und WissenschaftlerInnen, die sich bereit erklärt haben, aus Sicht der Europäischen Union und der USA, sich in die Debatten einzubringen.

Ich hoffe, dass ich in meinem Beitrag eine Reihe von Fragestellungen in die Debatte werfen kann, ohne den Anspruch zu erheben, die Antworten vorzugeben, die die Konferenz in Debatten erarbeiten soll.

Wenn ich Rechtsextremismus höre, denke ich Neofaschismus. Automatisch läuft in mir ein Film ab: glatt geschorene Skinheads, fahnenschwenkende Neonazis, SS-Runen, Hakenkreuze und Bilder jener, die bis heute dem deutschen Faschismus dienen würden, wäre da nicht der 8. Mai 1945 gewesen. Es kann keinen Zweifel über den Charakter dieses verbrecherischen Abschnitts deutscher Vergangenheit geben. Aber sind wir uns auch dessen bewusst, dass auch wir als nachgeborene Deutsche manchmal im Ausland mit der Nazizeit in Verbindung gebracht werden? Ich muss aus Zeitgründen darauf verzichten, die bekannten und im letzten Verfassungsschutzbericht veröffentlichten Details über die Vielfalt des Rechtsextremismus zu referieren. Diese Entwicklung hat System und sie ist systemimmanent. Der Erfolg des rechtsextremen Denkens lässt sich aber nicht proportional als Misserfolg demokratischer Verfasstheit interpretieren. Wir sollten uns von simplen Zuordnungen fern halten und stattdessen über gesellschaftliche Strategien nachdenken, um einer weiteren Verbreitung völkischer, rassistischer, chauvinistischer Demagogie den Boden zu entziehen. Wir müssen uns überlegen, woher Rechtsextreme die Überzeugung gewinnen, sie würden Deutschland dienen, sie würden Recht und Ordnung bewahren, und wieso sie sich manchmal sogar auf Werte der vergangenen DDR berufen. Sie agieren als moderne Rattenfänger, mit Musik und Bildern. Sie knüpfen an die Orientierungslosigkeit und Angst mancher Menschen vor Veränderung an. Sie schlüpfen in die Rolle von Gralshütern und diskutieren zunehmend, wie und wann Gewalt gegen wen als Überzeugungsmittel von ihnen eingesetzt werden kann. Sie knüpfen mit demagogischer Vollkommenheit an dumpfe Unzufriedenheit mit Stammtischparolen an. Trotz dieser Versuche sind die Rechtsextremen quantitativ eine Minderheit geblieben. Doch die Minderheit ist viel zu groß und kann, wie wir aus der

Geschichte wissen, sehr schnell wachsen. Die Welt rechtsextremen Denkens ist der Aufklärung entgegengesetzt. Rechts und Rechtsextremismus sind zwar charakterisierende Worte, doch die hochideologisierten gewaltbereiten Extremisten sind nicht durch verbale Argumente zu stoppen. Sie versuchen in verschiedener Art vorhandene Räume zu besetzen, nicht nur virtuell im Internet, sondern real auf Straßen, Plätzen, durch kommunale Arbeit, durch Agitation.

Rechtes Denken findet nicht außerhalb der Gesellschaft statt und hat viele Facetten. Wenn rechtsextreme Vorfälle in Deutschland die Weltpresse erreichen, dann stehen verständlicherweise und zu Recht nicht regierungsamtliche Beschwichtigungen im Mittelpunkt des Interesses, sondern in erster Linie das politische, kulturelle Klima in deutschen Landen. Es geht auch aus der Außensicht um die schweigenden und wegsehenden BürgerInnen. Nur wenn die Mehrheit der Bevölkerung versagt, kann eine noch so zersplitterte rechtsextreme Minderheit erfolgreich sein.

Die Analysen sind bisher zu schwach und der Protest nicht ausreichend sichtbar, nicht eindrücklich, nicht nachhaltig, nicht prinzipiell genug. Kann es sein, dass zu wenig Menschen den Respekt vor dem Anderen, Fremden verinnerlicht haben? Dass sie beispielsweise ihren Tourismus mit Weltoffenheit verwechseln? Es ist an uns darüber nachzudenken, ob unsere sozialistische Politik hier wirksam genug ist. Ich kann mir wahrhaft sozialistisches Denken nicht im Verbund mit privatem, nationalem Dünkel und auch nicht mit dümmlich kleinbürgerlicher Arroganz vorstellen. Die Demokratie, so sagt ein englisches Sprichwort, ist wie der grüne Rasen: Man muss ihn gießen, jeden Tag aufs Neue.

Offenbar geht es um eine Sozialisation mit langfristiger Wirkung, in der die Achtung vor der Vielfalt der Lebensentwürfe ganz selbstverständlich von einer auf die nächste Generation vererbt wird. Die rechtsextreme Minderheit hat sich in den Jahrzehnten lascher bundesdeutscher Staatspolitik überall festgesetzt, weil politisch eine konsequente Abrechnung mit dem deutschen Faschismus nicht wirklich gewollt war. Aus heimlichen sind immer offener agierende Sympathisanten geworden. Die Empörung und zahlreiche friedliche und gewaltsame Aktionen gegen Rechts stoppten zwar den rechtsextremen Zug, doch ließen sie ihn leider nicht auf Dauer entgleisen.

Die Organisatoren des Rechtsextremismus nutzen die scheinbar rechtsfreien Räume für ihre Belange. Sie besetzen all jene Bereiche, die wir in unserem politischen Denken bisher ausgespart haben. Sie behaupten von sich, Deutschland zu repräsentieren. Sie nennen sich deutsch-national und treten mit Füßen auf alles, was ihrem nationalistischen Selbstbild nicht entspricht. Sie sind Deutschlands Schande! Sie grenzen aus: Frauen und Männer mit und ohne deutschen Pass, sogar deren Kinder, Junge wie Alte, Kranke und Gesunde, Menschen mit Behinderungen und solche, die in anderer Weise als sie formiert sind. Eine Minderheit maßt sich an, uns alle zu erpressen. Dazu setzt sie nicht nur Gewalt ein, sondern den Sog ihrer Ideologien, ihrer Musik, eingeschworene Kameradschaft für Anlehnungs- und Führungsbedürftige, das gedruckte Wort, Internet und öffentliche Kundgebungen, die wegen ihres juristischen Vor- und Nachgeplänkels immer wieder für Schlagzeilen und Fernsehbilder sorgen. Das genau wollen sie! Ihr Ziel ist es, sich im öffentlichen Bewusstsein als ordentlich, sauber und deutsch zu positionieren.

Ich möchte hier einen Gedanken des Präsidenten des Bundesamtes für Verfassungsschutz, Heinz Fromm, aufnehmen: „Der Rechtsextremismus ist kein einheitliches ideologisches und organisatorisches Gebilde. Besonders bedrohlich ist das aktionistische, zum Teil spontan gewaltbereite Spektrum der rechtsextremistischen Szene, die wegen ihrer Spontaneität schwer zu erfassen und im Wachsen begriffen ist." Demgegenüber verzeichnen die rechtsextremen Parteien einen Mitgliederschwund und spielen, wie wir mit Erleichterung feststellen, zumindest im Augenblick, bei Wahlen kaum eine Rolle.

Immer wieder beschäftigt mich diese sonderbare Akzeptanz. Damit meine ich jene schweigende Mehrheit, die sich fast reflexartig ans Wegsehen gewöhnt hat. Ebenso beschäftigt mich die Frage, in welche besondere Pflicht sich die sozialistische Linke begeben muss. Wir brauchen eine Grundhaltung, in der die Verantwortung für das Ganze das Handeln jedes Einzelnen motiviert. Wo diese Breite fehlt, findet rechte Ideologie ihren Nährboden. Rechtes Denken entmündigt die Menschen. An die Stelle humanistischer Werte rücken Verleumdungen und vorurteilsbelastete Halbwahrheiten, schiebt sich ein Unbehagen. Des Weiteren legitimiert man mit platten, süffigen Unterstellungen von nationaler Überfremdung, vom Aussterben des deutschen Volkes, von der Kriminalisierung ethnischer Gruppen eine dumpfe nationale Arroganz und den offenbar anheimelnden Herdentrieb. Jedes Mittel, auch Gewalt gegen Menschen und Dinge, wird aus dem rechtsextremen Blickwinkel zur sozial gerechtfertigten Lösung wirklicher und vermeintlicher Probleme erklärt. Warum aus den Erfahrungen mit deutscher Geschichte keine massenhaft wütende Abkehr und lautstarke Zurückweisung dieser demagogischen Zumutung wird, setzt zumindest bei mir ein Räderwerk aus Fragen und Erklärungsansätzen in Bewegung. Eines schient mir deutlich, politische Schlagworte sprechen nur für sich. Was wir aber brauchen sind Kenntnisse über sozialpsychologische, biografische und in die Alltagskultur eingeflossene tradierte Vorurteile. Wir wissen, dass ein Vorurteil keiner Erklärung bedarf. Es versteht sich von selbst. Wie eine Endlosschleife vererben sich Klischees und Vorurteile über Juden, Zigeuner, Intellektuelle und Linke von einer Generation auf die andere. Dieser Kreislauf muss unbedingt unterbrochen werden!

Nicht ganz so endlos sind die öffentlichen Gedanken über die verstrickten Motivationskomplexe bei Rechtsextremen. Auch hier müssen wir Abschied von eindimensionalen Erklärungen nehmen. Die Rechten stehen nicht außerhalb oder am Rande der Bevölkerung, sondern mittendrin. Machen wir uns nichts vor, die Entwicklung zum Rechtsextremismus ist auch eine kulturpolitische Angelegenheit, an der die gesamte Gesellschaft ihren Anteil hat.

Wo aber sehen wir uns eigentlich in diesem Zusammenhang? Alltäglich wird überall mit viel Gewalt auf Störungen reagiert. Abwicklungen, Entlassungen, Mobbing gehören dazu. Es ist ein harter, rücksichtsloser Kampf, den nur wenige schadlos überstehen. Gewalt ist in Wort und Bild als vielschichtige Brutalität, als normatives Verhalten auch in privaten Beziehungen zwischen Männern und Frauen, Eltern und Kindern, Kindern und Jugendlichen eingepegelt. Die Prügelstrafe war und ist immerhin Teil deutscher Leitkultur. Gäste aus dem Ausland sprechen von einer spürbaren Aggressivität im Alltag und meinen Autobahnen, Kaufhallen, die Schärfe des Tones zwischen den Generationen ... In Deutschland wird wenig gelacht, wunderte sich ein Gast aus Israel.

Was folgt aus all dem? Wir haben kein festes Gesamtbild. Wir wissen kaum, wie die gesellschaftliche Akzeptanz von kulturellen Unterschieden gefördert werden kann. Wir müssen herausfinden, wie viel Überschreitung welcher Norm möglich ist, ohne dass die Demokratie dadurch gefährdet wird. Eines aber ist klar: Wir werden nicht hinnehmen, dass sich Menschen abends nicht mehr auf die Straßen wagen, dass Dunkelhäutige die S-Bahn nicht nur in den Nachtstunden meiden und Schülergruppen Polizeischutz benötigen, um ins Berliner Umland zu fahren. Es wird aber keine Lösung von oben geben. Die Gesellschaft muss sich für das Zusammenleben und gegen terroristische Angst entscheiden. Wir sind gefordert, dabei zu sein und zu handeln. Jede Pöbelei und jedes Hakenkreuz an einer Häuserwand irgendwo in Deutschland, jeder Neonaziaufmarsch, jede Verwüstung eines jüdischen Friedhofs, jede Schmiererei an einem sowjetischen Ehrenmal, jedes Propagandadelikt, jeder Schlag ohne oder mit bundesdeutschem Pass muss uns zum Aufschrei, zum aktiven Protest bewegen.

Für uns geht es um Handeln und Analyse. Es geht um auszudifferenzierende Zusammenhänge, um den Kontext aus deutscher Geschichte und Vergangenheit, um die Folgen für die deutsche, europäische und globale Gegenwart und um

Glaubwürdigkeit unserer eigenen Utopien. Längst schon reichen die früheren bildhaften Losungen und propagandistischen Lehrsätze nicht mehr aus. Der zwischen süßlichen Überredungen und Brutalität angesiedelte politische Gegner mobilisiert junge Menschen und fängt jene der Älteren ein, die einfache Erklärungen für komplexe gesellschaftliche Widersprüche suchen. Wir werden deren Ansichten niemals teilen. Ihre Taten sprengen die Grenzen unseres kulturellen Verständnisses. Ihr Deutschland-, Europa- und Weltbild ist dem unseren nicht kompatibel. Man sehe in ihre Gesichter, wenn sie im Fernsehen an uns vorbeiziehen, jung und hart. Manche kommen uns bekannt vor. Ist das der höfliche junge Mann von nebenan? In der Menge zeigen sie Gruppenarroganz. Nennt man das mit Tucholsky „weggelaufenes Zivil"? Sie sind innerlich uniformiert und das Äußere ist uns ziemlich bekannt. Nach Behördenerkenntnissen treten rechtsextremistische Einstellungen vor allem gebündelt auf. Entgegen landläufigen Vorstellungen soll der Antisemitismus kein Hauptmotiv sein, aber ein stabiles Vorurteil darstellen. Im Neonazibereich wird heute über Gewalt als politisches Mittel nachgedacht. Es ist aus meiner Sicht dringend erforderlich, sich dem Rechtsextremismus zuzuwenden.

Gerade war der 8. Mai, der Tag der Befreiung. In der sowjetischen Geschichte ist das Ereignis der Tag des Sieges und noch immer wird er am 9. Mai gefeiert. Die deutsche Gegenwart muss sich ihrer Geschichte erinnern. Dafür ist jede Familie zuständig, Generation um Generation. Doch im rechtsextremen Denken gibt es keinen heldenhaften Kampf der Völker gegen den Faschismus. Völkisch wird auf Deutschlands Vergangenheit gesehen. Die Geschichte wird legitimatorisch umgeschrieben, damit sich die alten und neuen Nazis, die gewaltbereiten Skinheads, Kameradschaften, Mitglieder von Parteien wie NPD, DVU oder Republikaner darin spiegeln können. Tausende unorganisierte Jugendliche sind bereits in diesen Sog geraten. Das alles lässt sich nicht mit dürren Worten erklären, es zieht an den politischen Phrasen ebenso vorbei wie an müden Beschwichtigungen. Der Rechtsextremismus ist auch keine modische Jugendsünde. Gezielt und systematisch wird auf die europäische Zukunft nationalistisch vorbereitet. Das bringt Zulauf! Der Neofaschismus ist primär nationalistisch. Doch die Internationalisierung darf nicht übersehen werden.

Alle zuverlässigen Analysen berichten übereinstimmend, dass vor allem in den ostdeutschen Landesteilen seit zehn Jahren weit mehr rechtsradikale, latent antisemitische, offen fremdenfeindliche und intolerante Jugendliche herangewachsen sind, als man verkraften kann. Diese Tatsache haben wir zu lange zu verdrängen versucht. Warum? Ich vermute, weil wir ahnen, dass uns einiges an

Erkenntnissen schmerzen würde. Wir müssen akzeptieren, dass die autoritäre Erziehung, die zum Teil sinnlos normative Ordnung des öffentlichen Lebens in der DDR, die durchaus vorhandenen spießigen, zu politischer Intoleranz erhobenen Einstellungen gegen Andersdenkende und Anderslebende gesellschaftlich anerkannt waren. Das hat Einfluss auf die Sozialisation des Nachwuchses. Der Zweifel am Sinn der Eingrenzung war ausgesperrt. So erstarrte der konstruktive Widerspruch in der Phrase. Und diese eingeübten Erfahrungen engen bis heute lebensstrategisch ein. In den Familien werden unreflektiert verhärtete Weltsichten weitergegeben, auch bei denen, die sich für progressiv halten. Das betrifft offenbar alle Wählerschichten gleichermaßen. Vor der Änderung steht die Analyse. Wir müssen offenbar zur Kenntnis nehmen, dass entgegen dem gesunden Menschenverstand ein extrem irrationaler Hass auf Neues und Fremdes nicht wie zu erwarten mit den positiven Grundwerten kollidiert. Irritation und Unsicherheit über Gegenwart und Zukunft machen dafür aufnahmebereit. Es war lange Jahre sehr bequem für das wachsende rechtsextreme Gewalt- und Gesinnungspotential im Osten sattsame Argumente gegen die DDR-Geschichte ins Feld zu führen, so als wäre die DDR voraussetzungslos Ursache und Auslöser gewesen. In der Begeisterung über solche Erkenntnisse waren Ereignisse wie in Solingen und Lübeck plötzlich nicht mehr denkbar. Doch sie fanden brutal statt. Inzwischen wird etwas vorsichtiger geschlussfolgert. Doch wie immer wir es auch drehen, die Anzahl der Übergriffe im östlichen Territorium ist prozentual auf die Bevölkerung umgerechnet erheblich höher als im westlichen. Dafür gibt es viele Ursachen. Vergessen wir dabei auch nicht, dass die heute 15-jährigen damals Kindergartenkinder waren und in zehn Jahren durch die neue Ordnung gegenüber rechtsextremer Ideologie nicht immun geworden sind. Was ich über die Ursachen lese, erscheint mir nicht selten eine eher hilflose Aufzählung von alltagskulturellen Mängeln zu sein. Wieso wird beschwichtigend mit persönlicher Unzufriedenheit, Ödnis in der Landschaft, Langeweile, Lehrermangel und Spannungen im Elternhaus argumentiert? Das rechtfertigt doch keinen derartigen Verfall aller menschlichen Werte. Was also verbindet jugendliche rechtsextreme Gewalttäter miteinander und mit ihrer menschenverachtenden Gesinnung? Was ist daran gesellschaftlich, was familiär, was durch die Persönlichkeit im Lebensentwurf induziert? Und wann entstehen bei gleichen Bedingungen ganz andere Lebensentwürfe? Kurzum, warum werden manche rechtsextrem und viele andere nicht?

Ich möchte noch eine Erfahrung mit Ihnen teilen. Ich hatte mich in letzter Zeit oft mit Lehrenden unterhalten, die im aktiven Schuldienst und PDS-nah sind. Dabei fiel mir etwas auf. Fast in jedem Gespräch wurde eine merkwürdige Vereinzelung beklagt. Das heißt die LehrerInnen fühlten sich in ihren Lehrerkollektiven isoliert, vor allem bei Fragen wie Rechtsextremismus und Gewalt. Gleichzeitig habe ich immer wieder gehört, dass nur einige wenige Schüler und zunehmend auch Schülerinnen nötig sind, um das Gesamtklima an einer Schule zu vergiften. Das ist erschreckend richtig. Anderswo halten zehn oder fünfzehn gewaltbereite Jugendliche an Wochenenden ihren Ort in Atem. Doch damit der Terror solcher Kleingruppen wirken kann, müssen alle anderen die Fenster mit dicken Gardinen schließen und sich die Ohren zuhalten. Ist es immer so gewesen? Ich wiederhole mich, aber mich treibt dieser Gedanke um. Ich kann und werde nie begreifen, wieso der massenmörderische Schrecken der Vergangenheit, der deutsche Völkermord, der letzte Weltkrieg, dessen Spuren bis heute in manchen Städten zu sehen sind, wieso die noch immer präsenten Erinnerungen von Zeitzeugen, wieso Filme, Bücher, Schulunterricht, wieso jahrzehntelanges öffentliches Nachdenken nicht ausreichten, um eine solche politische Alltagskultur zu schaffen, in der deutscher Nationalismus, Völkerverachtung und Rassismus keine Chance für niemanden haben. Stattdessen lese und höre ich von Holocaust-Leugnern, von Weltkriegsbegeisterung, von der Hetzjagd auf AsylbewerberInnen, von „national befreiten Zonen", in denen organisierte und spontan gewaltbereite rechtsextreme Jugendliche nach eigenen Regeln mit Anwohnern und Gästen umgehen wollen. Umgehen heißt hier Ausgrenzen, Vertreiben, in Angst und Schrecken versetzen, ihnen ihre Ordnungsprinzipien aufzwingen. Auf Deutsch sprechen wir von Rechtsextremismus ohne nachzufragen, ob sich mit diesem Begriff die komplexen gesellschaftlichen Erscheinungen summieren. Das Wort Toleranz ist zum nicht weniger nachfragebedürftigen Gegenbegriff avanciert. Wenn wir die Naturwissenschaftler bemühen, erfahren wir, dass unter Toleranz die Mindestabweichung von genau fixierten Normen verstanden wird. Und schon Goethe wusste, dass es nicht um Toleranz, sondern um Akzeptanz geht. Die Demokratie steckt in einem schwierigen Handlungsfeld, denn es ist Konsens, dass Demokratie nicht von innen gefährdet ist. Hitlerdeutschland hat jedenfalls diesen demokratischen Grundkonsens aus allen Angeln gehoben. So versteht sich natürlich unsere extreme Wachsamkeit, die angesichts der hässlichen rechtsextremen Bilder immer wieder aufgewühlt wird.

Was heißt das konkret? Wir müssen handeln! Auch die in Wissenschaft und Kultur Tätigen müssen mit ihren Antworten überall dort zur Stelle sein, wo Erklärungen gebraucht werden. Auch sie müssen über die negativ tradierten gesellschaftlichen Übereinkünfte reden, die im Alltag so selbstverständlich sind, dass man sie fortsetzt, ohne sich ihrer Zulässigkeit überhaupt erst zu vergewissern. Nirgends darf jemand seinem Nachbarn ungestraft die Wohnung anzünden, weil dieser anderer Hautfarbe ist. Niemand darf ungestraft zuschlagen, nur weil es ein Gefühl von Fremdheit gibt. Daran muss meines Erachtens nicht viel herumgedeutet werden. Die Menschen brauchen in ihrem Zusammenleben verbindende Werte wie Vertrauen, Solidarität und Stolz auf Erreichtes. Irre ich mich oder werden positive Begriffe in unserem Sprachschatz zunehmend gestrichen? Diese Frage klingt banal, solange wir die Folgen nicht wahrnehmen. Die Rechtsextremen haben unsere Schwäche längst erkannt und das, was wir übersehen, mit Erfolg ihrem Kodex zugeschlagen. Auch so werben sie sich Zulauf. Demagogisch behaupten sie deutsche Tugenden. Daraus nährt sich ihre nationalistische Gewissheit. So kann nach und nach das alltäglich Selbstverständliche von rechts besetzt werden, ohne dass wir es aufhalten. Das ist auch der Grund für mein Interesse an diesem Thema. Wir dürfen einfach nicht zulassen, dass Worte zum Kampfbegriff des politischen Feindes werden. Wir haben die Aufgabe dafür zu sorgen, dass Begrifflichkeiten humanistisch untersetzt werden. Wenn wir es nicht tun, überlassen wir diese Welt den anderen! Feinde, nicht Gegner sind uns die Rechtsextremisten oder besser Neofaschisten allemal.

Auf Englisch gibt es einen anderen Überbegriff – „hate speach". Das meint hasserfülltes Reden, im Unterschied zum Handeln, auf der Grundlage anderer Rasse, Religion oder nationaler Unterschiede. „Hate speach" ist in den USA verfassungsmäßig durch das „first amendment" als freie Meinungsäußerung geschützt. Dieses oberste Verfassungsgebot bringt neuerdings internationale Probleme mit sich. Nach den allgemeinen Menschenrechten und in westlichen Demokratien wie Kanada, Deutschland und Großbritannien sind rechtsextreme Inhalte ein strafrechtlicher Verfolgungstatbestand. Es kann und es wird keine Harmonisierung des Rechts nach US-amerikanischem Vorbild geben, aber vermutlich sehr weitreichende und folgenreiche Debatten. Warum erwähne ich das? Wir leben im elektronischen Zeitalter. Die Globalisierung und die weltweite Vernetzung mittels Internet zwingen uns nicht nur politisch und moralisch über Deutschlands Versagen zu lamentieren, sondern den kritischen Vergleich zu suchen und solche juristischen Details in ihrem historischen, regionalen Kontext für uns und andere als handlungsrelevant zu erkennen. Schließlich wird heute ein Großteil rechtsextremer Propagandahetze in Kalifornien produziert und per Internet auch nach Deutschland übertragen. Technisch scheint es immer noch schwierig, Filter gegen Rechts einzuschieben. Juristisch ist gegen das „first amendment" der USA-Rechtsauffassung noch nicht anzukommen. Dennoch: Es muss gemeinsame Strategien geben! Neonazistische Gruppierungen sind in Deutschland und Kanada erheblich stärker verfestigt als in den USA. Wiederum dort setzen geistige Brandstifter auf moderne Technik und verschicken ihre Anleitungen zum hasserfüllten Handeln. Es ist nicht zu akzeptieren, dass Ideologien, die den Rassismus verbal legitimieren, per Internet durch die ganze Welt verbreitet werden. In diesem Zusammenhang möchte ich an etwas erinnern, was nicht hier, sondern in den USA vor rund 20 Jahren stattgefunden hat und bis heute im öffentlichen Bewusstsein verankert ist. Ich meine den geplanten Marsch amerikanischer Neonazis durch einen kleinen Chicagoer Vorort. Die Neonazis galten zwar nicht als einflussreich, doch war die Beteiligung der USA im Kampf gegen Hitlerdeutschland in guter Erinnerung. Doch dieser Ort war nicht wie jeder andere. Hier lebten viele jüdische Menschen, auch viele Holocaust-Überlebende. Die Frage war damals, was höher zu veranschlagen sei: das „first amendment", also das Recht auf freie Meinungsäußerung, oder die Gefühle und Traumata von Holocaust-Überlebenden. Das Gericht setzte damals das Recht auf Meinungsfreiheit höher an. Der Marsch fand dennoch nicht statt. Die Neonazis verlegten ihn in einen anderen Teil von Chicago, fern jeder jüdischen Bevölkerung. Er verlief faktisch im Sande, doch dieser Chicagoer Vorort ist zu einer Metapher geworden. In den USA geht diese Debatte seither durch alle politischen Richtungen. Mir fällt es schwer, einer solchen Logik zu folgen. Anders gesagt: Für uns ist in Übereinstimmung mit dem Grundgesetz der BRD nazistisches, rassistisches, antisemitisches und völkerverhetzendes Denken, Reden und Schreiben grundsätzlich kein schützenswertes Gut. Dass wir hier unerbittlich sind, hat mit unserer nationalen Verantwortung für die deutsche Vergangenheit zu tun.

Der Antisemitismusforscher Wolfgang Benz machte vor Jahren auf einen besonderen Zusammenhang aufmerksam: „Ohne das Erbe der zwölf Jahre des Dritten Reiches wäre Rechtsradikalismus in der Bundesrepublik wie auch in anderen Staaten in erster Linie eine statistische Größe des politischen Lebens und vermutlich eine harmlose Randerscheinung oder ein Problem der inneren Sicherheit. Die historische Hypothek macht aber in Deutschland jede Art von rechtem Extremismus zum politischen Problem von unvergleichbarer und einzigartiger Dimension ... Wo anders liegen denn die Ursachen für die Folgen des von Hitler angezettelten Weltkriegs, wo anders als in der Politik der 1933 erfolgreichen Rechtsextremisten? Mit den Folgen des historischen Rechtsextremismus bleiben auch die Nachgeborenen konfrontiert."

Es sind die Jahre 1933 bis 1945, die von uns verlangen, dem Rechtsextremismus als eine identitätsstiftende Ideologie keine noch so kleine Lücke zu lassen.

In der Praxis sind Rechtsextremismus, Nationalismus und Rassismus nachweislich auf Taten orientiert. Deshalb sind Gegenstrategien dringend erforderlich.

Abschließend möchte ich trotz meiner Bedenken gegenüber der Zuverlässigkeit der offiziellen Statistik doch einige Zahlen zitieren. Sie erfasste im Jahre 2000 insgesamt 15 951 Straftaten, die als rechtsextremistisch, fremdenfeindlich und antisemitisch registriert waren. Der Anstieg gegenüber 1999 betrug rund 50 Prozent. Die rechtsextremen Gewaltdelikte steigerten sich um 34 Prozent. Auch Propagandadelikte und antisemitische Zwischenfälle nahmen zu. Die Zahl rechtsextremer Überzeugungstäter ist angewachsen. Im Jahr 2000 kannte der Verfassungsschutz insgesamt 9 700 Personen, die diese Beschreibung verdienten. Davon sind 87 Prozent rechtsextremistische Skinheads und weit über die Hälfte von ihnen lebt in Ostdeutschland. Es beunruhigt mich, dass es erheblich mehr sein könnten.

Wir müssen energischer und wirksamer gegen die Saat des Rechtsextremismus vorgehen. Dazu gehört auch, dass wir die Kriminalisierung von Antifa-Gruppen, also vor allem junger Menschen verurteilen, die im Verfassungsschutzbericht auftaucht. Sie sind es schließlich, die das Schweigen der Mehrheit durchbrechen, wenn sie sich den Rechtsextremen entgegenstellen. Diese Dialektik scheinen die Verfassungsschützer nicht wahrgenommen zu haben. Ich freue mich über jede junge Frau und jeden jungen Mann aus diesen Kreisen, die heute auch zu unserer Konferenz kommen. Wir haben viel zu lernen, auch von ihnen.

Der heutigen Konferenz möchte ich abschließend einige Fragen mit auf den Weg geben, auf die zumindest ich keine umfassenden Antworten habe. Was genau meinen wir, wenn wir von Toleranz sprechen? Was bedeutet heute das Wort „faschistisch"? Was ist ein Antifaschist angesichts der demokratischen Entwicklungen nach dem Ende des Kalten Krieges? Was ist er, wenn wir dieses große Wort am Mut jener messen, die in den Jahren 1933 bis 1945 im Widerstand gegen das Hitlerregime gefallen und bestialisch ermordet worden sind? Wogegen müssen wir wann und mit welchen demokratischen Mitteln erheblich sichtbarer und nachhaltiger als bisher protestieren? Wo setzt unsere Analyse der heutigen gesellschaftlichen Widersprüche an? Wie können wir systematischer bei dieser Analyse vorgehen? Sind unsere Fähigkeiten zur kritischen Kenntnisnahme bereits hinreichend ausgebildet? In welchem Kontext sehen wir unseren Kampf, den wir gemeinsam mit allen Demokraten gegen jenen Schmutz und Verfall zu führen haben, der uns aus dem rechtsextremen Lager ziemlich anstinkt?

Sprechen wir über das, was wir noch nicht wissen, anstatt uns in der Wiederholung des Bekannten fest zu reden! Sachliche, kompetente, auch von der

Leidenschaft getragene Antworten setzen allerdings voraus, dass wir uns gegenseitig einer politischen Streitkultur verpflichten, wie sie in Deutschland nicht immer gepflegt wird. Ausgehend von dieser Konferenz wird diese Kultur des politischen Streits hoffentlich zum gemeinsamen Anliegen gesellschaftlicher Mehrheiten und ihrer demokratischen RepräsentantInnen werden. Der Weg wird hürdenreich sein, aber ich bin überzeugt, anders kommen wir nicht voran. Auch so verstehe ich die Umsetzung von Demokratie auf der Basis sozialistischer Grundüberzeugungen.

Podiumsdiskussion

Sylvia-Yvonne Kaufmann, *PDS, Stellvertretende Vorsitzende der Konföderalen Fraktion der Vereinten Europäischen Linken/Nordisch Grüne Linke (GUE/NGL)*

Jüdische Friedhöfe werden geschändet. Es gibt Brandanschläge auf Synagogen. In Berlin marschiert die NPD, nicht nur am 1. Mai. In Bochum wurden vor kurzem zwei Afrikanerinnen überfallen. Alltag in der Bundesrepublik! Es ist unerträglich, es schmerzt. Und ich muss sagen, ich empfinde auch Scham für dieses Land. Mein Eindruck ist, dass zwei Gefühle diese Gesellschaft beherrschen. Das eine Gefühl ist Angst und das andere Ohnmacht. Wir sind heute hier, weil wir uns von diesen Gefühlen nicht beherrschen lassen wollen. Wir wollen mit dieser Konferenz auch nach außen zeigen: Wir sind nicht ohnmächtig! In diesem Sinne, meine Damen und Herren, liebe Freundinnen und Freunde, möchte ich Sie alle recht herzlich hier bei unserer internationalen Konferenz mit dem Titel „Für eine tolerante Gesellschaft – gegen Rechtsextremismus und Rassismus" begrüßen.

Peter Fleissner, *Leiter der Abteilung „Forschung und Netzwerke" bei der Europäischen Stelle zur Beobachtung von Rassismus und Fremdenfeindlichkeit (EUMC) in Wien*

Meine sehr geehrten Damen und Herren, ich möchte mich herzlich für die Einladung bedanken. Ich freue mich, meine Arbeitsstätte, die Europäische Stelle zur Beobachtung von Rassismus und Fremdenfeindlichkeit (EUMC) vorstellen zu dürfen, die ihren Sitz in Wien hat. Sie ist eine der so genannten Agenturen der Europäischen Union, teilweise unabhängig, aber von der EU voll finanziert. Das EUMC wurde übrigens auf Wunsch des jetzigen österreichischen Bundeskanzlers Schüssel in Wien angesiedelt, der damals Außenminister war und dann im Zuge der „Maßnahmen" gegen Österreich mit unserer Stelle nicht immer seine Freude gehabt hat.

Nicht immer haben wir Gelegenheit, dass wir von Parteien unserer Mitgliedsstaaten zu einem Vortrag eingeladen werden. Sie wissen, dass es auch Parteien gibt, wo das eher unwahrscheinlich ist. Und ich verweise dabei nicht nur auf Österreich.

Um von vornherein einem möglichen Irrtum vorzubeugen: Ich bin hier nicht als Österreicher, sondern als EU-Bürger, der an einer Einrichtung der Europäischen Union arbeitet – eine interessante Tätigkeit, der ich seit ungefähr einem Jahr mit Begeisterung huldige. Jetzt kann ich im EU-Lehnstuhl, der mit allen technischen und administrativen Möglichkeiten gut gepolstert ist, die Situation bezüglich Rassismus in der gesamten Union verfolgen.

Ich halte die Gründung des EUMC für einen interessanten Akt, der keine hohe Wahrscheinlichkeit auf Realisierung hatte. Aber ich glaube, dass sich die EU immer mehr der Notwendigkeit bewusst wird, Zuwanderung als ein normales Phänomen anzusehen und mit Einwanderung entsprechend umzugehen. Gründe dafür sind: die Globalisierung, ökonomische internationale Konkurrenz im Bereich der Triade, aber auch mit der Dritten Welt, und die demographische Situation in der EU. Für die nächsten zehn Jahre wird ein relativer Arbeitskräftemangel prognostiziert, der schon jetzt in den USA für bestimmte Bereiche thematisiert wird. Zuwanderung wird immer notwendiger, um die Bevölkerungsentwicklung einigermaßen in Balance zu halten und die Pensionen, wenn man beim alten Umlagesystem bleiben sollte, auszahlen zu können. Im wohlverstandenen Eigeninteresse ist die EU daher gezwungen, eine neue Form der Politik zu finden, wie wir mit ausländischen MitbürgerInnen umgehen.

Ich bin sehr einverstanden mit den Zielen dieser Konferenz. Die Vorsitzende hat vorhin eine ausgezeichnete Rede gehalten, die diese Aspekte auf der bundesdeutschen Ebene unterstrichen hat.

Ich darf Sie auch gleich auf einige Probleme aufmerksam machen, mit denen wir uns am EUMC auseinander setzen müssen; weil Sie daran selbst erkennen können, wo die Schwierigkeiten liegen. Erstes Problem ist, dass wir in unserer Agentur ein Spiegel der großen EU sind. Wir haben in unserem Aufsichtsrat Delegierte der 15 Mitgliedsländer. Sie werden direkt von den Regierungen ernannt (aus Deutschland Herr Gauck, seine Stellvertreterin Frau John). In Österreich wurde das Mitglied unseres Verwaltungsrates von der Partei des Bundeskanzlers ernannt, der Stellvertreter kommt von der FPÖ. Sie können sich leicht vorstellen, dass eine derartige Zusammensetzung zu ziemlich heftigen Debatten führen kann. Es ist aber ein positives Zeichen, dass es für unser Anliegen, den Rassismus zu bekämpfen, immer noch eine parteipolitische Mehrheit gibt. Diese Mehrheit unterstützt unsere Arbeit gegen Rassismus und Fremdenfeindlichkeit, aber auch gegen Antisemitismus und Islamophobie.

Ein zweites Problem ist, wie kommen wir an Daten über Rassismus und Fremdenfeindlichkeit heran. Unsere Stelle vergibt einerseits eigenständig Untersuchungen, die von ForscherInnen oder Forschungsorganisationen durchgeführt werden. Andererseits haben wir ein eigenständiges Beobachtungsnetzwerk aufgebaut, das aus 15 „National Focal Points" besteht. Das heißt, wir nehmen Gruppen von Forschungseinrichtungen oder nationale Netzwerke unter Vertrag, die für uns auf jährlicher Basis Daten erheben und Informationen über zwei große Bereiche weitergeben. Der erste Bereich umfasst die negativen Seiten von Diskriminierung, Verbrechen, Morden, Brandschatzungen, aber gleichzeitig erfassen wir auch Daten über die „bewährte Praxis" der Rassismusbekämpfung. In Konferenzen und Arbeitskreisen wird letztere Information verwendet, um in anderen Ländern ähnliche Initiativen zu starten. Vom EUMC wird einmal jährlich ein „Europäischer Runder Tisch" organisiert. Dort tauscht man Informationen über interessante Initiativen aus, wie sie etwa der frühere Bürgermeister von Amsterdam für die fremdenfreundliche Wohnungspolitik seiner Stadt ins Leben gerufen hat. Ebenso werden Initiativen im Bildungs- und Erziehungswesen diskutiert oder Initiativen wie sie z.B. in Schweden gesetzt worden sind und die auch in Deutschland Anwendung finden, wie das „Exit-Projekt", das die Rekonversion von Skinheads und deren Rückführung in die Mainstream-Gesellschaft zum Gegenstand hat. Mindestens einmal im Jahr sollten unsere Aufsichtsratsmitglieder in ihrem Mitgliedsland einen „Nationalen Runden Tisch" organisieren, der ein Treffpunkt für alle Initiativen gegen Rassismus sein sollte. Auch in Deutschland hat heuer bereits ein solcher Runder Tisch stattgefunden.

Unsere Forschungsbereiche erstrecken sich auf viele Felder, z.B. auf die Medienlandschaft, auf die sozioökonomischen Bedingungen von MigrantInnen und auf Einstellungsmessungen gegenüber Minderheiten im Bereich der Europäischen Union. Dazu möchte ich einige brandneue und teilweise auch unveröffentlichte Daten zur EU-Gesamtsituation zeigen, aber auch zur Situation innerhalb Deutschlands, bezüglich der neuen und alten Bundesländer.

Sylvia-Yvonne Kaufmann
Herr Fleissner, wie vergleichen sie Daten aus den verschiedenen Quellen?

Peter Fleissner
Die Bereitstellung vergleichbarer Daten durch das EUMC ist in der gesetzlichen Grundlage für das EUMC explizit gefordert. Aber ich muss Sie leider enttäuschen. Wir können das noch nicht tun. Herr Professor Jäger wird mir wahrscheinlich beipflichten, dass es derzeit keinerlei Methode gibt, die es ermöglichen würde, in allen Bereichen, wo Rassismus und Fremdenfeindlichkeit vorkommen, zwi-

schen den Ländern wirklich zu perfekten Vergleichen zu kommen. Das ist die schlechte Nachricht. Die gute ist, dass wir einen ersten Versuch, vergleichbare Daten zu erhalten, mit einem besonderen Instrument versucht haben. Das so genannte Eurobarometer hat als europäisches Meinungsforschungsinstrument in der EU bereits eine lange Tradition. Es wurde bereits 60mal eingesetzt. Im Rahmen von Eurobarometer werden jedes halbe Jahr etwa 16 000 Interviews in allen Mitgliedsstaaten der EU durchgeführt, normalerweise 1000 pro Staat. Aber weil in Deutschland eine besondere Problematik vorliegt, gibt es hierzulande 2000 Interviews, 1000 in den neuen Bundesländern und 1000 in den alten. Es gibt noch einen anderen Sonderfall, das ist England, wo in Nordirland 300 Interviews durchgeführt wurden und im anderen Teil Großbritanniens 1000.

Das EUMC beteiligte sich 1997 und 2000 mit einer Sonderbatterie von Fragen zum Thema Rassismus und Fremdenfeindlichkeit. Wir haben auf die Ergebnisse dieser 16 000 Interviews eine Clusteranalyse angewandt. Die Interviewpartner beantworten diese Fragen. Aus ihrer Stellungnahme kann man ablesen, ob sie unter bestimmten Bedingungen positive oder negative Einstellungen gegenüber Fremden, Ausländern, Mitgliedern anderer so genannter Rassen (das ist ja ein nicht gerade wissenschaftlicher Begriff) haben. Das Ergebnis einer Clusteranalyse ist (mit Einschränkungen) vergleichbar, weil alle Antworten gleichzeitig berücksichtigt werden, nicht nur diejenige auf eine einzige Frage. Aber immer noch bleibt das Problem, dass Rassismus in England etwas anderes bedeutet als in Deutschland. Dort ist der Begriff nicht negativ belegt. Dort gibt es sogar eine Stelle für „rassische Gleichheit", die „Commission for Racial Equality", die „Rasse" als durchaus akzeptierten Begriff im Namen enthält.

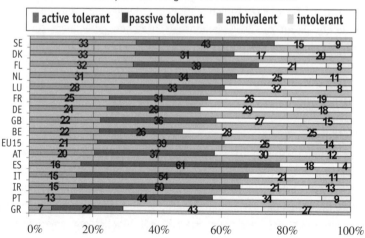

Es bleibt also ein Rest der Unvergleichbarkeit, den wir noch nicht auflösen können. Ich war vor vier Wochen in den USA und habe dort mit Linguisten gesprochen. Und die sagen, sie haben eine längere Tradition und daher auch schon erste Schritte entwickelt, um auf der linguistischen Ebene solche Konzepte vergleichbar zu machen. Aber wir sind noch nicht so weit.

Mit dem statistischen Werkzeug der Clusteranalyse konnte eine Typologie der EU-Bevölkerung erstellt werden. Die Interviewten wurden je nach Beantwortung der Fragen in vier Kategorien eingeteilt und gezählt. Danach wurde der jeweilige prozentuelle Anteil an der gesamten Stichprobe der Befragten im EU-Durchschnitt ermittelt. Es ergaben sich folgende Hauptresultate (siehe Grafik Seite 22):

* „Active tolerant" (21%)
  Diese Gruppe fühlt sich durch Zuwanderer und Minderheiten nicht gestört, sondern bereichert. Sie besteht nicht auf „Assimilierung" (Aufgabe der eigenen Kultur und Übernahe der Kultur und Verhaltensweisen des Gastlandes). Sie fordert explizit eine Politik zugunsten von Minderheiten.
* „Passive tolerant" (39%)
  Diese Gruppe zeigt eine positive Einstellung gegenüber Zuwanderern und Minderheiten. Sie fordert keine Assimilierung, besteht aber nicht auf einer Politik zugunsten von Minderheiten.
* „Ambivalent" (25%)
  Diese Gruppe fühlt sich nicht gestört durch Zuwanderer oder Minderheiten, spricht ihnen aber keinen positiven Effekt auf die Gesellschaft zu. Sie unterstützt die Forderung nach Assimilierung.
* „Intolerant" (14%)
  Diese Gruppe zeigt eine stark negative Einstellung. Sie fühlt sich explizit durch Minderheiten gestört, tritt für Assimilierung und für Repatriierung ein. Sie zeichnet sich durch geringeres Bildungsniveau und niedrigeren sozioökonomischen Status verglichen mit dem Durchschnitt der EU-Bevölkerung aus.

Die Gruppe der Intoleranten ist in Deutschland mit 18 Prozent ein bisschen größer als im EU Durchschnitt, aber sonst ist keine große Abweichung zu bemerken. Die passiv Toleranten sind in Deutschland ein bisschen weniger als im EU-Durchschnitt. Im Gegenzug sind auch die Ambivalenten ein kleines bisschen mehr.

Bei der Frage „Wie verhalten sie sich zur Aussage: Alle Ausländer raus, auch diejenigen, die schon in diesem Land geboren sind?" (Schaubild Seite 24) ergibt sich eine Rangskala der einzelnen Länder, aber wieder unter der Einschränkung, dass die Vergleichbarkeit nur mit Einschränkungen gegeben ist. Immerhin fällt Deutschland als zweites Land von unten mit überraschend vielen „Ich-weiß-nicht"-Antworten auf. Das scheinen Österreich und Deutschland gemeinsam zu haben, auch Engländer haben sich gut verborgen gehalten. Aber dass immerhin 25 Prozent in Deutschland diesem Statement aktiv zustimmen, ist überraschend. Es wird nur noch von Griechenland mit 30 Prozent übertroffen.

„Alle Ausländer zurück ins Land ihrer Herkunft"

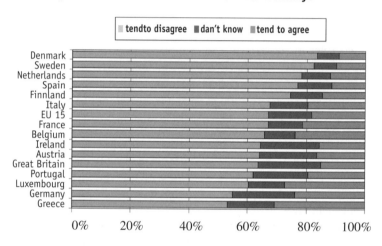

Vielleicht ist noch interessant, wie sich die europäische Durchschnittsbevölkerung zu Arbeitskräften aus Osteuropa verhält, die im Westen arbeiten wollen. Dieses Schaubild habe ich ausgewählt, um zu zeigen, wo Deutschland bezüglich der Aussage steht: „Wir wollen nicht, dass Ausländer aus dem Osten bei uns arbeiten" (folgende Grafik).

Sie sehen, dass in Deutschland nur zu acht Prozent ohne Einschränkungen akzeptiert wird, dass Leute aus dem Osten hier arbeiten können. Ich glaube, dass es hier eine gewisse Schwierigkeit mit der Akzeptanz gibt, die sich wahrscheinlich auch in der Politik der Übergangsfristen bei der Osterweiterung zu Buche schlagen wird. Sie sehen ein anderes Verhalten in Schweden und Spanien. Aber man sieht auch, dass es z. B. in Luxemburg kaum anders ist als in Deutschland. Auch die Niederländer und Belgier zeigen im Durchschnitt keine besonders hohe Akzeptanz.

Und was meinen Sie zu Menschen aus Osteuropa, die im Westen arbeiten wollen?

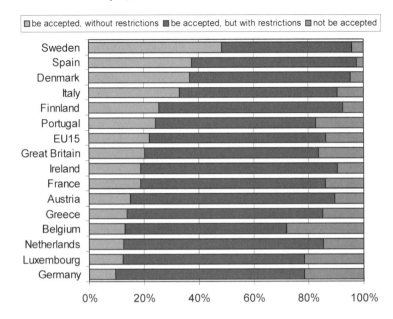

Legend: □ be accepted, without restrictions ■ be accepted, but with restrictions ■ not be accepted

(Countries from top to bottom: Sweden, Spain, Denmark, Italy, Finnland, Portugal, EU15, Great Britain, Ireland, France, Austria, Greece, Belgium, Netherlands, Luxembourg, Germany. Axis: 0% 20% 40% 60% 80% 100%)

Bevor ich direkt zu den deutschen Verhältnissen komme, noch eine unveröffentlichte Grafik, die ich ihnen zeigen möchte. Um eine Beziehung zwischen politischer Einstellung und Toleranz herstellen zu können (mit aller Vorsicht, die hier geboten ist), wurde die Zustimmung zur Aussage „Alle Ausländer zurück ins Land ihrer Herkunft" mit der politischen Selbsteinschätzung der Befragten auf einer Skala von 1 („links") bis 10 („rechts") zusammengeführt. Das Ergebnis bezieht sich auf den EU-Durchschnitt. Es zeigt, dass beinahe ein Fünftel der EU-Bevölkerung im Durchschnitt die „Ausländer raus"-Parole teilt, wobei sich deutliche Abweichungen je nach politischer Selbstplazierung feststellen lassen.

Interessant scheint, dass der linke Rand mit 19 Prozent Zustimmung zur „Ausländer raus"-Parole intoleranter ist als die linke und rechte Mitte. Meiner Interpretation nach könnte dies auf die verstärkte Vermittlung von Sicherheitsgefühlen durch die Großparteien (Sozialdemokratie und konservative Parteien) zurückzuführen sein, während Gruppen, die sich in diesem stark vereinfachenden „links-rechts"-Schema nicht wiederfinden, kleineren Parteien zugehörig sind und sich eventuell deshalb weniger sicher fühlen. Diese Interpretation kann allerdings die signifikante Zunahme der Zustimmung zur „Ausländer raus"-Parole am rechten politischen Rand nicht erklären. Hier dürfte das dahinterliegende Weltbild eine nicht zu vernachlässigende Rolle spielen

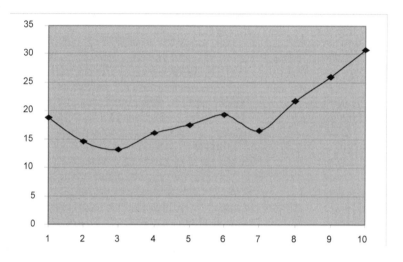

Mich hat diese Grafik nicht ruhen lassen und ich wollte noch genauer sehen, wie die Verhältnisse in Deutschland sind (nachstehendes Bild).

Die folgenden Grafiken zu Deutschland sind, obwohl sie unterschiedlich aussehen, inhaltlich identisch mit der obigen Grafik auf EU-Ebene. Sie werden nur durch Hinzufügen weiterer Antwortkategorien („lehne ab", „weiß nicht", „stimme zu") allgemeiner dargestellt und nach West und Ost unterschieden. Sie können feststellen, dass in Deutschland Ost die Zustimmung am linken Rand ein Minimum aufweist und dann von links nach rechts im Durchschnitt wächst. Ähnliche Verhältnisse finden wir in den alten Bundesländern, ein Minimum minimorum am linken Rand, und dann einen Anstieg von links nach rechts. Der Unterschied zwischen den alten und neuen Bundesländern ist jedoch folgender: Der Anstieg in den alten Bundesländern ist größer, aber der Beginn am linken Rand liegt niedriger. Im Osten ist der Anstieg im Durchschnitt kleiner, aber der Beginn liegt höher. Man kann sich dann fragen, was das kleinere Übel ist?

"Alle Ausländer raus!" vs. politische Selbsteinschätzung in Deutschland

Deutschland: Alte Bundesländer

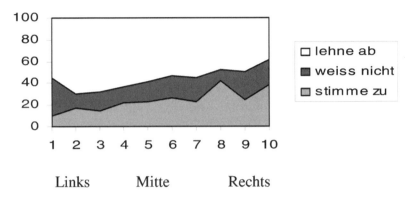

Links   Mitte   Rechts

Deutschland: Neue Bundesländer

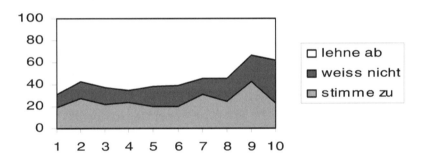

Ich zeige eine letzte Grafik, wo wir eine Clusteranalyse für Deutschland, unterschieden nach alten und neuen Ländern, nach Altersgruppen durchgeführt haben.

Im Allgemeinen kann man in den Medien hören, dass in den neuen Bundesländern wesentlich mehr rassistische Übergriffe geschehen als in den alten. Sieht man sich aber die Daten näher an, zeigt sich ein differenzierteres Bild. Ich darf auf die erste Spalte der Tabelle, auf die Intoleranten, verweisen. Der Durchschnitt aller Altersgruppen ist im Osten (17 Prozent) ungefähr gleich groß wie im Westen (18 Prozent). Vergleichen wir aber Ost mit West, sehen Sie für die alten Bundesländer, dass die Intoleranzanteile nach Altersgruppen mehr oder weniger

	Alter	intolerant	passiv tolerant	aktiv tolerant	ambivalent	gesamt
W E S T	15 - 24	(13)	35	29	23	100
	25 - 39	15	30	31	24	100
	40 - 54	14	29	22	34	100
	55 +	(26)	25	18	30	100
	gesamt	18	29	24	28	100
O S T	15 - 24	(26)	30	25	18	100
	25 - 39	18	30	23	29	100
	40 - 54	12	35	22	31	100
	55 +	(17)	27	18	38	100
	gesamt	17	30	21	31	100

linear ansteigen. Die Botschaft lautet also für den Westen: je älter, desto fremdenfeindlicher. Im Osten zeigt sich die genau umgekehrte Tendenz: Der Rassismusfaktor der Intoleranz nimmt in den neuen Ländern mit dem Alter linear ab. Mit steigendem Alter sind also die Menschen im Osten weniger intolerant als im Westen. Bei den Jugendlichen sind die Unterschiede besonders krass. Im Osten ist die Intoleranz mit 26 Prozent doppelt so hoch wie im Westen (13 Prozent), was eventuell eine Erklärung für die höhere Zahl von Gewaltakten im Osten bieten kann: Jugendliche mit intoleranter Haltung und in Gruppen mit Gleichaltrigen könnten leichter physisch gewalttätig werden als ältere Mitbürger. Anhand dieser Daten kann man sich fragen, welches Gesellschaftssystem welche Einstellungen produziert hat. Ich glaube, das regt zum Nachdenken an.

Panos Trigazis, *Synaspismos, Generalsekretär der griechischen Bürgerbewegung gegen Rassismus*

Ich möchte meine Dankbarkeit dafür aussprechen, dass ich hier an dieser Konferenz teilnehmen kann. Ich möchte die Grüße des Präsidenten der griechischen Bürgerbewegung gegen Rassismus überbringen, des Präsidenten der Universität von Athen.

Die Statistik, die wir hier gesehen haben, bestätigt, was Gabi Zimmer gesagt hat. Das Problem der Fremdenfeindlichkeit und des Neonazismus ist nicht nur ein deutsches, sondern ein europäisches, ein internationales Problem. Es erfordert koordinierte Aktionen auf europäischem Niveau und auf nationaler Ebene. Für Griechenland ist das Problem der Emigration ein neues Phänomen. Griechenland war ein Land, das in der Vergangenheit Menschen exportierte. Wir haben Menschen ins Ausland geschickt, nach Kanada, in die USA, nach Australien, in viele europäische Länder. In Deutschland gibt es etwa 300 000 griechische Emigranten. In Griechenland ist die Tatsache, dass Menschen aus anderen Ländern einreisen, um dort zu leben, etwas Neues. Das ist erst in den vergangenen zehn Jahren entstanden, aufgrund der Veränderungen in der Balkanregion. Die überwiegende Mehrheit der Ausländer, die in Griechenland leben, kommen aus Albanien. Wenn wir also in Griechenland von Fremdenfeindlichkeit sprechen, dann können wir sagen, sie richtet sich speziell gegen Albaner. Wir haben nach Schätzungen ca. eine Million Menschen aus anderen Ländern in Griechenland. Das ist ein hoher Prozentsatz im Vergleich zum europäischen Durchschnitt. Im europäischen Durchschnitt sind es etwa fünf Prozent, in Griechenland sind es zehn. Die Anwesenheit dieser Emigranten wird von der griechischen Bevölkerung nicht so einfach verstanden. Sie haben Angst, dass sich aufgrund der Situation im Balkan auch Spannungen innerhalb Griechenlands entwickeln könnten. Deswegen haben wir auch diesen hohen Prozentsatz, den wir hier in den Statistiken gesehen haben.

Der zweite Grund für die Fremdenfeindlichkeit in Griechenland ist, dass unsere Regierungen dieses Problem nicht rechtzeitig in Angriff genommen haben. Das Problem ist Anfang der 90er Jahre entstanden und ich möchte sagen, dass die einzige Partei, die zu dieser Zeit für die Legalisierung der Emigranten in Griechenland eingetreten ist, Synaspismos war. Die Partei der neuen Demokratie hat keine Politik der Legalisierung der Emigranten akzeptiert. Auch die PASSOK hat dieses Problem nicht gelöst. Zum Glück gab es vor drei Jahren einen Prozess der Legalisierung. Wir haben ihn angestoßen. Das konnte uns dabei helfen, die Lage der Emigranten in der griechischen Gesellschaft zu normalisieren, so dass wir auch kein Anwachsen von Fremdenfeindlichkeit mehr haben. Zugleich sei angemerkt, dass die Fremdenfeindlichkeit in Griechenland nicht automatisch auch für Rassismus steht. Fremdenfeindlichkeit ist nicht dasselbe wie Rassismus.

Wir haben auch ein anderes Phänomen in Griechenland beobachtet: Zum einen unterstützen alle im Parlament vertretenen Parteien die Legalisierung von Fremden in Griechenland. Zum zweiten gibt es keine einzige rechtsextreme Partei, die bedeutende Unterstützung in der Bevölkerung findet, nicht einmal ein Prozent bei Wahlen. Das erklärt sich vielleicht aus der Tatsache, dass wir erst vor kurzem das Ende der faschistischen Diktatur erlebt haben.

Sylvia-Yvonne Kaufmann
Ich möchte noch einmal nachfragen. Wenn du die Situation in Griechenland beurteilst, würdest du sagen, dass auch in der Mitte der griechischen Gesellschaft Ausländerfeindlichkeit als Problem vorhanden ist?

Panos Trigazis
Ich würde nicht behaupten, dass sie zum Mittelpunkt der griechischen Kultur gehört. Aber wir sollten schon besorgt sein, denn dieses Phänomen trifft auf große Unterstützung oder zumindest Aufmerksamkeit in den Massenmedien. Es geht um die Gefahren, die durch die Fremden angeblich auf uns zukommen. Viele Medien verfolgen in dieser Frage einen populistischen Kurs. Wir müssen besorgt sein, denn dieses Phänomen könnte auch in der griechischen Kultur Wurzeln schlagen, wenn wir nicht jetzt etwas entgegensetzen. Man muss die Gesellschaft mobilisieren. Natürlich müssen auch Intellektuelle, Lehrer, Schulen eine Rolle in dieser Bewegung gegen das rassistische Gedankengut spielen. Auch Verwaltungen, Kommunen können eine Rolle spielen, denn die MigrantInnen wohnen in bestimmten Gemeinschaften. Man kann sie in den Städten und Dörfern in die Gesellschaft integrieren.

Sylvia-Yvonne Kaufmann
Eine Frage möchte ich noch zum Balkan stellen. Was sind die Ursachen, dass so viel Hass entsteht bei Menschen, die viele Jahre miteinander leben konnten, wie im früheren Jugoslawien?

Panos Trigazis
Das ist natürlich eine schwierige Frage. Die Lage auf dem Balkan ist ein Grund dafür, warum es zu Unsicherheiten in Griechenland gekommen ist. Es ist die Angst vor den Fremden, die jetzt nach Griechenland kommen. Wir haben den Zusammenbruch des ehemaligen politischen Systems auf dem Balkan erlebt. Das führte zu einer Destabilisierung in den meisten Ländern. Es gab eine schwierige Übergangszeit und keine demokratischen Institutionen. Um einen Prozess der Verständigung und der Zusammenarbeit zu fördern, braucht man solche Institutionen. In dieser Lage konnten nationalistische Vorstellungen an Boden gewin-

nen. Wir wissen, dass der Nationalismus und der Rassismus zwei Seiten derselben Medaille sind. Wir erlebten ein Aufblühen des nationalistischen Gedankengutes in vielen Regionen, vor allem im ehemaligen Jugoslawien. Gleichzeitig gab es natürlich auf dem Balkan zwischen den großen westlichen Mächten so etwas wie eine Teile-und-Herrsche-Strategie. Das trug zu Spannungen und Feindseligkeit bei. Es gab aber auch tradierte Vorurteile, wovon Gabi Zimmer schon gesprochen hat. Zum Beispiel hat die Feindseligkeit zwischen Serben und Albanern eine lange Geschichte. Sie ist nicht einfach ein Gegenwartsproblem, sie hat tiefe Wurzeln. Deswegen gibt es viele Ursachen, viele Faktoren, die die Situation auf dem Balkan anheizen. Natürlich gibt es große soziale Probleme, die sich nach dem Zusammenbruch des real existierenden Sozialismus verschärft haben. Es gab dort große wirtschaftliche, finanzielle Probleme. Wir wissen, dass sich Nationalismus und Rassismus ausbreiten, wenn solche Probleme entstehen. Daher können wir behaupten, dass die Frage des Friedens auf dem Balkan einen Ansatz verlangt, der eine gleichberechtigte Entwicklung auf dem Balkan fördert, ohne eine Einmischung ausländischer Militärkräfte. Grundlage muss die Unantastbarkeit der Staatsgrenzen und die Anerkennung der Minderheitenrechte sein. Es wäre wahnsinnig, wenn man ethnisch gesäuberte Staaten auf dem Balkan herstellen würde, denn es gibt in jedem Land Minderheiten. Der Konflikt würde immer weitergehen. Das ist die eine Seite. Gleichzeitig muss man in den Balkanstaaten die Demokratie entwickeln und die Rechte der Minderheiten voll anerkennen.

Wir haben eine gefährliche Situation in Mazedonien. Es gibt Angriffe durch Extremisten gegen diesen Staat, die es zu verurteilen gilt, auch wenn dieser Staat in seiner Demokratie noch auszubauen ist. Wir wissen, dass es nur so möglich ist, die Balkanfrage zu lösen.

Sylvia-Yvonne Kaufmann
Prof. Jäger, sind Sie der Meinung, dass wir mit der Sprache Alltagsrassismus befördern? Sie haben das Buch „Rechtsdruck – die Presse der neuen Rechten" herausgegeben. Hat Rechtsextremismus in der BRD wieder eine Chance?

Prof. Siegfried Jäger, *Duisburger Institut für Sprach- und Sozialforschung, DISS*

Es ist für mich eine große Freude, dass sie mir diese Fragen stellen, denn dieses Buch ist bereits 1988 erschienen. Die Sache war damals schon ziemlich klar, wenn man sich die rechtsextreme Presse- und Organisationslandschaft anschaute. Nun sind wir in der Zwischenzeit nicht untätig gewesen und haben weitere Untersuchungen angestellt. Aber bevor ich mich jetzt so intensiv darauf einlasse, möchte ich versuchen, zu klären, was denn eigentlich Rechtsextremismus ist. Ich meine, beim Rechtsextremismus handelt es sich um ein bestimmtes Wissen, das in den Köpfen der Leute lauert. Ein Wissen, das eine lange Tradition hat. Es ist nicht erst im Dritten Reich entstanden, es ist auch nicht nach 1945 auf einmal hoch gekommen, sondern das hat seine Entstehungsursachen zu Beginn des 19. Jahrhunderts. Ich will hier kein langes wissenschaftliches Referat halten, aber ich will auf eine Studie verweisen, in der Interessierte das nachlesen können – nämlich von Herrn Sternhell „Die Entstehung der faschistischen Ideologie". Es geht um sieben Kern-Ideologeme des Rechtsextremismus. Wenn sie zusammen auftauchen, und das ist in der Tat in der rechtsextremen Presse der Fall, dann kann man von einem entwickelten Rechtsextremismus oder Faschismus sprechen. Natürlich gibt es viele Verzahnungen. Insofern ist das etwas grobschlächtig, aber ich denke, dass es zur Orientierung nützlich ist. Also:

- die Gleichsetzung von Volk und Nation, also das sich Einsetzen für eine rassische Homogenität Deutschlands,
- die Überhöhung des Volkes zu einem Kollektivsubjekt, also Volksgemeinschaft statt Gesellschaft,
- die Rechtfertigung eines starken Staates, der die Durchsetzung des Ideals der Volksgemeinschaft inszeniert und organisiert,
- die Heroisierung des Volksgenossen, also des anständigen Deutschen, der sich als loyaler Bürger versteht und nicht nur zu Opfern, sondern zu Opfern bis zur Selbstaufgabe für die Volksgemeinschaft bereit ist,
- die Konstruktion eines inneren Feindes, vor allen Dingen Ausländer, Linke und andere,
- ein bestimmtes Verständnis des Volkskörpers, das betrifft die Familien-, Frauen- und Bildungspolitik, die Bevölkerungspolitik; das alles zielt auf die Vermehrung und den Erhalt der deutschen Bevölkerung,
- ein chauvinistisches Machtstaatsdenken, machtvolle Vertretung nationaler Interessen nach außen, Militarismus usw.

Das taucht in Zeitungen wie der „Jungen Freiheit" und der „Nationalzeitung" auf. Bei der „Jungen Freiheit" haben wir es mit dem intellektuellen Organ zu tun. Die wird an den Universitäten verbreitet. Es gibt Lesezirkel dazu usw.

Ich habe einige neuerliche Reaktionen der „Nationalzeitung" auf das Buch von Finkelstein zur „Holocaust-Industrie". Es handelt sich um eine Serie hintereinander erschienener Ausgaben der „Nationalzeitung", die sich mit diesem Finkelstein-Buch beschäftigen. In jeder dieser Zeitungen gibt es noch eine Fülle von entsprechenden Karikaturen. Ich will damit jetzt nur illustrieren, dass die Agitation von rechts auf den verschiedensten Ebenen vorhanden ist. Meine These ist, dass diese Agitation von rechts nichts vermag, wenn sie nicht in der Mitte aufgenommen würde und durch die Mitte genährt würde. Ein Beispiel: Sie haben es (ein Titelfoto von Adolf Hitler, d. R.) wahrscheinlich hier in Berlin auf den großen Plakaten gesehen, mit denen Werbung gemacht worden ist. Interessant ist, dass in den meisten großen Zeitungen in Deutschland mit einer solchen Anzeige geworben worden ist. Da steht drauf: „Die Geschichte geht weiter!" Das heißt also der „Spiegel" und nicht nur der „Spiegel" arbeitet kräftig daran mit, einer Schlussstrich-Mentalität Vorschub zu leisten. Wenn man sich die Artikel ansieht, und ich habe es genau gemacht, dann stellt man fest, genau das ist die Absicht dieser zwanzigteiligen Folge, die uns im „Spiegel" erwartet. Jetzt will ich mich in einigen Themen ganz knapp fassen.

Illustriert habe ich, dass die Gefahr nicht allein von Rechts kommt. Das muss natürlich im Einzelnen belegt werden und das können wir auch belegen. Rechtsaußen profitiert von dem, was in der Mitte passiert. In der Mitte tauchen rechtsextreme Ideologeme zunehmend auf, und zwar in den letzten Jahren verschärft. Wir haben das über Alltagsinterviews, Medienanalysen, Analysen von Politikerreden sehr genau verfolgen können. Aber sie tauchen in der Mitte der Gesellschaft nicht als geschlossenes rechtsextremes Weltbild auf, sondern als einzelne Versatzstücke, z. B. Rassismus. Nun könnte man meinen: Der übertreibt! Es hat doch seit dem vorigen Jahr eine riesige Kampagne der Bundesregierung und anderer Organisationen gegen Rassismus und Rechtsextremismus gegeben. Das ist auch richtig, auch wenn es mir nicht ausreicht. Ich sitze ja in dem Bündnis für Demokratie und Toleranz. Das ist mir viel zu oberflächlich und viel zu sehr auf allgemeine Werbeeffekte hin angelegt, als dass es wirklich den Versuch machte, an die Ursachen heranzugehen.

Diese Aktivitäten, natürlich auch von Parteien, möglicherweise auch von der PDS, laufen meines Erachtens dann fehl, wenn nicht die Mitte kritisiert wird. Es gibt hier einen merkwürdigen Zusammenhalt, den wir festgestellt haben. Mit der Einwandererpolitik, die heute gefahren wird, soll einerseits Rassismus zurückgedrängt werden. Andererseits aber wird Rassismus ständig reproduziert, und zwar insbesondere in Gestalt eines institutionellen Rassismus. Er ist verbunden mit Abschiebung, mit der Behandlung von Einwanderern auf den Sozialämtern, durch die Polizei usw. Diese Art und Weise des Umgehens mit Einwandern signalisiert der Bevölkerung, dass Ausländer hier unerwünscht sind. Das bekräftigt den bereits vorhandenen Rassismus, der nicht erst durch unsere Gesellschaft oder unsere heutige Zeit entstanden ist. Der Wissensdiskurs über faschistische Ideologie, einschließlich Rassismus und Antisemitismus, hat eine lange Geschichte und wirkt nach – nach meiner Auffassung sicherlich in unterschiedlicher Form in beiden Teilen Deutschlands. Ich finde, dass ihre Schaubilder, Herr Fleissner, da deutliche Unterschiede kenntlich gemacht haben. Man könnte das sehr gut interpretieren, warum denn auf einmal die unterschiedlichen Alterskohorten unterschiedlich reagieren. Weil sie in unterschiedlicher Weise von unterschiedlichen Wissensflüssen umspült worden sind, würde ich mal in aller Kürze sagen.

Ich denke, dass jede Gegenwehr gegen Rassismus nicht verkennen darf, dass einerseits der Rechtsextremismus etwas Schlimmes ist, dass aber die Rechte zerstritten und marginalisiert ist. Sie kooperiert zwar, aber konkurriert auch stark miteinander. Jedoch ist sie im Augenblick keine relevante politische Kraft. Im Augenblick. Das kann sich auch ändern. Ihre ideologische Wirkung auf die Mitte der Gesellschaft ist einerseits nicht zu verkennen, andererseits sind rechtsextreme Ideologeme auch in der Mitte wirksam. Man könnte vielleicht mal die umgekehrte Perspektive einnehmen und sich fragen, inwiefern rechtsextreme Organisationen von dem, was sich in der Mitte der Gesellschaft abspielt, profitieren und nicht umgekehrt.

Sylvia-Yvonne Kaufmann
Prof. Jäger. Was würden sie sagen: Wo hört Toleranz auf?

Prof. Siegfried Jäger
Es fällt mir wirklich schwer, darauf eine Antwort zu geben, denn ich glaube nicht, dass Toleranz oder Akzeptanz oder irgendwelche Parolen sonderlich dabei helfen, mit dem Problem fertig zu werden. Wenn es uns nicht gelingt, wirklich an die Ursachen heranzukommen und zu schauen, wo sie liegen, dann werden wir dieses völkische Denken nicht abbauen. Wenn wir aber sehen, was im „Spiegel" gemacht wird und dass bis in die „Zeit" hinein Kollektivsymbole verwendet werden, die Angst gegenüber Einwanderern schüren, dann ist das keine Angelegenheit von „Rechtsaußen". Da wird von den Booten, die zu voll sind, gesprochen, von den Fluten und anderen Kollektivsymbolen, gegen die man Dämme errichten muss. Die „Spiegel"-Titel der letzten zehn Jahre wimmeln von solchen Kollektivsymbolen. Und diese Symbole schüren Angst. Das heißt, es ist aus po-

litischer und natürlich aus wissenschaftlicher Perspektive eine gezielte Medien-kritik erforderlich. Damit kann man mehr erreichen, als wenn man zu Toleranz und Demokratie aufruft. Das kann zwar nicht schaden, und wenn ein Plakat ir-gendwo hängt, das sich gegen Rechts richtet, habe ich auch nichts dagegen. Aber wir würden uns sehr irren, wenn wir glaubten, dass damit besonders viel zu erreichen ist.

Sylvia-Yvonne Kaufmann
Petra, es gibt Morddrohungen gegen dich. Wie geht man als Politikerin eigent-lich damit um?

Petra Pau, *Stellvertretende Partei- und Fraktionsvorsitzende der PDS im Deutschen Bundestag und Berliner Landesvorsitzende der PDS*
So etwas geht natürlich nicht spurlos an einem vorbei. Aber trotzdem denke ich, ist das heute nicht das Podium, wo man die persönliche Betroffenheit oder auch den Schutz, den ich ausgewählt genieße, in den Mittelpunkt stellen soll. Ich denke aber auch, dass es nicht spurlos an der PDS vorbeigegangen ist, dass wir vor Jahren in der Berliner Landesorganisation ein Attentat auf ein Mitglied der Berliner PDS hatten, durch einen Neonazi, der aus einer dieser Kameradschaften kam, die auch heute durch Berlin ziehen.

Ich denke, viel spannender ist die Auseinandersetzung: Wie kann man Zivil-courage stärken? Da lässt es sich natürlich als besonders geschützte Politikerin wunderbar zu Zivilcourage aufrufen. Aber wer steht der anders aussehenden jun-gen Frau mit ihren bunten Haaren bei? Oder wer steht nicht nur Irmela Schramm bei, die hier im Saal ist und draußen diese bemerkenswerte Ausstellung aufge-baut hat, sondern wer kümmert sich wie sie im Alltag mit Zivilcourage darum, dass neofaschistische Symbole aus dem Straßenbild entfernt werden? Wer steht der jungen Afrikanerin im Bus bei, die beschimpft wird? Das ist für mich eine nach wie vor nicht ganz gelöste Frage, weil ich immer öfter erlebe, dass mir Junge wie Alte sagen: Natürlich ist das eine Schweinerei, was da passiert, aber ich lass mir doch nicht auch noch eins auf die Nase hauen. Ich will nicht in eine solche Situation kommen, dass ich oder meine Familie Angst haben müssen, bei der nächsten Gelegenheit von irgendwelcher Rache betroffen zu sein.

Lasst uns heute nicht über persönliche Situationen reden, sondern vielleicht in den Workshops darüber, wie diese Art von Zivilcourage und Auseinanderset-zung geführt werden kann. Wir haben heute keine Situation, wo die eine Seite gegen die andere Seite steht. Wir haben die Aufgabe, die Auseinandersetzung in der Mitte der Gesellschaft erstens zu provozieren, aber gleichzeitig daran auch teilzunehmen. Ganz egal ob es um Sprache oder um aktive Politik geht. Da möchte ich gern, dass sich auch diejenigen, die sich in der PDS engagieren, mit Phänomenen auseinander setzen, die es auch in der Linken gibt. Peter Fleissner hat es vorhin in den Einstellungen dargestellt. Ich vermute, auch unsere Wähler sind darunter, die dort am linken Rand genannt wurden und trotz alledem der These „Die Ausländer müssen raus!" anhängen. Dass wir die Auseinandersetzung in den eigenen Reihen führen, aber vor allen Dingen uns auch in Beziehung setzen zu dieser Mitte der Gesellschaft und versuchen hier etwas an den Grundlagen, auf die man sich verständigt, zu ändern.

Sylvia-Yvonne Kaufmann
Welche Auseinandersetzung in den eigenen Reihen müssen wir führen?

Petra Pau
Ich beziehe mal eigene Reihen nicht nur auf die Mitgliedschaft, sondern auch auf WählerInnen und Sympathisanten. Da weiß ich, und das ist keine neue Erkenntnis, dass es Menschen gibt, die uns wegen unserer konsequenten antirassistischen und antifaschistischen Position im Programm und im Alltag wählen. Ich weiß aber auch, dass es einen gewissen Prozentsatz von Menschen gibt, die uns trotz dieser Positionen wählen und die uns das auch sehr deutlich sagen. Jetzt stellt sich die Frage: Was macht eine politische Kraft, machen auch einzelne Politikerinnen und Politiker? Reden sie denjenigen, die uns trotz dieser Positionen wählen, einfach nach dem Munde, opportunistisch unter dem Motto: Ich will deine Wählerstimme. Oder sagt man: Ich stehe zu meiner Position und unterstreiche das auch durch praktisches, außerparlamentarisches wie auch parlamentarisches Handeln und setze mich auf diese Art und Weise mit dir auseinander. Und da gehört nicht nur der erwähnte Antrag zur antifaschistischen Klausel im Grundgesetz dazu, sondern da gehört vor allen Dingen dazu, dass jeder, ob mit oder ohne Mandat, gegen diesen alltäglichen Rassismus einschreitet. Wenn ich manche Publikationen lese, auf die sich auch die PDS bezieht, dann könnten wir dort sehr schnell anfangen. Damit meine ich sowohl Zeitungen, als auch was in unseren eigenen Reihen gedruckt wird.

Ich will an dieser Stelle noch mal zum Antifaschismus im Grundgesetz unter einem anderen Aspekt reden. Wir haben ein großes Problem in der Bundesrepublik. Das unterscheidet uns vielleicht von anderen europäischen Staaten und spitzt die Situation in der Auseinandersetzung zu. Wir wissen, dass einerseits der Antikommunismus konstituierendes Element für die alte Bundesrepublik war. Das heißt, dass alles, was irgendwo unter „Links" lief, ob es sich als kommunistisch oder wie auch immer bezeichnet hat, unter einem gewissen Generalverdacht der Bedrohung der Verfasstheit der Bundesrepublik stand. Und dieses Gespenst ist auch heute präsent. Genauso, wenn nicht sogar noch schlimmer, weil weit darüber hinaus, ist es mit dem Antifaschismus als gesellschaftlichen Wert. In dieser Woche in der Sitzung des Innenausschusses hat beispielsweise der Präsident des Verfassungsschutzes seinen jüngsten Bericht, der ja schon eine Weile durch die Öffentlichkeit geistert, vorgestellt. Auch dort kann man wieder sehen, dass Antifaschismus nicht als erstrebenswerter gesellschaftlicher Wert dargestellt wird und dass Menschen, die sich auf Antirassismus, Antifaschismus beziehen, die auch hier im Alltag aktiv werden wollen, nicht gestärkt, sondern denunziert und kriminalisiert werden. Deshalb ist eine der wichtigsten Aufgaben, nicht nur für die PDS – aber wir sollten uns hier auch nicht den Schneid abkaufen lassen –, dafür zu kämpfen, dass endlich dieser Begriff „Antifaschismus" nicht ein Begriff ist, der die Suchmaschine des Verfassungsschutzes beim Lesen und Durchsehen von Publikationen füttert, sondern dass das wieder als Wert in die Gesellschaft hereingeholt wird. Da kann ein solcher Antrag für eine antifaschistische Klausel im Grundgesetz eine Hilfe sein, um diese Debatte überhaupt anzustoßen. Aber dazu muss natürlich mehr passieren. Dazu müssen Initiativen, die sich als antifaschistische verstehen, in der Gesellschaft auch gefördert werden. Dazu muss klargemacht werden, dass diese Menschen, ganz egal ob sie sich in VVN-BdA oder aber in antifaschistischen Gruppen junger Menschen zusammenfinden, unterstützt und nicht kriminalisiert werden. Auch diese Woche hat Verfassungsschutzpräsident Fromm sie wieder unter den Generalverdacht gestellt, dass sie den Antifaschismus vor sich her tragen, aber eigentlich vorhaben, die BRD aus den Angeln zu heben, das heißt, dass sie die eigentliche Gefahr für die Verfasstheit der Gesellschaft sind und nicht das, was hier vorhin eindrucksvoll beschrieben wurde. Ich denke, das ist die Aufgabe, die alltäglich vor uns steht. Und das ist nicht nur eine Frage, die in Innenausschüssen oder überhaupt in der Auseinandersetzung mit der Innenpolitik oder gar mit der Polizei zu klären ist, sondern eigentlich eine Frage, die sich durch alle Politikbereiche hindurchziehen muss. Ich stelle mir schon die Frage und habe jetzt nach einer bildungspolitischen Konferenz mal nachgelesen: Was steht eigentlich in unseren Schulbüchern zu diesem Thema? Was wird den nachwachsenden Generationen, denen man nun überhaupt nicht die Grundschuld der alten BRD oder des realen Sozialismus in der DDR nachsagen kann, sondern die einfach hier geprägt wurden, was wird denen eigentlich über die Zeit von 1933 bis 1945 noch berichtet? Was wird ihnen zu diesem antifaschistischen Engagement im Alltag vermittelt? Wie werden sie motiviert?

Ich finde schon, dass man sich darum kümmern muss, was Kindern dargeboten wird, und dass man gemeinsam darüber nachdenken muss, wie man hier gesellschaftlichen Druck aus der Mitte heraus entwickelt.

Moderation: Sylvia-Yvonne Kaufmann, PDS, Stellvertretende Vorsitzende der Konföderalen Fraktion der Vereinten Europäischen Linken/Nordisch Grüne Linke (GUE/NGL)
Konzeption: Martin Schirdewan

Rassismus, Ausländerfeindlichkeit und Europäische Integration

Simone Hartmann, *Dokumentationsarchiv des österreichischen Widerstandes*

In Vertretung von Herrn Heribert Schiedel möchte ich dessen Vortrag zum Thema FPÖ und EU halten.

Die heftigen internationalen Reaktionen auf den österreichischen Tabubruch, die Aufnahme einer rechtsextremen Partei in die Regierung, stießen in Österreich fast überall auf Überraschung. Weil der Rassismus und Antisemitismus im Allgemeinen und die FPÖ im Besonderen für einen Großteil der ÖsterreicherInnen längst salonfähig ist, fühlen sich diese wieder einmal als Opfer. Auf der Basis eines fehlenden Unrechtsbewusstseins, welches schon die kollektive Nichtwahrnehmung der NS-Gräuel determinierte, gedeihen prächtige Verschwörungsmythen. Die Paranoia der kleinen Leute in diesem kleinen Land wuchs ins Grenzenlose. Sie paarte sich mit einer Bunkerstimmung, geschürt durch mediale Kriegsmetaphern wie „Erstschlag des Auslandes" oder „Gegenangriff Österreichs". Wie immer in Zeiten nationalistischer Mobilisierung kannten Regierung und Boulevard auch diesmal keine Parteien, sondern nur Österreicher. Haider verlangte von diesen, sie müssten nun wie ein Mann gegen das Ausland zusammen stehen. Zumindest im Fall der übrigen EU-Staaten kam die Isolierung der neuen Regierung aber nicht aus heiterem Himmel. Mit der Annahme des Berichtes zum Wiederaufleben von Faschismus und Rassismus in Europa im Januar 1986 durch das Europäische Parlament (EP) begann die offizielle Auseinandersetzung. Im Fortbericht an das Europäische Parlament 1990 findet die FPÖ Erwähnung: „... diese stehe am äußersten rechten Rand des österreichischen Parteienspektrums und verfolgt eine rassistische Politik." 1996 erkannte das EP, dass „die rassistischen Parteien Kristallisationspunkte von Fremdenfeindlichkeit, Rassismus und Antisemitismus in der Gesellschaft darstellen und ihre Ächtung und die Isolierung ihrer politischen Führer wie Haider und andere in der Union für die Bekämpfung von Rassismus und Antisemitismus notwendig sind". Eine weitere Grundlage für den Beschluss der EU 14 stellt ein Beschluss des Europarates vom 25. Januar 2000 dar. Dort heißt es: „Die Versammlung ruft ihre Mitglieder auf, extremen Parteien von rassistischem oder xenophobem Charakter jegliche Unterstützung zu verweigern, darunter auch jegliche Zusammenarbeit mit deren gewählten Vertretern zur Bildung von Mehrheiten zur Machtausübung." Die FPÖ wird neben dem Flamsblock und der Schweizer Volkspartei namentlich genannt. Aber die Überraschung der österreichischen Konservativen über das entschiedene Vorgehen der übrigen EU-Länder war vermutlich tatsächlich echt. In Österreich ist man es nicht gewohnt, dass politischen Absichtserklärungen Taten folgen. Darum konnte Haider auch die wohltönende Präambel zur Regierungserklärung unterschreiben.

Erwartungsgemäß fallen die Reaktionen von Rechtsextremisten auf die Auslandskritik an der FPÖ-Regierungsbeteiligung aus. Haider selbst entlarvte gegenüber dem „Spiegel" „hohe Funktionäre der jüdischen Gemeinde in Wien, welche versucht hätten, beim State Departement in Washington gegen uns Stimmung zu machen, als Drahtzieher". Das FPÖ-Zentralorgan sieht die Hauptverantwortung bei „einer internationalen Allianz, die sich unter dem politisch korrekten Diktum des Antifaschismus freundlich für die Gelegenheit bedankte, die unbedarfte kleine Republik auf der großen Bühne der Weltpolitik zum jeweils eigenen Vorteil zu instrumentalisieren". Die regierungsnahe Wochenzeitung „Zur Zeit" widmete der ausländischen Kritik an der FPÖ-ÖVP-Koalition gar eine Sondernummer. Schon in der Einleitung werden die Hintergründe der gegenwärtigen Kampagne aufgedeckt, nämlich „der alte Deutschenhass, der auf dem kleinen Österreich abgeladen werden kann und jüdisch-israelische Ambitionen, einen Buhmann zu haben, um weitere finanzielle Forderungen zu legitimieren". Haider-Berater und „Zur Zeit"-Chefredakteur und Mitherausgeber Andreas Mölzer sieht Österreich als Opfer der altbekannten antideutschen, was so viel heißt wie jüdischen, Verschwörung. So hält er es für bequem, „dass kleine Land zu prügeln, wenn es darum geht die Deutschen insgesamt bußfertig und zahlungsbereit zu halten".

Während das Ressentiment hier noch mühsam kaschiert wird, tritt der Antisemitismus in den Reaktionen von Neonazis offen zutage. Ein Reichsführer SS schrieb bereits am 26. Januar im Gästebuch der Homepage der „Neuen Deutschen Jugend": „Heil Kameraden! Die weltweite Juderei hat Angst, dass im Gau Österreich unser Kamerad Haider an die Macht kommt. Gut so! Heute hört uns Österreich, morgen Deutschland und übermorgen die ganze Welt. Und Juden den Tod!"

Aus ganz Europa gingen Solidaritätsbekundungen für die FPÖ und die neue Regierung ein. Die Deutschlandbewegung von Alfred Mechtersheimer, die sich immer mehr zur Keimzelle einer vereinten Rechten nach FPÖ-Vorbild entwickelt, warf bereits einen rot-weiß-roten Aufkleber auf den nationalen Markt, darauf ein protziges „Jetzt erst recht Urlaub in Österreich! Erholung von EU-Hysterie!" Unter dem Motto „Nationale Solidarität mit Wien – Wir sind ein Volk!" demonstrierte die NPD am 12. März in Berlin. Weitere Unterstützung erhielten die freiheitlichen Kameraden unter anderem aus Ungarn, Italien, Frankreich und Russland.

In den Reaktionen der 14 EU-Staaten drückte sich zunächst die Weigerung aus, die Regierungsbeteiligung einer rechtsextremen Partei hinzunehmen. Die politisch-rechtliche Basis, von welcher aus dieser Tabubruch bekämpft wurde, stellte sich aber rasch als unbrauchbar dar. Die FPÖ verstößt tatsächlich weder gegen die europäischen Werte noch gegen den antitotalitären und demokratischen Grundkonsens, was weniger für die FPÖ spricht als gegen die politischen Eliten der Festung Europa. Den Ausweg aus der Misere suchten letztere in der Bestellung eines Berichtes über die Natur der FPÖ und die Politik der neuen Regierung. In diesem „Weisen-Bericht" werden zunächst die Sanktionen begrüßt. Sie hätten das freiheitlich-konservativ regierte Österreich davon abgehalten, umgehend mit zivilisatorischen Standards zu brechen. Als Grund für die dennoch empfohlene Aufhebung wird der österreichische Reflex genannt. Die bilateralen diplomatischen Schritte der 14 EU-Staaten seien kontraproduktiv, weil durch sie „schon jetzt nationalistische Gefühle geweckt wurden". Dabei wird übersehen, dass das massenhafte Ressentiment gegen die anderen sich stets unabhängig von deren konkreten Taten manifestiert. Auch nach dem Ende der politischen Isolierung der FPÖ-ÖVP-Regierung wird sich diese als Opfermasse sehen und der ideelle Gesamtösterreicher Jörg Haider das „nationale Wir" vor allerlei finsteren Mächten beschützen. Lob gibt es für die bisherige Regierungspolitik vor allem im Bereich Minderheitenrechte und Entschädigungen für die ZwangsarbeiterInnen. Dabei wird aber nicht vergessen zu erwähnen, dass die Ankündigung von Entschädigungszahlungen an ehemalige ZwangsarbeiterInnen aufgrund der kritischen Beobachtung erfolgte.

Kritik muss hingegen die FPÖ einstecken. Diese wird als „rechtspopulistische Partei mit radikalen Elementen und extremistischer Ausdrucksweise bezeichnet". Die Weisen weiter: „Die FPÖ hat fremdenfeindliche Stimmungen in ihren Wahlkämpfen ausgenutzt und gefördert. Hohe Parteifunktionäre der FPÖ haben über eine lange Zeit hinweg Stellungnahmen abgegeben, die als fremdenfeindlich oder gar rassistisch verstanden werden können." Viele Beobachter erkennen in den verwendeten Formulierungen nationalistische Untertöne, manchmal sogar

Untertöne, die typisch nationalsozialistischen Ausdrücken nahe kommen. Oder sie sehen in ihnen eine Verharmlosung der Geschichte dieser Zeit. Auch ist der hierzulande dauernd von KollaborateurInnen behauptete Wandel der FPÖ zur moderaten Regierungspartei für die Weisen nicht klar erkennbar, vielmehr sei die obige Einschätzung der FPÖ auch nach dem Eintritt der Partei in die Bundesregierung weiter zutreffend. Genau deswegen wird eine fortgesetzte internationale Beobachtung der Freiheitlichen verlangt, was die Betroffenen umgehend als lächerlich zurückgewiesen haben.

Angesichts des systematischen Betreibens von Beleidigungsverfahren gegen KritikerInnen der FPÖ machen sich die Berichterstatter Sorgen um den Zustand der Demokratie: „Eines der problematischen Kennzeichen führender Mitglieder der FPÖ sind Versuche, politische Gegner zum Schweigen zu bringen oder sie sogar zu kriminalisieren, wenn sie die österreichische Regierung kritisieren." Tatsächlich hat die Zahl der von FPÖ-Politikern anhängig gemachten Verfahren gegenwärtig einen Höhepunkt erreicht, was die Meinungsfreiheit gefährde. Personifiziert wird diese Gefahr durch Justizminister Dieter Böhmdorfer. Dieser stimmte dem Vorschlag Haiders, oppositionelle PolitikerInnen wegen Kritik an der FPÖ und deren Regierungsbeteiligung mit Strafandrohung zu belegen, spontan zu. Auch wenn sich Böhmdorfer kurz darauf vorsichtig von seinem Kameraden absetzte, erkennen die Weisen, dass eine solche Position eines Ministers in der Bundesregierung nicht mit den Verpflichtungen eines Staatsorgans vereinbar ist, wie sie sich aus der Verfassungsstruktur der EU ergeben. Österreich wäre nicht, was es ist, wenn diese de facto Rücktrittsaufforderung nicht in den Wind geschlagen werden würde. Man fühlt sich als Sieger im Kampf gegen die EU 14 und gewinnt aus dieser Position der Stärke Selbstvertrauen. Mit diesem kann man die Kritik an Böhmdorfer, der als Anwalt FPÖ-KritikerInnen mit Klagen überzog, kurzerhand als „Recherchefehler" wegwischen.

Mit einem pathetischen „Österreich ist frei!" feierte die Außenministerin im September das Ende der Sanktionen. „Österreich ist frei!" rief 1955 auch Kanzler Fiegl, als er den Staatsvertrag einer jubelnden Menge präsentierte. Dieser bedeutete das Ende der Alliiertenkontrolle, die mehrheitlich als Besatzung empfunden wurde. Tatsächlich fühlten sich die ÖsterreicherInnen, wie Josef Hasslingen einmal meinte, „nun frei vom Zwang, sich mit den NS-Verbrechen auseinander setzen zu müssen". 45 Jahre später ist zu befürchten, dass die wieder erlangte Freiheit von der Regierung und deren Massenanhang als Zeichen europäischer Zustimmung zum österreichischen Weg verstanden wird. Dessen Normalität wollen sich nun nicht einmal mehr einzelne Sozialdemokraten verschließen. So meinte der niederösterreichische SPÖ-Vorsitzende, Karl Schlögel, man müsse sich nun die Option einer Koalition mit der FPÖ offen lassen.

Der „Weisen-Bericht" und das Sanktionsende werden auch international Auswirkungen zeitigen. Waren die Sanktionen gedacht als Warnung gegenüber den bürgerlichen Parteien vor allem in Belgien, Italien, Dänemark und Frankreich, keine Koalitionen mit der extremen Rechten einzugehen, werden durch deren unrühmliches Ende konservativ-rechtsextreme Regierungsbündnisse möglicher.

Ingrid Verachtert, Funktionärin des separatistischen Flamsblock, machte bei einem Wienbesuch im September keinen Hehl aus ihrer Sympathie: „Der Weg der FPÖ bis in die Regierung gilt uns als Vorbild. Insofern ist die FPÖ unsere Lieblingspartei." Und weil man das Siegen nicht nur von Österreich, sondern am besten auch gleich in Österreich lernt, mausert sich die Alpenrepublik zunehmend zum Zielland rechtsextremer Reisetätigkeit. Nach einer 150-köpfigen Delegation der Lega Nord, die Haider Anfang Juni in Kärnten besuchte, pilgerte die Chefin der dänischen Volkspartei im August nach Wien, um der FPÖ-ÖVP-Regierung persönlich ihre Solidarität zu bekunden.

Nicht nur, dass die Erfolge und die Regierungsbeteiligung der FPÖ die extreme Rechte Europas in Aufbruchstimmung versetzt, will die FPÖ dieser nun noch unmittelbar unter die Arme greifen. Haider kann tatsächlich nur Kanzler werden, wenn eine erstarkte Rechte in anderen EU-Staaten die Mauer macht. Auf dem letzten Parteitag rief der scheidende Obmann daher das „Jahrhundert der Freiheitlichen" aus. Die Presse titelte: „FPÖ will Rechtsruck in Europa". Der Wunsch könnte bald in Erfüllung gehen. In Italien steht das rechts-konservative Bündnis unter Berlusconi vor der Machtübernahme. Auch die dänischen Konservativen neigen zunehmend zur Koalition mit der rechtspopulistischen Volkspartei. Und im künftigen EU-Land Ungarn paktiert die Rechte schon länger mit extremen Übertreibern.

Das Hauptaugenmerk der völkischen Missionstätigkeit ruht naturgemäß auf Deutschland. Gegenüber der „Jungen Freiheit" betonte Haider im Januar: „die Notwendigkeit, dass Deutschland eine freiheitliche Alternative bräuchte ... Ich könnte mir vorstellen, dass natürlich jetzt ein sehr günstiger Zeitpunkt wäre. Wenn sich die zum Partikularismus und zum Eigenbrötlertum neigenden freiheitlichen Gruppierungen in Deutschland einigen würden, dann wäre das eine ganz bedeutende politische Kraft, die entstehen könnte. Nachdem ja eigentlich die FDP in ihrer Funktion als geistige Heimstätte freiheitlich-liberaler Menschen bereits abgetreten ist." Bei seiner völkischen Missionstätigkeit hat Haider jedoch in der CDU/CSU einen übermächtigen Gegner. Dieser duldet bis dato keine Partei rechts vom ihm und vermochte das entsprechende Potential stets zu integrieren. Gleichzeitig stellen die deutschen Konservativen wichtige Bündnispartner dar. Ihnen kommt bei der Normalisierung des Rechtsextremismus auf europäischen Parkett eine Schlüsselrolle zu.

Nachdem Haider mit Manfred Brunner und seinem „Bund freier Bürger" Mitte der 90er Jahre Schiffbruch erlitten hat, die FDP ihren rechten Flügel diszipliniert und sich der bayerische Ministerpräsident Stoiber bei aller inhaltlichen Übereinstimmung von Haider distanziert hatte, bleiben in Deutschland nur die untereinander zerstrittenen freiheitlichen Gruppierungen. Rund um die Reste des „Bundes freier Bürger", desperater Reps, FDP- und CDU/CSU-Kader und der Deutschlandbewegung soll nun unter der Flagge einer deutschen Aufbauorganisation eine Art deutsche FPÖ entstehen. Mechtesheimer bezieht seine Autorität in der deutschen Szene maßgeblich von seiner Nähe zur FPÖ und deren Vorfeld. Seine Deutschlandbewegung wollte im Juni '99 gemeinsam mit der FPÖ-Organisation „Ring freiheitlicher Jugend" ein großdeutsches Jugendtreffen im oberösterreichischen Scherding abhalten. Nach der entsprechenden Berichterstattung wurden jedoch die Freiheitlichen vom Mut verlassen. Sie sagten das Treffen kurzerhand ab. Aber Mechtesheimer scheint nicht nachtragend zu sein. Zuletzt beehrte der deutsche Rechtsextremist die Burschenschaften Innsbruck, wozu ihn Justizminister Böhmdorfer in einer Grußbotschaft herzlich begrüßte.

An der ersten bundesweiten Konferenz der Deutschen Aufbauorganisation im Juni nahm mit Otto Skrinzi der Doyen des nationalfreiheitlichen Lagers Österreichs teil. Der ehemalige NSDAP-Mann, Schriftleiter der „Aula" und langjähriger FPÖ-Parlamentarier, bewertete dort die Chancen der Rechtsextremen in Deutschland als nicht grundsätzlich schlechter als in Österreich. Die Republikaner, die ebenfalls eine Kampagne „Solidarität mit Österreich" starten wollen und über vielfältige Kontakte zur FPÖ verfügen, stehen diesem Einigungsversuch außerhalb ihrer eigenen Partei naturgemäß kritisch gegenüber. Dennoch sollen führende Funktionsträger der Reps an der Deutschen Aufbauorganisation-Konferenz teilgenommen haben.

In Magdeburg bietet sich die örtliche DVU bereits als Keimzelle einer Haider-Filiale an. Sie brach mit Gerhard Frey und nennt sich nun „Freiheitliche deutsche Volkspartei". Telefonische Kontakte zur FPÖ sollen bereits bestehen. Über Kontakte verfügen auch die Rechtsextremisten um Jochen Zigerist. Sie nennen sich die „Deutschen Konservativen" und sorgten im Mai mit einer ganzseitigen Solidaritätsadresse für Haider in der Tageszeitung „Die Presse" für Aufsehen, während die FPÖ jeden Kontakt mit Zigerist und Kameraden bestreitet, erzählt dieser gegenüber „Format", einer deutschen Wochenzeitung, von einem Treffen mit Kärntner Freiheitlichen. Dabei soll eine öffentliche Kontaktaufnahme zwischen Haider und dem Ehrenvorsitzenden der „Deutschen Konservativen", dem CDU-Rechtsabweichler Heinrich Lummer, geplant worden sein.

In Italien ist die Lega Nord offizieller Ansprechpartner der FPÖ. Im Oktober 1999 sorgte ein Treffen Haiders mit Bossi für Aufregung. Sie hätten sich unter vier Augen über das Böse in der Welt unterhalten, wie Bossi der Presse mitteilte: „Das Böse versucht alles, was das Gemüt der Menschen bewegt, nämlich die Liebe und die Familie zu zerstören. Dieses Böse, gegen das wir ankämpfen müssen, ist identisch mit der Großfinanz, die mittels Globalisierung alle wirtschaftliche Macht in ihren Händen konzentriert. Gegen ein solches Europa der Großfinanz und der Globalisierung, die den Menschen und dessen Wertvorstellungen auslöschen wollen, sprechen wir uns beide aus. Das war der Punkt, in dem wir voll übereinstimmten." Mittlerweile hat Berlusconi, wohl auch unter dem Eindruck der Sanktionen, Bossi eine Distanzierung von Haider abgerungen. Hingegen hat sich Finis Alleanza Nazionale schon in der Vergangenheit von der FPÖ distanziert, weil deren Ehre immer noch Treue heißt. Die neofaschistische Alleanza Nazionale-Abspaltung „Movimento Sociale Fiamma Tricolore" sucht jedoch weiter die Nähe zum erfolgreichsten Parteiführer der extremen Rechten in Europa. Offensichtlich mit Erfolg. Haider gab deren Zentralorgan im Oktober '99 ein Interview. Dort stimmt er zunächst dem Kampfaufruf der europäischen Rechtsextremen gegen das Europa der Bankiers, der multinationalen Konzerne zu. Gleich der Neofaschisten ist Haider „gegen ein Europa, das sich dem wirtschaftlichen und politischen Imperialismus der Vereinigten Staaten unterordnet". Der damalige FPÖ-Obmann charakterisiert sich dann als „Nationalist, Sozialist und libertärer Mensch" – ganz nach dem Geschmack der LeserInnen dürfte auch Haiders Begeisterung für den faschistischen Korporativismus sein. Er nennt sie ständig staatliche Organisation des Sozialen und Politischen – ein „Ziel, das erreicht werden soll".

Christian Christen, *Mitarbeiter der PDS-Bundestagsfraktion und Autor des Buches „Italiens Modernisierung von Rechts"*

In den letzten Wochen hat sich der Abstand zwischen dem Mitte-Links-Bündnis und dem Mitte-Rechts-Bündnis zwar verkleinert, aber der neue Ministerpräsident in Italien wird trotzdem wohl Silvio Berlusconi heißen. Die größten Koalitionsparteien, neben seiner eigenen Forza Italia, sind die zuvor bereits erwähnte Lega Nord mit dem Vorsitzenden Umberto Bossi und die neofaschistische Alleanza Nazionale um Gianfranco Fini. Morgen stellen sich eine fast unübersichtliche Anzahl von Parteien und Listenverbindungen zur Wahl für das römische Abgeordnetenhaus und den Senat. Hinzu kommt die Mischung aus Verhältnis- und Mehrheitswahlrecht, so dass das endgültige Ergebnis erst am Montagabend klar sein dürfte.

Europa wird damit vor einem Problem wie bereits 1994 stehen. Bereits damals gab es in Italien die erste siegreiche Verbindung zwischen der konservativen Rechten und rechtsextremen Parteien. Damals wurde nicht auf Sanktionen gesetzt wie später bei der FPÖ-ÖVP-Regierung in Österreich. Es war auch unklar, was die drei Parteien eigentlich genau wollten, woher sie kamen und wie sie einzuschätzen seien. Vor allem im deutschsprachigen Raum ist die Analyse der Lega Nord und noch mehr der Alleanza Nazionale sehr rückschrittlich. Aber auch die Forza Italia, die erst vier Monate vor dem damaligen ersten Wahlsieg gegründet und 1994 zur größten Partei wurde, blieb für viele ein Mysterium. Sieben Monate später stürzte damals die Regierung durch den Koalitionsaustritt der Lega Nord. Dieser Bruch im rechten politischen Lager von 1994 wurde erst vor anderthalb Jahren behoben und Berlusconi holte die Lega Nord wieder zurück in das Bündnis. Ein zentrales Element des zu erwartenden neuerlichen Sieges des Rechtsblocks am morgigen Tag.

In den letzten Wochen greift die europäische Debatte über das Mitte-Rechts-Bündnis zwar einige kritikwürdige Aspekte heraus. Meiner Ansicht nach greifen diese aber in vielerlei Hinsicht zu kurz. Zum einen wird auf die ökonomischen Interessen Berlusconis abgehoben und der Interessenkonflikt zwischen dem politischen Amt des Ministerpräsidenten und seiner Rolle als Unternehmer problematisiert. Zu ihm nur soviel: Er ist der reichste Mann Italiens. Ihm gehören die größten privaten Fernsehsender in Italien und er kontrolliert über 95 Prozent des Privatfernsehens. Gleichzeitig kann er den öffentlichen Rundfunk bei einem Wahlsieg nach seinem Gusto umbauen, da die Regierung die Aufsichtsräte einsetzt. Das war auch schon 1994 der Fall. Die Aufsichtsräte der RAI-TV (Radio-Televisone Italiana) wurden mit Personen aus seinem engsten politischen Umfeld besetzt. Diese Erfahrungen und die zu erwartende Wiederholung veranlasst heute die europäische und internationale Presse zu dem Vergleich, es könne nicht sein, dass in Italien nunmehr eine Situation entsteht, die der Russlands vergleichbar sei. Es geht hierbei um den Konflikt über die Gewährung der Medien- und Pressefreiheit und ihre „politische" Unabhängigkeit. Vollends unverständlich sei es, dass ein Mann wie Berlusconi sich überhaupt zur Wahl stelle, ohne das Problem dieses Interessenkonfliktes gelöst zu haben. Das ist der erste Punkt.

Zum anderen wird ein weiteres Problem angeführt, welches ebenfalls in den letzten fünf oder sechs Jahren nicht gelöst wurde: Gegen Silvio Berlusconi laufen nach wie vor zahlreiche Gerichtsverfahren wegen Bestechung, Bilanzfälschung, Korruption und illegaler Parteienfinanzierung. Aus einigen Verfahren resultieren rechtskräftige Verurteilungen, wobei diese oft im Nachhinein aufgehoben wurden oder laufende Verfahren durch Zahlung eingestellt worden sind. Aber nicht nur Berlusconi selbst stand im Zentrum der Justiz, sondern gegen sein gesamtes Firmenimperium laufen die Ermittlungen schon seit zehn Jahren. Ein Ende ist nicht absehbar. Erst vor ein paar Wochen hat der spanische Ermittlungsstaatsanwalt Baltazar Garzon deshalb beim EU-Parlament die Aufhebung der Immunität aufgrund des Verdachts von illegalen Praktiken beim Kauf des spanischen Privatsenders Telecino verlangt. Passiert ist bis jetzt nichts und Berlusconi kann als Abgeordneter im Europaparlament unbehelligt agieren.

Dritter, eher abgeschwächter Schwerpunkt der Debatte in der europäischen Presse sind die Fragen zum politischen Bündnis, also wer seine größten Koalitionspartner sind. Hierbei wird sich stark auf die Lega Nord bezogen, die einen rassistisch geprägten Wahlkampf vor allem gegen Emigranten und Moslems geführt hatte. Hinsichtlich der Migration sieht sich die Lega Nord in Italien an der europäischen Außengrenze dazu verpflichtet, die Migrationsströme mit allen Mitteln in den Griff zu bekommen. Das geht so weit, den Schiffsverkehrs in der Adria und mit ihm illegale Migrationsströme insofern zu „regulieren", dass die italienische Marine einzusetzen sei. Dabei kann es auch dazu kommen, dass Schiffe beschossen und versenkt werden können. Die xenophobischen und rassistischen Ausfälle steigern sich meistens, wenn italienische Sicherheitskräfte bei der „Grenzsicherung" zu Tode oder zu Schaden kommen. Ihre stärkste politische Verankerung hat die Lega Nord in den wohlhabenderen nördlichen Provinzen. Nach der Gründung der Forza Italia kam es dabei zu einer Verschiebung von Wählergruppen, da sie mit ähnlichen sozialpolitischen und ökonomischen Positionen gegen die Lega Nord punktete. Der Konkurrenzkampf zwischen den Bündnispartnern ist im Norden besonders stark und führt immer wieder zu Spannungen.

Fast kaum beachtet wird die Alleanza Nazionale um Gianfranco Fini. Hier tritt ein grundsätzliches Problem auf: Die Partei gibt es dem Namen nach erst seit 1995. Das ist ein geschickter strategischer Schachzug gewesen, denn ihre Wurzeln liegen im Jahre 1946. Zu diesem Zeitpunkt wurde der Vorläufer der Alleanza Nazionale, der MSI (Movimento Sociale Italiana) gegründet. Der MSI war damit die älteste europäische neofaschistische Partei nach dem Zweiten Weltkrieg. Im Zuge der politischen Krise in Italien in den 90er Jahren, als das Parteispektrum sich radikal wandelte, war die klare Losung der Führung der Alleanza Nazionale, von dieser Situation zu profitieren. Zu diesem Zweck musste der Name geändert und eine politische Neuausrichtung angestrebt werden. Nur so würde es möglich werden, was dem MSI nach 1946 bis in die 90er Jahre verwehrt wurde: anerkannter Partner in der italienischen Politik zu werden und an der Regierung beteiligt zu werden. In den letzten zehn Jahren hat es Fini und der Führungskader durch die Öffnung der Partei ins konservative Lager und die Bindung von Rechtsintellektuellen geschafft, eine moderne, aber nach wie vor neofaschistische Partei zu präsentieren. Die Partei agiert sehr geschickt und ist von faschistischen bzw. neofaschistischen Parteien in Deutschland oder anderen europäischen Ländern zu unterscheiden. Denn selbst der damalige MSI trat nie explizit mit Blut-und-Boden-Ideologien oder antisemitischen Ausfällen im politischen Alltag in Erscheinung, sondern orientierte sich deutlicher an einer klerikalen, konservativen und damit moderaten Variante. Dieser Weg wurde in den letzten Jahren prononciert. Dementsprechend lässt sich auch schwerlich der neofaschistische Charakter der Partei anhand von antisemitischen, nationalistischen oder rassistischen Positionen ableiten. Anhand der Parteidokumente seit 1995 kann die intellektuelle und kulturelle Kontinuität mit den historischen Wurzeln des europäischen Faschismus nachgezeichnet werden, wobei sich natürlich die Sprache gewandelt und angepasst hat.

Was hat Europa für einen Stellenwert für diese drei Parteien, welche direkten und indirekten Wirkungen gibt es? Warum können diese drei Parteien überhaupt zusammenarbeiten, obwohl es eigentlich nicht möglich ist? Nach wie vor vertritt die Lega Nord in Norditalien den Ansatz eines radikalen „Föderalismus". Der „verhasste" Zentralstaat solle endlich dezentralisiert oder zugespitzt ausgedrückt, möglichst zerschlagen werden. Die Verteilungsfrage der ökonomischen Ressourcen steht dabei ganz oben auf der Liste ihrer politischen Agenda. So sollen die Steuergelder nicht mehr nach Rom überwiesen werden und dort ineffizient nach Süditalien umgeleitet werden. Vielmehr brauche der reiche Norden das Geld selber, habe selber genug soziale und ökonomische Probleme und solle autonom entscheiden, wie mit den Steuergeldern zu verfahren sei. Bereits 1994 führte dies logischerweise dazu, dass sich die Lega Nord hinsichtlich der favorisierten ökonomischen Konzeptionen positiv auf die Maastricht-Kriterien bezog.

Kurz zuvor war die italienische Lira aus dem europäischen Währungsverbund ausgeschieden. Der Wahlkampf war dadurch geprägt, dass die Lega Nord eine Position vertrat, die wie folgt skizziert werden konnte: „Entweder schafft es Italien wieder zurück in den europäischen Währungsverbund, in die ökonomische Integration Europas oder der Norden spaltet sich ab. Wir schaffen es alleine, sämtliche Kriterien zu erfüllen. Wir im Norden sind aufgrund unserer Produktions- und Handelsstruktur mit Europa verflochten. Wir fühlen uns den europäischen Werten verbunden." Das war der Höhepunkt der separatistischen Tendenzen der Lega Nord, die sich später abschwächten. Mit ihrem immer auch parallel vertretenen und dann zunehmend verfolgten spezifischen Ethno-Föderalismus integriert sie sich wiederum in die europäische Diskussion um die Positionen des Wettbewerbsföderalismus oder vom „Europa der Regionen".

Die Forza Italia ist eine moderne konservative Partei, die in reinster Form ein neoliberales Wirtschafts- und Sozialkonzept vertritt, das sich ebenfalls relativ problemlos in den Prozess der europäische Integration einfügt. Staatshaushalte reduzieren, Sozialsysteme abbauen, wettbewerbsfähig werden, Steuern für Unternehmer senken. Alle diese Instrumente machen den politischen Kern der Forza Italia aus. Und hier zeigt sich ein zentrales Problem der Europäischen Gemeinschaft und der EU-Kommission, sich von der Politik der zukünftigen Mitte-Rechts–Regierung in Italien abzugrenzen. Die eher substanzlose Kritik macht sich lediglich an dem Umstand fest, dass bei der Umsetzung der Versprechen Berlusconis die Stabilität des Euros gefährdet wäre und die Maastricht-Kriterien übertreten würden. Ansonsten hätte man jedoch keine „politischen" Probleme mit Berlusconi. Die Alleanza Nazionale versteht die Globalisierung und die europäische Integration als politischen Prozess und weniger als Sachzwang. Für sie ist das ein ganz klarer ökonomischer Prozess, der zu gestalten sei und den sie gestalten will. Wie sie ihn gestalten wollen, ist eine gänzlich andere Frage. Betrachtet man die Diskussion über Globalisierung, EU-Integration und Wirtschaftspolitik, wird man bei der Alleanza Nazionale relativ große Übereinstimmung finden mit der Analyse der modernen sozialdemokratischen/sozialistischen Parteien. Die politischen Rezepte orientieren sich jedoch deutlicher an den Begriffen starker und autoritärer Staat, Volksdemokratie, Plebiszite und eine Diskussion um italienische respektive nationale Werte und Traditionen.

Je stärker die Empörung der europäischen Presse und der modernen „Linksparteien", desto offensichtlicher zeigt sich die Sprachlosigkeit angesichts des zukünftigen italienische Regierungsbündnisses, das ein Konglomerat aus alten reaktionären Aspekten in neuer Verpackung und modernen Themen im Rahmen

von Standortdebatte, Wettbewerbsstaat, Autoritarismus und Sozialabbau reprä-
sentiert. Das Bündnis setzt nämlich genau auf die Themen und Instrumente, die
zum Standardrepertoire der „modernen" Sozialdemokratie in Europa gehören.

Iwan Melnikow, *Vorsitzender des Ausschusses für Bildung und Wissenschaft in der
Staatsduma, stellvertretender Vorsitzender der Kommunistischen Partei der Russischen Föderation*

Für uns liegt eine tiefe Symbolik darin, dass dieses Treffen zu einer Zeit stattfindet, da die demokratischen Kräfte überall in der Welt den 56. Jahrestag des
Sieges über den deutschen Faschismus begehen, dass wir in Berlin zusammenkommen, wo dieses menschenfeindliche Regime den Todesstoß erhielt. Das Thema dieser Konferenz ist äußerst wichtig und aktuell für viele Länder Europas,
darunter, so bitter das auch klingen mag, auch für das heutige Russland. Als die
Welt 1945 den Untergang eines der unmenschlichsten Reiche, das Ende eines der
größten Gemetzel in der Geschichte bejubelte, schien es, als sei nun eine Ära
des Humanismus, der Demokratie, der Toleranz, der Gerechtigkeit und Gleichheit
angebrochen. Leider ist es nicht so gekommen. Ich möchte etwas zu den heutigen Problemen in Russland sagen.

Zur Sowjetzeit gab es bei uns keine ökonomische, politische oder soziale Basis dafür, dass sich rechtsextremistische, nationalistische Organisationen oder
Bewegungen bilden konnten. Die KPdSU registrierte über Jahrzehnte jede Tendenz zur Entstehung extremistischer Parteien, Organisationen oder Bewegungen. Sie reagierte auf sie mit der ganzen Macht des Partei- und Staatsapparates.
Die Lage verschlechterte sich rasch als unser Land den Weg der „Gorbatschow-
schen Reformen" einschlug, ein Sammelsurium höchst unprofessioneller, zusam-
menhangloser und überhaupt nicht durchdachter Schritte, die schließlich zum
völligen Zusammenbruch der Wirtschaft und der politischen Reformen in unserer Gesellschaft führten. Die Mehrheit der Sowjetbürger, die von der Perestroika
einen neuen Impuls für die sozialistische Umgestaltung Russland erwartet hatte, erkannte jedoch bald, dass der Kaiser ohne Kleider war. Gorbatschow, der
das Land an den Rand der wirtschaftlichen Katastrophe und des Bürgerkrieges
geführt hatte, lief nun in das andere politische Lager über und erzählt der Welt
heute immer noch die Geschichte, wie schwer man ihm die demokratische Umgestaltung gemacht hat. Somit haben die Führungen unter Gorbatschow und
Jelzin mit ihren liberalen politischen und wirtschaftlichen Reformen, die von
grobem Antikommunismus und Antisowjetismus durchdrungen waren, zunächst

die politischen und dann die ökonomischen Grundlagen für das Auftauchen extremistischer und nationalistischer Organisationen und Bewegungen in der ganzen Sowjetunion geschaffen. Faktisch hat die Führung der KPdSU unter Gorbatschow, die der Entstehung der äußerst nationalistischen, antisowjetischen und oft extrem agierenden so genannten Volksfronten in den Sowjetrepubliken tatenlos zusah, den Zerfall der Sowjetunion selbst stimuliert. Das war deshalb besonders gefährlich, weil dieses Wüten des Nationalismus von einem starken Absinken des Lebensniveaus der Bürger, wachsender Arbeitslosigkeit, dem Verlust der sozialen Sicherheit, massenhaftem Ausbleiben von Lohnzahlungen und faktischem Absterben der Nation begleitet war.

Die unter der Führung Jelzins eingeleiteten liberalen Marktreformen, in deren Verlauf Millionen Bürger total verarmten und nur die schmale Schicht der „neuen Russen" märchenhafte Reichtümer anhäufte, haben die langfristigen Voraussetzungen dafür geschaffen, dass sich heute überall in unserem Lande verschiedenste, extremistische, nationalistische und radikale Organisationen jeglicher Couleur breit machen. Gorbatschow und nach ihm Jelzin haben es mit ihrer Innenpolitik geschafft, die sowjetische Gesellschaft so aufzusplittern, dass es inzwischen Menschen gibt, die alles Unglück und alles Leid nicht in erster Linie den Regierenden anlasten, sondern den Menschen anderen Glaubens und anderer Nationalität.

Seit die Kommunistische Partei der Russischen Föderation im Jahre 1993 ihre Tätigkeit wieder aufnahm, musste sie äußerst komplizierte Aufgaben lösen, die für sie völliges Neuland waren. Wir hatten keinerlei Erfahrungen mit der Arbeit in der Opposition oder in einem Mehrparteiensystem. Im Laufen mussten wir praktisch lernen, wie man mit anderen Parteien und Bewegungen, auch solchen aus dem linken Spektrum zusammenwirkt, wie man Verbündete und Weggefährten findet, all das unter härtestem Druck des Staates, in einer Atmosphäre antikommunistischer Hysterie. Die Politik der Machtelite, die jedweden gleichberechtigten Dialog mit der Opposition ablehnte, die extremen Übergriffe der so genannten demokratischen Staatsorgane, die am 23. Februar 1992 eine Demonstration von Veteranen des antifaschistischen Kampfes und die Manifestation am 1. Mai 1993 von Sondereinheiten der Miliz auseinander jagen ließen, gipfelte schließlich im Beschuss des Parlamentsgebäudes aus Panzerkanonen im Oktober 1993. Das forderte eine Reaktion des Volkes und seiner verschiedenen Organisationen, sowohl linker als auch volkspatriotischer Orientierung, geradezu heraus. Sie konnten diese Vorgänge nur so werten, dass damit der Geschichte unseres Landes, seinem Volk, dem Andenken an unsere Väter und Großväter Gewalt angetan wurde. Beträchtlichen

Einfluss auf unsere Partei hatte der spontane Druck des Volkes von unten. Es lehnte die liberalen Reformen Jelzins ab, weil diese zur Herausbildung eines kriminellen Mafiaregimes im Lande, zum Zerfall der Wirtschaft, dem Absinken der Bevölkerungszahl, zum Anwachsen der Arbeitslosigkeit, zum Krieg im Kaukasus und zur Entstehung einer kleinen privilegierten Schicht führten. Das konnte nicht ohne Einfluss auf die Weltsicht einzelner Mitglieder unserer Partei bleiben, die auf komplizierte politische und ökonomische Fragen einfache Antworten zu geben suchten und sich zu sehr unreifen Äußerungen hinreißen ließen.

Aber auch die demokratische Staatsmacht selbst scheut sich nicht, die nationalistischen Hebel anzusetzen. Sie macht permanent Stimmung gegen Personen kaukasischer Herkunft. Deshalb ist es nicht übertrieben, zu behaupten, dass das Jelzin-Regime wesentlich dazu beigetragen hat, die Situation in Russland so zu gestalten wie sie heute ist. Ein in Glaubensfragen tolerantes, multinationales Land, in dem die Menschen sich vor kurzem noch als ein Sowjetvolk verstanden, ist zum Nährboden für extremen Nationalismus, Rassismus und Intoleranz geworden. Daher die Übergriffe faschistoider Skinheads gegen kaukasische Händler auf den Moskauer Märkten, die Schändung jüdischer Friedhöfe in einigen Städten, die Brandschatzung von Synagogen und vieles andere, was zur Sowjetzeit unvorstellbar war. Das ist offenbar der Preis, den unsere russischen Reformer zu zahlen bereit waren, um in der Russischen Föderation in den letzten zehn Jahren eine Spielart des wilden Kapitalismus einführen zu können. Immer wieder werden von verschiedenen Seiten Vorwürfe gegen uns laut. Einigen sind wir zu sozialdemokratisch, anderen zu orthodox, Dritte wiederum glauben, die Neigung zu einer gewissen Überbetonung der nationalen Geschichte und Kultur in unserer Politik zu erkennen. Ich kann hier versichern, dass keine dieser Definitionen die wahre Sachlage trifft, obwohl es bei uns – wie in jeder anderen großen Partei – Vertreter der verschiedensten Strömungen und Ansichten gibt. Unumstritten ist nur eines: Die Kommunistische Partei der Russischen Föderation ist eine neue kommunistische Partei, die sich bemüht, alles aufzunehmen, was die russische und die weltweite kommunistische Bewegung, die Linke insgesamt in Jahrhunderten des Kampfes an Wertvollem angesammelt hat. Dabei nimmt die Auseinandersetzung mit dem Rechtsextremismus und dem Nationalismus einen zentralen Platz ein, denn wenn man nichts gegen diese Erscheinungen tut, zerfressen sie die Einheit der linken Kräfte wie Rost das Metall, vor allem aber lenken sie die arbeitenden Menschen vom Kampf für ihre wahren, brennenden Interessen ab.

Konzeption: Martin Handtke, Mitarbeiter von Sylvia-Yvonne Kaufmann

Migration und Integration oder: Was haben Rassismus und staatliche Asyl- und Einwanderungspolitik miteinander zu tun?

Heiko Kaufmann, *Sprecher Pro Asyl und Träger des Aachener Friedenspreises 2001*

Meine Damen und Herren, wir haben historisch betrachtet gerade das Jahrhundert der Flüchtlinge, der Barbarei verlassen. Aber auch zu Beginn dieses neuen Jahrhunderts verlassen Millionen von Menschen ihre Heimat und ihr Land, weil sie aufgrund von Verfolgungen und Repressionen, Unterdrückung und Gewalt, aufgrund himmelschreiender Not und sozialer Ungerechtigkeiten, aufgrund auch ökologischer Katastrophen existentiell gefährdet sind und keine Lebensperspektive für sich und ihre Kinder sehen.

Will die westliche Welt nicht zu einer militärisch verbarrikadierten Festung erstarren, die auf Dauer nach innen wie nach außen nur repressiv zu verteidigen wäre, gibt es keine Alternative zu entschiedenen und entschlossenen Maßnahmen gegen Armut und Verelendung. Gefordert ist heute nichts weniger als die Überwindung der globalen Apartheid, die die Hauptursache für Menschenrechtsverletzungen, Ausgrenzung, Rassismus, Kriege, Flucht und Migration ist. Die Auslieferung der Welt an die ungebremsten Gesetze des Marktes kann – nein, sie muss und wird auch zu Brüchen und Rissen in den rechtsstaatlichen Demokratien beitragen. Wenn keine Korrekturen erfolgen, droht ein neues Jahrhundert der Flüchtlinge, das die Massenvertreibungen und den Terror des 20. Jahrhunderts noch in den Schatten stellen könnte. Das zu Ende gegangene Jahrhundert hat wie kein anderes zuvor offenbart, wie brüchig der Boden, wie dünn der Firnis der Zivilisation ist. Zu Beginn des neuen Jahrhunderts laufen wir erneut Gefahr, soziale und humanitäre Standards den Interessen des Marktes und der Macht zu opfern. Deshalb hat sich eine neue globale Weltfriedensordnung primär und zuerst an den Menschenrechten, an den bis heute erreichten Völkerrechtsnormen und den Vereinbarungen im Rahmen des UN-Reglements zu orientieren, um auf ihrer Basis eine verstärkte Entwicklungszusammenarbeit zur Armutsbekämpfung, einen gerechten Lastenausgleich auf internationaler Ebene, eine Neuordnung im Handels- und Finanzbereich, den Verzicht auf Rüstungsexporte, die Abkehr von rigoroser Konsumideologie und blinder Marktgläubigkeit sowie die politische und zivile Gestaltung des inneren und äußeren Friedens und eine Weiterentwicklung des Menschenrechtsschutzes voranzutreiben.

Denn es waren die Erfahrungen des Leids und der Tod von Millionen Menschen nach zwei Weltkriegen, die unter anderem zur Charta der Vereinten Nationen, zur Allgemeinen Erklärung der Menschenrechte, zur Genfer Flüchtlingskonvention und zu den internationalen Pakten über bürgerliche, politische, wirtschaftliche, soziale und kulturelle Rechte geführt haben. Diese völkerrechtlichen Verträge und Konventionen des 20. Jahrhunderts sind Antwort auf das Grauen und die Barbarei gewesen. Sie sind der Versuch, einen Rückfall unmöglich zu machen, das Ungeheuerliche bewusst zu halten und Instrumente für friedensverträgliche und menschenrechtskonforme Bedingungen im Weltmaßstab zu schaffen. Diese Konventionen haben rechtliche Grundlagen und Voraussetzungen für demokratische und soziale Lebensverhältnisse geschaffen, auch wenn die Wirklichkeit von diesem postulierten Ideal noch weit entfernt ist – und ich sage, noch weiter als zu der Zeit, als sie eigentlich paraphiert und ratifiziert wurden.

Eine der wichtigsten Aufgaben des neuen Jahrhunderts wird daher die rechtliche, soziale und politische Integration der Menschen, insbesondere der heute plakatierten Minderheiten – der Flüchtlinge, der MigrantInnen – sein. Eine Politik, die Diskriminierung und Ausgrenzung fördert und vom Geist der Abwehr schutzsuchender Menschen geprägt ist, konterkariert diese Bemühungen ebenso wie eine ständige Kürzung der finanziellen Mittel für Entwicklungszusammenarbeit. Vom alten UN-Ziel, wonach die reichen Länder 0,7 Prozent ihres Bruttosozialproduktes (BSP) in die Entwicklungshilfe stecken sollten, ist Deutschland weiter denn je entfernt. Unter der rot-grünen Regierung ist der Anteil am BSP auf einen historischen Tiefststand von 0,27 Prozent gefallen. Während ebenfalls unter Rot-Grün der Rüstungsexport blüht und die deutsche Rüstungsindustrie überproportional von der Zunahme des weltweiten Handels profitiert. Deutschland liegt zur Zeit auf Rang fünf der Rüstungsexporteure. Bei einer Regierung, welche die Menschenrechte zum Leitmotiv ihrer Politik machen wollte, sind angesichts solcher Fakten Zweifel an ihrer Glaubwürdigkeit und an ihrem Gestaltungsvermögen und -willen für eine zukunftsfähige Politik angebracht.

Das hat natürlich eine Vorgeschichte. Gerade jene, die jetzt von Leitkultur reden und während ihrer 16-jährigen Regierungszeit eine geistig-moralische

Wende einleiten wollten, haben erheblich dazu beigetragen, dass die Menschenwürde von Flüchtlingen und vielen Minderheiten heute vielfach verletzt und missachtet und dass Asyl in Deutschland heute mehr mit Abschottung, Abschreckung und Abschiebung assoziiert wird als mit Akzeptanz, Aufnahme und Anerkennung.

Was bleibt denn von den in ihrer Leitkultur beschworenen Werten, wie der Würde des Menschen, den Menschenrechten, der christlichen Tradition des Abendlandes, dem Humanismus und der Aufklärung, wenn Menschen hierzulande auf der Flucht aus Angst vor Abschiebung in Länder, in denen diese universellen Werte nicht gelten, zu Tode kommen? Was bleibt von der Würde des Menschen, wenn eine bestimmte Gruppe von Menschen aus der üblichen sozialen Versorgung ausgegrenzt wird und ihre Lebensbedingungen absichtlich unerträglich und abschreckend gestaltet werden? Was bleibt von der Würde des Menschen, dem das völkerrechtlich verbriefte Recht auf Bewegungsfreiheit mit der – beschönigend genannten – Residenzpflicht entzogen wird? Und was bleibt von der Würde des Menschen, der seiner Freiheit beraubt wird ohne eine strafbare Handlung begangen zu haben und der bis zu anderthalb Jahren in Haft genommen werden kann, weil er bei uns sein Recht in Anspruch genommen hat, Schutz und Hilfe zu suchen? Was ist das für ein Rechtsstaat, in dem Freiheitsentzug im 5-Minuten-Takt angeordnet und juristisch legitimiert wird, ohne dass sich die RichterInnen mit dem Schicksal der Betroffenen und den Beweggründen ihrer Flucht noch einmal auseinander gesetzt haben? Wie sieht es mit dem Flüchtlings- und Menschenrechtsschutz in unserem Land aus, wenn nach wie vor Menschen von hier abgeschoben und dabei dem Risiko erneuter Verfolgung, Folter und Verhaftung in ihrem Heimatland ausgesetzt werden?

Schutz der Menschenwürde und der Menschenrechte! Wir erleben gerade die Stunde der Heuchler. So richtig und wichtig die gesellschaftliche Debatte über Rechtsradikalismus und die Bereitschaft zum Handeln gegen den Terror von Rechts ist. Wenn aber der eine Teil der politischen Klasse aus politischem Kalkül weiterhin das rassistisch ausbeutbare Gefasel von der deutschen Leitkultur propagiert und der andere Teil sich darauf beschränkt, mit Appellen an die Zivilcourage und Beschwörungen der Gemeinsamkeit der Demokraten den wachsenden Rechtsextremismus und die Zunahme von Gewalt zu individualisieren und mit aufwendigen Maßnahmen und Programmen dagegen zu pädagogisieren, dann war der Aufstand der Anständigen, dann war die Demonstration am 9. November 2000 nur eine proklamierte, vorgetäuschte Einheitsfront gegen Rechts, die mehr dem geschädigten deutschen Ansehen und wirtschaftlichen Interessen geschuldet war als der wirklichen Sorge um die Angst und Not der Flüchtlinge, die der alltäglichen Erfahrung des Rassismus in Deutschland ausgesetzt sind.

Nein, gegen Rassismus und Gewalt helfen niemals allein Demonstrationen und Appelle. Der von vielen beklagte und von UN-Gremien wie etwa dem Ausschuss zur Beseitigung der Rassendiskriminierung wiederholt heftig kritisierte Umgang Deutschlands mit Flüchtlingen – etwa bei der Aufnahme, im Verfahren, bei der sozialen Versorgung, im gesamten System der Abschiebepraxis – ist ein Spiegelbild des gesellschaftlich transportierten und akzeptierten Rassismus. Strukturelle und institutionelle Ungleichheiten, die zu unterschiedlichen Formen rassistischer Diskriminierung führen, verletzen nicht nur die Menschenrechte und die Würde der Betroffenen, sie sind auch Nährboden für Fremdenfeindlichkeit und rechtsextreme Gewalt. Eine offensive, glaubwürdige Auseinandersetzung mit Rechtsextremismus und Rassismus darf sich daher nicht auf den alltäglichen Rassismus und das individuelle Verhalten verengen. Staatlicher und alltäglicher Rassismus bedingen einander. Deshalb impliziert das Bemühen zur Überwindung des Rassismus die gesellschaftliche Auseinandersetzung über staatliche Diskriminierungspolitik gegenüber Flüchtlingen und Minderheiten. Wer ernsthaft und glaubwürdig gegen Rechtsextremismus vorgehen will, muss Flüchtlingen und MigrantInnen endlich Rechte geben und aufhören, sie per Gesetz zu Menschen zweiter Klasse zu machen. Die Erfahrungen der Flüchtlinge belegen tausendfach, was die Ergebnisse wissenschaftlicher Untersuchungen zutage fördern und wogegen sich Menschenrechtsorganisationen, lokale Initiativen, Nichtregierungsorganisationen bis hin zu UN-Gremien seit Jahren ohne Unterstützung des Staates eingesetzt haben, das Wissen nämlich, dass Rassismus aus der Mitte der Gesellschaft und aus dem Geist der Gesetze kommt. Hier ist der Staat selbst in erster Linie gefordert. Und hier fordern wir von der Politik und vom Gesetzgeber ein, was er uns als Bürgern abverlangt – Zivilcourage und Ursachenbekämpfung.

Wer sich mit den Hintergründen und Ursachen von Antisemitismus und Rassismus in der Gesellschaft auseinander setzt, der muss auch nach den staatlichen Anteilen daran, den institutionellen, strukturellen und gesetzlichen Diskriminierungen gegenüber Flüchtlingen in Staat und Gesellschaft fragen. Der Kampf gegen Rechtsextremismus, der Schutz der Menschenwürde beginnt bei den gesellschaftlichen Rahmenbedingungen, bei den politischen und rechtlichen Vorgaben für Minderheiten, Flüchtlinge und MigrantInnen in diesem Land. Denn erst die Defizite und Mängel in diesem Bereich ermutigen oft genug rechtsextremistische Täter und geben ihnen geradezu das Gefühl, in Übereinstimmung mit einem Mehrheitskonsens zu handeln. Um die Schutzlosigkeit und Rechtlosigkeit der Flüchtlinge zu überwinden, ist die Politik deshalb durch gesetzgeberische Maßnahmen gefordert, sicherzustellen, dass sie in Deutschland nicht mehr als Menschen zweiter Klasse behandelt werden können.

Der Migrationforscher Klaus Bade resümiert in seinem Buch „Europa in Bewegung": „Solange das Pendant der Abwehr von Flüchtlingen aus der Dritten Welt, die Bekämpfung der Fluchtursachen in den Ausgangsräumen fehlt, bleibt diese Abwehr ein historischer Skandal, an dem künftige Generationen das Humanitätsverständnis Europas im späten 20. und frühen 21. Jahrhundert ermessen werden." Und der Soziologe Ulrich Beck fordert „die europäische Doppelmoral zu überwinden, dass für Menschen in anderen Ländern nicht gilt, was Europa als Menschenwürde definiert und schützt".

Wie ist es mit diesem Anspruch der Menschenwürde nach dem europäischen Gipfel in Tampere bestellt? Der diese wunderschöne Formel beschlossen hat, „auf ein gemeinsames Asylsystem hinzuwirken, das sich auf die uneingeschränkte und allumfassende Anwendung der Genfer Flüchtlingskonvention stützt". Nach wie vor werden Menschen, die seit Jahren hier leben und integriert sind, deren Kinder hier geboren sind und keine andere Heimat als Deutschland kennen, in ihnen fremde Länder abgeschoben. Nach wie vor fehlt eine Härtefallregelung im Ausländergesetz, die humanitäre Bleiberechtsregelungen ermöglicht. Nach wie vor finden verfolgte Frauen, unbegleitete Flüchtlingskinder und Opfer von Bürgerkriegen und Gewalt nicht den angemessenen Schutz. Nach wie vor sind die sozialen Lebensbedingungen für Asylsuchende so unerträglich, abschreckend und zermürbend, dass die Menschenwürde vieler Flüchtlinge tagtäglich in Deutschland verletzt wird. Und nach wie vor werden Menschen aus Deutschland abgeschoben und dabei des Risikos erneuter Verfolgung, Folter und Verhaftung in ihren Heimatländern ausgesetzt.

Deshalb: Eine unserer wichtigsten Anstrengungen im Verlauf der Europäischen Debatte über Menschenrechte und Flüchtlingsschutz muss das Hinterfragen der verborgenen Rechtfertigungen, das Aufzeigen der Widersprüche, die Entlarvung politischer und ideologischer Lebenslügen sein – neben der Radikalität und Klarheit unserer Parteinahme für Flüchtlinge und Minderheiten. Denn ideologische Sprache schafft immer Mythen. So ist es in der Politik derzeit immer noch beliebt im Zusammenhang mit dem humanitären Interventionismus im Kosovo von einem Paradigmenwechsel hin zu einem neuen Völkerrecht zu sprechen. Aber von einem Paradigmenwechsel kann man doch erst dann sprechen, wenn die Staaten und Regierungen nicht länger versuchen, den einmal erreich-

ten Standard des humanitären Völkervertragsrechts ständig zu unterschreiten und in der Praxis abzuschwächen. Und das tun sie und reden trotzdem von der Berechtigung zu humanitärem Interventionismus. Das ist kalte Macht- und Interessenpolitik. Was nützen die Versprechungen von Tampere und die besten Richtlinien und der bestgemeinte Schutz, wenn asylsuchende Menschen keine Zugangsmöglichkeiten bei einem Asylverfahren in der Europäischen Union haben? Was ist der Wert der Menschenrechte und des Flüchtlingsschutzes, wenn die Diskrepanz zwischen den verbürgten und verheißenden Rechten und der Realität der Staatenpraxis immer größer wird? Da kann man nur sagen: Mut zur Einmischung und Wachsamkeit. Wachsamkeit und Einmischung sind die Voraussetzungen für Zivilcourage und die geistige und inhaltliche Auseinandersetzung mit dem Rechtsradikalismus und Rechtspopulismus. Gerade aus der Mitte der Politik. Es ist daher auch im Zusammenhang mit der Europäischen Debatte unsere vordringliche Aufgabe, die geistige und inhaltliche Auseinandersetzung über die Werte Europas, mit einem gemeinsamen Asyl- und Flüchtlingsrecht, in eine Demokratie des 21. Jahrhunderts zu führen. „Ein Raum der Freiheit und der Sicherheit in der Tradition europäischer Werte", wie es so schön in den Erklärungen von Tampere steht, heißt für uns: die alten Untertanen aus der Bevormundung des autoritären Obrigkeitsstaates zu befreien. Freiheit und Sicherheit für die Menschen bedeutet das Ende von Ausgrenzung, Verteufelung und Ressentiments, weil kein demokratisch verfasster Rechtsstaat, keine Demokratie des 21. Jahrhunderts sich mehr durch Abstammung oder ethnische Zugehörigkeit definieren wird und definieren kann. Vielmehr müssen die demokratischen Verfassungs- und Freiheitsgarantien als oberste und verbindende Prinzipien den Kern, die Substanz einer BürgerInnengesellschaft sein, in der Grund- und Menschenrechte allen Menschen in gleicher Weise zuteil werden. Der israelische Philosoph Avishai Margalit verlangt von einer Politik der Würde: „..., dass die gesellschaftlichen Institutionen die Selbstachtung der Menschen nicht verletzen, d.h., dass sie die Menschen vor der schrecklichen Erfahrung der Erniedrigung bewahren." Bis dahin ist es noch ein weiter Weg, aber den müssen wir gehen und positiv gestalten.
(weitere Informationen unter www.proasyl.de)

Silvester Stahl, *Forschungsgesellschaft Flucht und Migration (FFM)*
Ich möchte zu zwei Bereichen etwas sagen. Erstens zur Abschottung der Grenzen gegen Flüchtlinge und zweitens zur Vorverlagerung dieser Flüchtlingsbe-

kämpfung in andere Länder. Ich will mich im ersten Teil auf die deutsche Ostgrenze beschränken, also auf die Grenze Deutschlands mit Polen und der Tschechischen Republik. Alle Zahlen, die ich nenne, beziehen sich ausschließlich auf die deutsche Ostgrenze.

Mit dem so genannten Asylkompromiss von 1993 und der darin enthaltenen Drittstaatenregelung sind Polen und Tschechische Republik zu angeblich sicheren Drittstaaten erklärt worden. Seitdem werden Flüchtlinge – ungeachtet ihrer individuellen Leidens- und Fluchtgeschichte – an der deutschen Ostgrenze abgewiesen und ihnen die Möglichkeit, einen Asylantrag zu stellen, verweigert. Eben mit dem Argument, in Polen und der Tschechischen Republik drohe ihnen keine Gefahr. Ausnahmen gibt es keine. Wer an der Grenze als Staatsbürger eines visumspflichtigen Landes ankommt (derzeit ca. 130 Staaten), ohne ein Visum zu haben, der wird in jedem Fall abgewiesen. Es besteht also für Flüchtlinge keine legale Möglichkeit, nach Deutschland einzureisen. Um dennoch nach Deutschland zu kommen, haben diese nur zwei Möglichkeiten. Die erste besteht in der Verwendung veränderter Reisedokumente, die zweite in der Überwindung der „grünen Grenze" – oder besser der „blauen Grenze", denn den größten Abschnitt der deutschen Ostgrenze bilden Oder und Neiße, was für die Flüchtlinge sowohl das Entdeckungsrisiko als auch die Gefahr für Leib und Leben erheblich erhöht und auf der anderen Seite den Grenzorganen, die bemüht sind, solche heimlichen Grenzübertritte zu verhindern, eine Erleichterung bringt.

Die Abriegelung der Grenze ist in den zurückliegenden Jahren mit enormem personellen und finanziellen Aufwand perfektioniert worden. Ihr maßgeblicher Träger ist der Bundesgrenzschutz (BGS), der in seiner Direktion Ost insgesamt 8 500 Beamte im Einsatz hat. Unterstützt wird der BGS zusätzlich von den einzelnen Länderpolizeien und dem Zoll. Damit ist der BGS einer der größten Arbeitgeber in dieser strukturschwachen Region. Die Grenzschützer sind zur Abriegelung der Grenze mit modernstem Gerät ausgerüstet. Das sind Fahrzeuge wie Autos, Boote und Hubschrauber, das ist Informationstechnik und das ist Aufspürtechnik. So gibt es zum Beispiel für die Arbeit an den Grenzübergangsstellen CO_2-Meßgeräte, mit denen im Laderaum von Fahrzeugen der Kohlendioxidgehalt gemessen wird, um dort versteckte Personen zu finden. Bei der Überwachung der grünen/blauen Grenze finden Wärmebildkameras, Nachtsichtgeräte und leistungsstarke Ferngläser Anwendung. Auch Hunde hat der BGS im Einsatz. Angeblich nur zum Aufspüren von heimlichen Grenzgängern. Tatsächlich ist es aber gängige Praxis, diese Hunde – auch ohne Maulkorb und abgeleint – den Leuten hinterher zu hetzten. Es sind Fälle dokumentiert, in denen selbst gestellte Menschen mit Hunden angegriffen wurden. Offiziell räumt der BGS allein für die Jahre 1999 und 2000 36 so genannte Beißunfälle mit Diensthunden an der Ostgrenze ein. Die Dunkelziffer dürfte nach unseren Erfahrungen mit der Informationspolitik des BGS deutlich höher liegen. Von Unfällen kann im Übrigen sowieso keine Rede sein, denn es sind keine Bemühungen der BGS-Führung erkennbar, diese Angriffe durch Hunde zu verhindern.

Wir sprechen aber auch von einer unsichtbaren Mauer, die hier errichtet wurde, einer unsichtbaren Mauer aus Personal und Material. Es sind Äußerungen von BGS-Verantwortlichen dokumentiert, in denen diese bedauern, dass vor dem Hintergrund der deutschen Geschichte der Bau einer realen Mauer nicht zu vermitteln wäre. Eine solche wäre wohl eine effektivere und billigere Variante, denn trotz aller Anstrengungen und Skrupellosigkeit schaffen es weiterhin Menschen, unregistriert nach Deutschland einzureisen. Der BGS spricht in dem Zusammenhang immer von einer Sickerquote, die nicht zu vermeiden wäre. Trotz dieses Eingeständnisses gehen die Bemühungen, den unregistrierten Grenzübertritt zu erschweren, weiter. Während der Grenzschutz Mitte der 90er Jahre vor allem seine eigene Aufrüstung betrieben hat, ist er in den letzten Jahren zunehmend um die Einbindung der örtlichen Bevölkerung bemüht. Mit Erfolg. Es gibt keine Statistiken, zumindest keine öffentlichen, spricht man aber mit BGS-Leuten vor Ort, dann erklären diese übereinstimmend, dass von den Aufgriffen heimlicher Grenzgänger – 1999 waren es insgesamt über 16 000 – etwa die Hälfte aufgrund von Hinweisen aus der Bevölkerung erfolgen. Und damit geht ein Konzept des BGS auf, der sich seit Jahren mit Flugblättern, Plakaten, Telefonhotlines und öffentlichen Veranstaltungen um die Mobilisierung der Bevölkerung bemüht. Es werden auch Vereine und Gemeinden gezielt angesprochen. Sie wenden sich gezielt an Angehörige bestimmter Berufsgruppen, etwa an Taxifahrer oder Leute, die bei Autovermietungen arbeiten, aber auch an Forstarbeiter und Mitarbeiter der Bahn. Eine Kooperation mit so genannten Bürgerwehren, die es dort gibt und die auf eigene Faust organisiert Jagd auf die Flüchtlinge machen, bestreitet der BGS. Die Bürgerwehren selber betonen aber, sie würden ja nur dem BGS in die Hände spielen. Auch die Einstellungspraxis des Grenzschutzes, der sein Personal gezielt aus der Region rekrutiert, trägt zum Zusammenspiel von Grenzschutz und Bevölkerung bei. Bei den Fahndungsaufrufen wird ganz unverhohlen auf äußere Merkmale hingewiesen, zum Beispiel indem sehr oft von „offensichtlich illegal Eingereisten" die Rede ist. Zwar gibt es auch Hinweise, auf nasse oder verschmutzte Kleidung zu achten, dennoch die Botschaft ist klar: Wer nicht deutsch aussieht, ist verdächtig und zu melden! Die Folge ist, dass inzwischen auch MigrantInnen mit einem legalen Aufenthaltsstatus oder etwa schwarze Deutsche die Grenzregion meiden, weil sie wissen, dass sie dort mit kollektivem Misstrauen der Bevölkerung und mit ständigen Kontrollen durch BGS und Polizei konfrontiert werden. Und damit gilt für die unmittelbare Grenzregion, was man auch verallgemeinern kann, dass nämlich ein Staat, der mit seiner Flüchtlingspolitik eine solche Signalwirkung erzielt, Rassismus nicht erfolgreich wird bekämpfen können.

Die Menschenjagden – man muss es wirklich so nennen – an der Ostgrenze haben aber auch ganz unmittelbare Konsequenzen. Da sind die mindestens 90 Menschen, die seit 1993 beim Versuch, die Ostgrenze zu überqueren, ums Leben gekommen sind. Gefahr droht Einreisenden wie gesagt vor allem beim Überqueren von Oder und Neiße, wo entweder zu kleine Boote oder flache Stellen im Wasser genutzt werden. Beides ist gleichermaßen lebensgefährlich, zumal die meisten Grenzübertritte nachts stattfinden und der Bundesgrenzschutz – obwohl die Beamten sehr genau wissen, was für ein kritischer Moment das ist –, auch während die Leute übersetzen, versucht, diese einzufangen. Ebenfalls tödlich enden immer wieder sich an den eigentlichen Grenzübertritt anschließende Verfolgungsjagden, sei es im Auto oder zu Fuß. Das letzte Opfer hat es am 18. April im sächsischen Schmölln gegeben, als ein junger Mann aus Vietnam nach einer Verfolgungsjagd im Auto und dann zu Fuß auf der Flucht vor BGS-Beamten und ihren Hunden in einen Steinbruch gestürzt und ums Leben gekommen ist. Die genauen Umstände dieser Nacht sind weiterhin ungeklärt. Es gibt keine Ermittlungen seitens des BGS oder der Polizei. Wir haben als FFM vor Ort recherchiert und die örtlichen Begebenheiten werfen ganz eindeutig die Frage auf, warum sich dieser Mann überhaupt dem Graben, in den er dann tödlich gestürzt ist, genähert hat. Auch hier wäre die direkte Verfolgung durch einen Polizeihund eine mögliche Erklärung. In jedem Fall steht zu befürchten, dass dieser Mann nicht das letzte Todesopfer bleiben wird.

So wie es wohl weiterhin dort Tote geben wird, wird es aber auch weiterhin Menschen geben, denen es gelingt, unregistriert einzureisen. Wie viele das sind oder das sein werden, darüber ließe sich allenfalls spekulieren. Unklar ist auch, wie viele sich dabei tatsächlich auch der Hilfe Dritter bedienen. Es gibt Menschen auf beiden Seiten der Grenzen, die – zum Teil kommerziell – Leuten, die sich gezwungen sehen, heimlich einzureisen, bei der Organisation und Durchführung behilflich sind. Und ganz sicher gibt es darunter auch solche, die verantwortungslos vorgehen und die Notlage der Flüchtlinge ausnutzen. Dennoch gilt es dem derzeitigen Diskurs um so genannte Schlepper entgegenzutreten, denn dieser hat keine andere Funktion als die Abschottungspolitik, die solche Fluchthilfe erst nötig macht, zu rechtfertigen.

Dieses neue Legitimationsmuster ist an Zynismus kaum zu übertreffen, denn hier wird Flüchtlingsbekämpfung als Flüchtlingsschutz ausgegeben – nämlich als Schutz der Flüchtlinge vor den angeblich so skrupellosen Schmugglern. Das dabei aufgebaute Feindbild hat mit der Realität wenig zu tun. Es gibt seit 1994 im Ausländergesetz einen eigenen Straftatbestand der Schlepperei. Sieht man sich an, wer auf dieser Grundlage angeklagt und zum Teil verurteilt wird, so hat es mit diesem Klischee des mafiaartig organisierten, extrem gefährlichen, gewissenlosen Schleppers wenig zu tun. Oft sind es Arbeitslose, zum Teil polizeilich vorher gar nicht in Erscheinung getretene Einzelpersonen oder Kleinstgruppen aus dem Grenzgebiet, die sich dort ihre Ortskenntnis zu Nutze machen. Zum Teil sind das aber auch Taxifahrer, die im Landesinneren unregistriert Eingereiste als Fahrgäste hatten. Oder es sind selbst Flüchtlinge, die den Transport von Pässen oder Geld für die anderen der Reisegruppe übernommen haben und dann auf dieser Grundlage angeklagt werden. Zum Teil sind es auch im Landesinneren völlig legal lebende Zuwanderer, die aufgrund von persönlichen Kontakten aus der Vergangenheit als Anlaufpunkte für unregistriert Eingereiste dienen, ohne mit der Reise selbst etwas zu tun gehabt zu haben. Auch für die oft behauptete Verquickung von Fluchthilfe und Drogenhandel gibt es keine stichhaltigen Anhaltspunkte. Uns ist trotz unserer jahrelangen intensiven Recherchetätigkeit kein einziger solcher Fall zur Kenntnis gekommen.

Werden Flüchtlinge beim heimlichen Grenzübertritt festgenommen, erfolgt in aller Regel die direkte Abschiebung innerhalb von 48 Stunden. Vorher werden sie verhört, um den Fluchtweg zu ermitteln und um eventuelles Belastungsmaterial für Schlepperprozesse zu sammeln. Manchmal werden so genannte Sicherheitseinbehalte vorgenommen, d.h. den Flüchtlingen werden Geld und Wertgegenstände abgenommen, um so die Haft- und Abschiebekosten zu refinanzieren. Die Abschiebungen erfolgen dabei anders als etwa bei abgelehnten Asylbewerbern, also nicht direkt ins Herkunftsland, sondern in die Transitländer. Im Fall der deutschen Ostgrenze also nach Polen und in die Tschechische Republik. Um hierbei einen reibungslosen Ablauf zu sichern, wurden 1993 und 1995 Rückübernahmeabkommen mit Polen und der Tschechischen Republik geschlossen, in denen diese sich verpflichten, nicht nur eigene Staatsbürger, sondern auch Drittstaatler ohne Visum, wenn diese das jeweilige Land als Transitland auf dem Weg nach Deutschland durchquert haben, zurückzunehmen.

Die Kooperation von BGS und den polnischen bzw. tschechischen Grenzorganen

beginnt jedoch viel früher, womit ich zum zweiten Teil komme, nämlich zur Vorverlagerung dieser Flüchtlingsbekämpfung in die Transit- und Herkunftsländer.

Die Tschechische Republik und Polen sind zwar keinesfalls die einzigen Adres-
saten solcher migrationpolitischer Einflussnahme Deutschlands und der EU, aber
zumindest für Deutschland wegen der unmittelbaren Nachbarschaft die wichtigsten. Zur Koordinierung der direkten Zusammenarbeit auf grenzpolizeilicher
Ebene gibt es Verbindungsstellen des BGS in Prag und Warschau. Im Grenzgebiet
selbst arbeiten die einzelnen Dienststellen sehr eng zusammen. Das betrifft zunächst die Unterstützung des BGS bei der Überwachung der deutschen Ostgrenze, wo versucht wird, die Flüchtlinge möglichst vor der Grenze abzufangen. Das
geht weiter mit der schon angesprochenen Rückübernahme von in Deutschland
aufgegriffenen Flüchtlingen, die in der Regel in Kettenabschiebungen mündet,
d.h. die Menschen werden weiter in die Herkunftsländer oder andere vermeint-
liche Transitländer abgeschoben. Deshalb kann auch von sicheren Drittstaaten,
wie sie der Asylkompromiss und die darin enthaltene Drittstaatenregelung an-
nehmen, keine Rede sein. Die Leute landen durch Kettenabschiebungen oft wieder da, wo sie hergekommen sind.

Vor dem Hintergrund der anstehenden EU-Osterweiterung sind die Tschechische Republik und Polen darüber hinaus, wie die anderen Beitrittskandidaten
auch, dem Druck der EU ausgesetzt, die eigenen Einreisebestimmungen den
mittlerweile weitgehend vereinheitlichten EU-Regelungen anzupassen, insbesondere was Visafragen anbelangt. Dem sind sie zum Teil nachgekommen. In
beiden Ländern besteht Visapflicht für Staatsangehörige von über 100 Staaten.
Und sowohl Polen als auch die Tschechische Republik haben nun ihrerseits begonnen, ihre Ostgrenzen abzuriegeln. Das erklärte Ziel der EU ist es, schon vor
der EU-Osterweiterung die Grenzen der Festung Europa nach Osten zu verlagern,
inklusive einer Visapflicht beispielsweise für Ukrainer oder Slowaken, wie sie
derzeit noch nicht besteht. Für die bisher sehr engen Beziehungen der Beitrittskandidaten zu ihren jeweiligen östlichen Staaten wird das katastrophale Folgen
haben.

Deutschland unterstützt beide Länder seit Jahren beim Aufbau der notwen-
digen Strukturen. Das läuft nach dem Prinzip „Geld für Flüchtlinge". In den
letzten Jahren sind mehrere 100 Millionen DM geflossen, natürlich zweckgebun-
den. Neben solcher finanziellen Aufbauarbeit gibt es aber auch Unterstützung
mit Ausrüstung und „Know-how". BGS-Beamte sind also auch in Polen und der
Tschechischen Republik aktiv. Für die Zukunft ist mit einer weiteren Ausweitung
des Operationsraumes des BGS zu rechnen, denn es gibt Pläne zum Aufbau ei-

ner gemeinsamen europäischen Grenzpolizei. Diese wurden bisher eher hinter vorgehaltener Hand diskutiert. Mittlerweile fordert aber Bundesinnenminister Otto Schily (SPD) ganz explizit den Aufbau einer solchen Truppe. Als ein Staatenbund wird die EU aus hoheitsrechtlichen Gründen keine eigene Einheit aufstellen können. Diese wird sich also aus Kräften der einzelnen Länder zusammensetzen. Was Schily fordert, ist nichts anderes als der Einsatz des BGS an der polnisch-ukrainischen oder der tschechisch-slowakischen Grenze. Solche Out-of-Area-Einsätze sind nicht grundsätzlich neu für die BGS-Beamten. Diese Einsätze sind zum Beispiel bei Abschiebungen, wo sie zur Bewachung der „Schüblinge" eingesetzt sind, gang und gäbe. Illegal handeln sie, wenn sie – wie es tatsächlich vorgekommen ist – auf Flughäfen anderer Länder Passagiere mit dem Reiseziel Deutschland auf die nötigen Einreisedokumente kontrollieren, wie das für das nigerianische Lagos und Kattun im Sudan dokumentiert ist. Dort tarnten sich BGS-Beamte mit Lufthansauniformen und kontrollierten Passagiere. Mittlerweile erledigen echte Lufthansa-Mitarbeiter diese Arbeit. Sie werden dazu vom BGS geschult. Die deutsche Außengrenze ist damit faktisch vorverlagert worden, in die Check-In-Bereiche der internationalen Flughäfen in aller Welt, um bereits dort mögliche Flüchtlinge abzuwehren. Rechtlicher Hintergrund dafür ist das seit 1997 bestehende Beförderungsverbot für Fluglinien und andere Transportunternehmen von Menschen ohne entsprechende Einreisedokumente. Die Missachtung dieses Verbotes ist mit „carrier-sanctions" strafbar. Zum einen wird eine Strafe verhängt – der Satz liegt bei 20 000 Mark pro Person. Zum anderen sind die Fluggesellschaften zum kostenlosen Rücktransport verpflichtet.

Neben den Fluggesellschaften werden zunehmend auch NGOs in die Bekämpfung von Fluchtbewegungen eingebunden. Erklärtes Ziel der europäischen Politik ist es, die Flüchtlinge bereits in der Herkunftsregion aufzuhalten. Und genau dabei spielen diese NGOs eine wichtige Rolle. Exemplarisch durchexerziert wurde dieses neue Konzept im Kosovo. Die Maxime der Flüchtlingspolitik der europäischen Staaten war hier die Regionalisierung des Flüchtlingsproblems. Die Argumentation für diese so genannte heimatnahe Unterbringung der Flüchtlinge gründete zwar auf der Behauptung, diesen sei ja selber an einer baldigen Rückkehr und deshalb an einem Verbleib in der Region, sprich der Unterbringung in Albanien und Mazedonien gelegen. Faktisch aber wurden sie auch gegen ihren Willen und zum Teil unter Gewaltanwendung durch NATO-Soldaten in diesen Lagern interniert und so Fluchtwege nach Europa gezielt blockiert. Dies bedeutet einen Bruch mit dem bisherigen Prinzip, Flüchtlinge aus Kampfhandlungen herauszuhalten und aus den Krisengebieten möglichst weit herauszubringen. An der Umsetzung dieser Lagerpolitik waren neben der NATO und dem UN-Flüchtlingshilfswerk auch private Organisationen beteiligt. Wie die Rolle dieser NGOs politisch, moralisch im Einzelnen zu bewerten ist, ist sicherlich eine schwierige Frage, da für diese oft sinnvolle direkte Hilfe für die Flüchtlinge unter den gegebenen Bedingungen und die Einbindung in ein als Ganzes flüchtlingsfeindliches System nicht voneinander zu trennen sind. Ein weiteres Beispiel für diese Containment-Strategie ist der Irak. Der Nordirak steht seit dem Golfkrieg unter UN-Verwaltung und ist damit als ein „save haven" ausgewiesen, als eine Schutzzone für Flüchtlinge aus dem gesamten Irak. Er dient somit als Begründung für die Zurückweisung von Flüchtlingen aus dem Irak, obwohl im Nordirak immer wieder Kämpfe aufflackern. Die nächsten Gebiete, in denen eine solche Regionalisierung von Fluchtbewegungen erzwungen werden soll, sind auf dem EU-Gipfel 1999 in Tampere für Marokko, Afghanistan, Sri Lanka festgelegt und Aktionspläne beschlossen worden.

Um's noch einmal zusammenzufassen: Die Abriegelung der EU-Außengrenzen wird mittlerweile ergänzt durch ein komplexes System der globalen Flüchtlingspolitik, dessen Ziel es ist, diese bereits in den Herkunftsregionen oder aber in Transitländern aufzuhalten. Die Folge ist die Entrechtung der Flüchtlinge und deren Verbleib in Krisen- und Kriegsregionen. Und im Inneren der Festung trägt das, meiner festen Überzeugung nach, zum Rassismus bei.

Heiner Busch, *von der Zeitschrift „Bürgerrechte & Polizei/CILIP"*

Was haben Rassismus und repressive Asyl- und Einwanderungspolitik der EU miteinander zu tun? Das ist die Frage dieses Workshops. Man mag nun denken, dass wir den Bogen etwas überspannen, wenn wir in diesen Zusammenhang auch die Polizeikooperation auf EU-Ebene hineinhängen. Sind wir also endgültig auf einem Nebengleis gelandet, das mit Rassismus und Rechtsextremismus nichts mehr zu tun hat? Ich meine nicht und werde dies im Folgenden etwas genauer begründen.

Die europäische Polizeikooperation hat eine Vielzahl von Facetten, von denen ich hier nur einige näher behandeln werde. Zum größten Teil dreht sie sich um den Dritten Pfeiler der Europäischen Union, der nach dem Maastrichter Vertrag 1993 die bis dahin informelle Kooperation der Innen- bzw. Justizministerien und der nachgeordneten Geheimdienste und Polizeibehörden, vor allem der politischen ablöste. Mit dem Amsterdamer Vertrag, der im Mai 1999 in Kraft trat, wurde die parallel zur EU verlaufende Polizeikooperation der Schengen-Gruppe formell in diesen Dritten Pfeiler integriert. Die dort stattfindende Zusammenarbeit hat einige zentrale Kennzeichen.

1. Sie ist nicht einmal im reduzierten Sinne des Parlamentarismus als demokratisch zu bezeichnen. Weder das Europäische Parlament (EP) noch die nationalen Parlamente haben auf diese Zusammenarbeit Einfluss. Das EP wird nur angehört. Es wird mittlerweile besser informiert als früher, aber es hat nichts zu sagen. Die nationalen Parlamente sind nur gefragt, wenn ein Vertrag ratifiziert werden muss. Zu diesem Zeitpunkt sind die wesentlichen Entscheidungen schon gefallen. Alles, was unter der Ebene des Vertrags angesiedelt ist, wird nur von den Ministern, also vom Rat abgesegnet. Der Innenausschuss des Bundestages hat es erreicht, dass er auch zum Zeitpunkt der Vertragsverhandlungen informiert wird. Die Verhandlungen sind jedoch Sache der Exekutive. Außerhalb des Parlaments ist die Informationslage noch dürftiger. Die Zusammenarbeit ist eben eine der Polizeien und Exekutiven, nicht der BürgerInnen.

2. Seinem Inhalt nach ließe sich das polizeiliche Europa mit dem Satz kennzeichnen: Hochgerüstet nach innen, ausgrenzend nach außen. Was den ersten Halbsatz betrifft, so finden sich in diesem polizeilichen Europa die Elemente wieder, die wir schon aus der polizeilichen Entwicklung der Nationalstaaten kennen:

- der Aufbau umfassender Informationssysteme mit heikelsten Daten
- die Verrechtlichung und Praxis von verdeckten, also geheimen Polizeimethoden
- der Aufbau zentraler polizeilicher Einheiten, allen voran Europols
- die Unwirksamkeit, faktisch: der Abbau von Kontrollinstrumenten. Die justitielle Kontrolle von Europol ist im Grunde nicht vorhanden. Der Datenschutz ist so rhetorisch wie in unseren Polizeigesetzen.

Was den zweiten Halbsatz anbelangt, haben wir heute schon einiges gehört. Tatsächlich ist die Flüchtlings- und Migrationspolitik nicht denkbar ohne die Polizei. Auf diesen Abschottungs- und Ausgrenzungsaspekt werde ich mich konzentrieren.

3. Die polizeiliche Kooperation in Europa lebt davon, dass ständig neue Großgefahren demonstriert und vom Publikum geglaubt werden. Ohne diesen Bezug auf große Gefahren gäbe es keine Notwendigkeit, derartige Apparate aufzuziehen. Anders ausgedrückt: Das Europa der Polizeien ist ein Europa der ängstlichen BürgerInnen. Angst ist bekanntlich das Gegenteil von Freiheit.

Diese ideologische Komponente ist die erste Station des Rundgangs, auf dem ich Sie durch das Europa der Polizei führe.

Station 1

„Wenn die Binnengrenzen in der EU fallen, ergibt sich ein Sicherheitsverlust, der durch Ausgleichsmaßnahmen kompensiert werden muss." Das ist die Leitidee, die hinter dem Schengener Abkommen steht und die seit Mitte der 80er Jahre die ideologische Stütze der europäischen Polizeikooperation darstellt. Nach rund anderthalb Jahrzehnten hat sie sich ausgewachsen zu der Vorstellung, dass die Grenzen – vorab die Grenzen des Wohlstandseuropas – das Einfallstor allen Übels darstellen und dass diejenigen Nicht-EU-BürgerInnen, die den Sprung über diese Hürde schaffen, die „fünfte Kolonne" dieses Übels darstellen. In allen EU-Staaten tobt eine stets wiederkehrende Diskussion um „internationale Kriminalität" und „Ausländerkriminalität", was für die Protagonisten dieser Diskussion fast dasselbe ist.

Die Diskussion ist bekanntlich nicht auf der ideologischen Ebene geblieben. Ihre handgreiflichen Auswirkungen zeigen sich in ständigen Kontrollen gegen „ausländisch aussehende" Personen, in diskriminierendem polizeilichen Zwang gegen sie, in höheren Strafen für von AusländerInnen begangenen Delikte. Sicherlich wäre es verfehlt, diese Debatte ausschließlich als Auswuchs der Polizeikooperation auf EU-Ebene darstellen zu wollen. Nichts desto weniger sind beide Entwicklungen eng miteinander verknüpft.

Schon zu Beginn der Verhandlungen über das Schengener Abkommen Mitte der 80er Jahre zeigte sich dieser Zusammenhang. Am Anfang der Verhandlungen hatte sich ein Argument, der Schengen-typische Deal, durchgesetzt, der da lautet: Wenn die Binnengrenzen in der EU nicht mehr kontrolliert werden – das war zumindest auf dem Papier der Sinn des Abkommens –, dann ergibt sich ein Sicherheitsverlust, der durch Ausgleichsmaßnahmen kompensiert werden muss, durch verstärkte Kontrollen der Außengrenzen, durch eine asyl- und ausländerrechtliche Verschärfung, durch mehr polizeiliche Kooperation, durch ein gemeinsames Fahndungssystem.

Dieses Argument war von Anfang an falsch, weil es unterstellte, dass Grenzen einen Kriminalitätsfilter darstellen würden, was schlicht falsch ist, weswegen auch für die Ausgleichsmaßnahmen kein Bedarf bestanden hätte. Unsere Gegenbeweise anhand der offiziellen Daten der Grenzkontrollstatistik des BGS haben sich weder bei den Medienschaffenden noch bei den PolitikerInnen verfangen. Das falsche Argument ist einfach zu eingängig. Festzuhalten bleiben zwei Dinge: Einerseits, dass dieser falsche Deal bis heute wirkt. Exakt zehn Jahre und neun Monate nach der Unterzeichnung des Abkommens und sechs Jahre nach seiner förmlichen Inkraftsetzung zwischen zunächst sieben Staaten, werden weitere Ausgleichsmaßnahmen gefordert. Als der Schengen-Acquis, das heißt die Abkommen und rund 200 nachfolgende Beschlüsse des Schengener Exekutivkomitees, mit dem Amsterdamer Vertrag in den Rahmen der EU überführt wurde, verankerte man gleichzeitig eine Erklärung, wonach mindestens der Standard des „Schutzes und der Sicherheit" zu erhalten sei, den der Schengen-Acquis vorsieht. Die Binnengrenzen sind zwar überhaupt nicht polizeifrei geworden, trotzdem sinnt man ständig über Ausgleichsmaßnahmen. Europa ist offenbar bedroht – und zwar von außen.

Festzuhalten ist andererseits, dass mit der Schengen-Diskussion diese Vorstellung der von außen kommenden Bedrohung zur gemeinsamen Währung der europäischen Politik Innerer Sicherheit geworden ist. Europa drohe zum Mekka der Kriminalität zu werden, erklärte schon in den 80ern der damalige Chef des Bundeskriminalamts Boge. Wenn sie einmal die Außengrenzen der EU überschritten hätten, dann könnten skrupellose Drogenhändler, Terroristen und unerwünschte Ausländer sich vollkommen unbehelligt in der EG bewegen. An dieser Horrorvorstellung ist die Melange bemerkenswert. Drogenhändler, Terroristen und Menschen, die allenfalls das Bagatelldelikt der illegalen Einreise und des illegalen Aufenthalts begangen haben, stehen hier auf derselben Stufe.

Die Zuordnung der (illegalen) Immigration in den Dunstkreis der „organisierten Kriminalität" nahm Anfang der 90er Jahre konkretere Formen an. In der BRD wurde 1994 der Straftatbestand der Einschleusung und insbesondere der kommerziellen Einschleusung im Strafgesetzbuch verankert – mit Strafen bis zu zehn Jahren. Derzeit sind auf EU-Ebene Rahmenbeschlüsse in Vorbereitung, die diese Straftatbestände europaweit verankern sollen. Dass die Abschottung der Grenzen notwendigerweise zu einer Illegalisierung von Flüchtenden und Einwanderern führen musste, dass man mit schärferen Visabestimmungen geradezu das Fundament für die kommerzielle Fluchthilfe legte, dass keineswegs alle Schlepper aus finanziellen Motiven handeln – all diese Argumente, die z.B. vom UNHCR vorgetragen werden, spielten für Regierungen kaum eine Rolle.

Klar ist, dass die Suche nach Illegalen und „kriminellen Ausländern" unweigerlich dazu führen musste, dass der „unbescholtene" Rest der Bevölkerung ohne den EU-Pass in Mitleidenschaft gezogen wurde. Schließlich steht niemandem, der „ausländisch" aussieht, ins Gesicht geschrieben, ob er ein Visum hat, ob er eingebürgert ist, wie das bei den meisten maghrebinischen Leuten in Frankreich der Fall ist. Die EU-Polizeikooperation hat dazu beigetragen, dass „die Ausländer" selbst in der lokalen Polizeitätigkeit zur „gefährlichen Klasse" geworden sind.

Station 2

Obwohl das Ziel, die Grenzkontrollen an den Binnengrenzen abzuschaffen, bei Lichte betrachtet, dazu hätte führen müssen, dass ein großer Teil der Grenzpolizisten ihre Arbeit verlieren, haben die Grenzpolizeien in den 90er Jahren einen massiven Ausbau erlebt. Das Schengener Abkommen legte erstmals gemeinsame Standards für die Kontrolle und Überwachung der Grenzen fest. Das Ziel, die Außengrenzen wasserdicht abzuschotten, kann zwar nicht erreicht werden, trotzdem wird fleißig daran gearbeitet.

Der BGS war bis 1990 nur in geringem Umfang eine wirkliche Grenzpolizei. Seine Funktion bestand zum größten Teil in der politischen Erziehung mit Tränengas und Knüppel, die er den verschiedensten sozialen Bewegungen seit den 70er Jahren angedeihen ließ. Rein zahlenmäßig war der damalige Grenzschutzeinzeldienst, der noch früher Passkontrolldienst hieß, eine zu vernachlässigende Größe. Die Kontrolle der Westgrenzen spielte eine untergeordnete Rolle, die Ostgrenze der alten BRD zu den feindlichen Brüdern und Schwestern in der DDR wurde erheblich genauer kontrolliert. Sie war der Freibrief, um die Personen auf dem Transitwege zwischen Westberlin und dem Bundesgebiet zu checken, quasi eine Inlandskontrolle. Mit der Vereinigung erhielt der BGS nicht nur eine neue Grenze, sondern gleichzeitig eine, die er nach dem Außengrenzenstandard des Schengener Abkommens zu überwachen hatte. Auch heute noch ist der BGS an den angeblich nicht mehr kontrollierten Westgrenzen stark präsent und er betreibt mit der Schleierfahndung eine Grenzkontrolle im Innern, bei der er schwerpunktmäßig eine Ausländerkontrolle betreibt.

Ähnliches gilt für die Grenzpolizeien anderer EU-Staaten, die „Police de l'air et des frontières" in Frankreich, die heute zu einer „Direccion du contrôle de l'immigration et de la lutte contre l'empoi des clandestins" geworden ist – zu einer „Direktion der Einwanderungskontrolle und der Bekämpfung der Anstellung von Illegalen". Auch die niederländische Marechaussee, die nach Schengen eigentlich nur Häfen und Flughäfen zu kontrollieren hätte, ist mittlerweile auf der Suche nach Illegalen im Innern. Sehen wir uns aber die Außengrenzen etwas näher an.

In Art. 6 des Schengener Durchführungsübereinkommens wird der Kontrollstandard vorgegeben. Unterteilt wird dabei zwischen der Kontrolle am Grenzübergang und der Überwachung der grünen und blauen Grenze.

Am Grenzübergang:

- für alle Personen: mindestens eine Abfrage im Schengener Informationssystem und im nationalen Fahndungssystem
- für Nicht-EU-BürgerInnen: zusätzlich eine „eingehende Kontrolle" auch der mitgeführten Sachen
- in Stosszeiten: Vorrang der Kontrolle des Einreise- vor dem Ausreiseverkehr

An der grünen und blauen Grenze:

- konsequente Überwachung

Art. 6 Abs. 4

„Die Vertragsparteien verpflichten sich, geeignete Kräfte in ausreichender Zahl für die Durchführung der Kontrollen und die Überwachung der Außengrenzen zur Verfügung zu stellen"

1993 und 1996 entsandte der Schengener Exekutivausschuss Besuchsteams an die Außengrenzen, die überprüfen sollten, ob der spezifizierte Standard tatsächlich eingehalten würde. Diese Evaluation ist mittlerweile in einem eigenen Ausschuss des Rates institutionalisiert. Die Besuchsteams von 1999 kamen zu einem bemerkenswerten Urteil, das ich zitieren möchte. Sie stellten fest: „Trotz aller Anstrengungen" werde es nicht gelingen, „die absolute Undurchdringlichkeit der Außengrenzen zu gewährleisten". Die Konsequenz daraus lautet nicht, wir müssen unsere Politik anders orientieren. Nein: „Die Anstrengungen, die sowohl auf eine höhere Kontrollebene als auch auf Verbesserungen im Bereich des Materialaufwandes, der Techniken und des Personalaufgebots zielen, müssen fortgesetzt werden."

Ein besonderes Lob für ihre Anstrengungen erhielten damals Deutschland und der seinerzeitige Schengen-Neuling Österreich. Deutschland könne an seinen Ostgrenzen „ein umfangsreiches Entwicklungsprojekt" vorweisen. Im Juni 1996 waren dort über 4 500 BGS-Beamte eingesetzt, die im Rahmen der BGS-Neuorganisation um weitere 1 500 aufgestockt werden sollten. Hinzu kamen rund 1000 grenzpolizeiliche Unterstützungskräfte und weitere etwa 1 500 Beamte des Zollgrenzdienstes.

Alle Grenzübergänge hatten einen Zugang zum Schengener-Informationssystem (SIS) und/oder zum nationalen Fahndungssystem INPOL. In einigen EU-Ländern waren bereits zu dieser Zeit Datenbanken im Einsatz, die einen Überblick über echte und gefälschte amtliche Dokumente vermitteln.

Daneben sind weitere Gerätschaften an den Grenzübergängen und zur Kontrolle der grünen Grenze im Einsatz, die die alte Grenze zwischen den beiden Deutsch-lands – jedenfalls was die Technik angeht – alt aussehen lassen. Hier eine Liste:

- Wärmebildgeräte, Infrarot- und Nachtsichtgeräte, CO2-Sonden, mit denen Atemluft in geschlossenen Containern nachgewiesen werden kann, Wand-schichtdickenmessgeräte, Leuchtlupen, UV-Lampen, Helikopter, Schnellboote.

Festzuhalten ist, dass sich trotzdem keine dichte Grenze erreichen lässt. Die Folge davon ist aber, dass diejenigen, die es trotzdem schaffen, den Wall zu überwinden, sich im Innern der Burg als Paria, als Freiwild nicht nur für polizei-liche Aktionen, sondern auch für die ökonomische Ausbeutung finden.

Bisher wurden diese Aufgaben im europäischen Auftrag von den nationalen Grenzpolizeien erfüllt. Nun gibt es plötzlich Forderungen nach einer gemeinsa-men EU-Grenzpolizei. Die Gründe dafür dürften u.a. darin zu suchen sein, dass man den EU-Beitrittskandidaten im Osten nicht zutraut, die dereinst neuen Au-ßengrenzen der Union so zu sichern, wie es der Standard vorschreibt.

Station 3

Das Schengener Informationssystem (SIS) ist das erste supranationale, von lo-kalen Terminals aus abrufbare Fahndungssystem. Es dient aber nur in geringem Ausmaß der Fahndung nach Straftätern oder Beschuldigten. Es ist kaum ein In-strument der Strafverfolgung, sondern in erster Linie eines der Ausgrenzung von „Drittausländern".

Das SIS wurde von Polizeileuten als „Quantensprung" der Verbrechensbe-kämpfung gelobt. Es dient der Personen- und Sachfahndung. In seinem Zentrum steht eine Zentraleinheit in Strasbourg, die die Umsetzung sämtlicher Daten in die nationalen Komponenten bewerkstelligt und für die Aktualität dieser Daten sorgt. Für die Eingabe verantwortlich sind nationale Zentralstellen, so genannte SIRENE-Stellen. Sie sind zugleich diejenigen, die benachrichtigt werden, wenn ein Treffer erfolgt. In diesem Falle liefern sie auf getrennten Datenleitungen zusätzliche Informationen nach. Daher auch der Name SIRENE: Supplementary Information Requested at the National Entry (Zusätzliche Informationen an der nationalen Eingangsstelle).

Das Schengener Abkommen sieht verschiedene Datenkategorien vor:

Art. 95 – Festnahme zur Auslieferung; eine solche Personenausschreibung geht nur aufgrund eines Haftbefehls wegen einer auslieferungsfähigen Straftat, also einer, bei der die Mindeststrafe bei über einem Jahr liegt.

Art. 96 – Ausschreibungen von Nicht-EU-Bürgern; zur Abschiebung oder Zu-rückweisung an den Grenzen.

Art. 97 – Ausschreibung zur Aufenthaltsermittlung; dies ist bei Vermissten oder bei Verwirrten Personen „zu ihrem eigenen Schutz" möglich.

Art. 98 – Ausschreibung zur Aufenthaltsermittlung; für Zeugen oder Beschuldigte geringerer Straftaten.

Art. 99 – polizeiliche Beobachtung; bei Personen, die nicht konkret verdächtigt werden, bei denen die Polizei davon ausgeht, dass sie möglicherweise in der Zukunft Straftaten begehen könnten. Sie werden diskret überprüft, das heißt sie sollen nicht merken, dass die Polizei sie im Auge behält. Ausschreibungen können hier auch die Inlandsgeheimdienste ausführen. Eine Ausschreibung zur Beobachtung ist auch für Autos möglich.

Art. 100 – Sachfahndung; nach gestohlenen oder verdächtigen Autos, Personalpapieren, Blanko-Personalpapieren, Registriergeld, Schusswaffen.

Die zuständigen Leute beim Rat für Inneres und Justiz der EU kategorisieren die gespeicherten Objekte und Personen zum Ende diesen Jahres folgendermaßen: BK – Banknoten, DB – Blankodokumente, FA – Schusswaffen, ID – Personaldokumente, VE – Fahrzeuge, WP – gesuchte Personen.

Beteiligt sind mittlerweile 15 Staaten – die EU-Staaten mit Ausnahme Großbritanniens und Irlands sowie die Nicht-EU-Staaten Norwegen und Island.

Insgesamt wird das SIS Ende des Jahres 14,5 Millionen Datensätze beinhalten. Rund 1,9 Millionen werden sich auf Personen beziehen. Die reale Zahl der Personen dürfte geringer sein, weil auch die so genannten Aliaspersonalien erfasst sind. Insgesamt wird es sich um rund 1,5 Millionen Personen handeln. Leider schlüsselt die Statistik nicht auf, weswegen diese Personen gesucht sind.

Die Zahl der Daten nach Art. 96, also der Abzuschiebenden oder Zurückzuweisenden, unter den Personendaten ist insgesamt überdurchschnittlich hoch. Sie liegt durchgängig zwischen 80 und 90 Prozent. Die meisten dieser Daten kommen aus Deutschland.

Nimmt man sich dagegen die Zahl der zur Festnahme und Auslieferung Ausgeschriebenen vor, also die Daten nach Art. 95, so landet man bei rund einem Prozent aller Personendaten. Bei den Aufenthaltsermittlungen kam man Anfang 1999 auf gerade 4,5, weitere 1,5 Prozent bezogen sich auf die polizeiliche Beobachtung. Weniger als 60 000 von insgesamt rund 800 000 ausgeschriebenen Personen wurden seinerzeit im weitesten Sinne aus Gründen der Strafverfolgung gesucht. Denen standen mehr als 700 000 gegenüber, die keiner Straftat verdächtig waren, sondern nur ferngehalten oder abgeschoben werden sollten. Deutlicher kann man den Zweck eines Datensystems nicht darlegen. Wäre es nur um die Strafverfolgung gegangen, so hätte man das SIS nicht aufbauen müssen.

Ein ähnliches Bild ergibt sich, wenn man einen Blick auf die Fahndungserfolge wirft. 1996 wurden insgesamt rund 30 000 solcher Treffer erzielt. Die Hälfte ging dabei auf das Konto der Sachfahndung. Nur wenig darunter lag dagegen die Zahl der Treffer nach Art. 96. Der klägliche Rest verteilte sich auf die anderen gesuchten Personen. Der Grund hierfür ist einfach: Kontrollen können nur aufgrund von äußerlichen Merkmalen gemacht werden. „Ausländisch aussehende" Personen sind einfach zu erkennen und werden deshalb besser kontrolliert. Einfach ist die Kontrolle auch bei großen Gegenständen, z.B. Autos. Ob jemand wegen einer Straftat gesucht wird, sieht man ihm nicht an. Auch der Blick in die Geldbörse – also die Suche nach Registriergeld, Lösegeld – ist sehr viel schwieriger.

Hier können wir sehen, wie sich diese personenbezogenen Daten auf die einzelnen Ausschreibungsgründe aufteilen.

		1.1.1996	1.1.1997	1.1.1998	1.1.1999
Ausschreibun-gen gesamt	D	2.071.672	2.319.605	2.308.018	2.477.921
	Gesamt	3.374.556	4.183.695	5.230.694	8.259.226
Art. 95 Festnahme/ Auslieferung	D	1.031	1.393	1.824	2.355
	gesamt	3.697	4.765	6.576	8.602
Art. 96 Abschiebung/ Zurückweisung	D	412.145	444.019	289.993	344.598
	gesamt	506.244	536.022	603.497	703.688
Art. 95-99 Personenfahn-dung gesamt	D	415.548	448.473	294.572	350.016
	gesamt	568.735	599.968	757.190	795.044
Art. 100 Sachfahndung	D	1.656.124	1.871.132	2.013.446	2.127.905
	gesamt	2.805.821	3.583.727	4.473.504	7.464.182

Neuerdings wird über ein SIS der zweiten Generation diskutiert. Das bestehende ist schon ein SIS-1plus und reicht für den Anschluss von 15 Staaten. Die Aufrüstung des SIS, die erforderlich wird, wenn die EU-Beitrittskandidaten an das SIS angeschlossen werden, soll mit diversen Neuerungen verbunden sein. Dazu gehört nicht nur, dass das SIS Fotos, Fingerabdrücke und DNA-Profile enthalten wird. Ausgedehnt wird auch die Speicherungsdauer für Daten nach Art. 96, also für Daten von Drittausländern. Damit wird automatisch der Anteil dieser Daten am gesamten SIS erhöht.

Station 4
Europol ist nicht nur eine informationspolizeiliche Maschinerie, die derzeit zusätzlich mit operativen Kompetenzen ausgestattet wird. Mit Europol werden

auch die Bedrohungsszenarien mitdefiniert, von denen eingangs die Rede war.

Im Januar 1994 begann die Europol-Drogeneinheit als Provisorium des Europäischen Polizeiamtes ihre Arbeit. Im Juli 1995 wurde die Europol-Konvention unterzeichnet. Ende 1999 trat die Konvention in Kraft, nachdem sie von den nationalen Parlamenten ratifiziert worden war. Gern hätte man zu diesem Zeitpunkt schon das komplette informationstechnische Arsenal des Amtes – TECS, The Europol Computer Systems – am Draht gehabt, doch das wird wohl noch bis Ende diesen Jahres dauern.

Die Konvention und ihre Ausführungsbestimmungen zeigen Europol als Informationspolizei. Vorgesehen sind einerseits ein „Informationssystem", also ein Register, das gemäß der Konvention sowohl Daten über Verurteilte und Verdächtige, als auch über potentiell Verdächtige beinhalten soll. Daneben gibt es „Arbeitsdateien für Analysezwecke", in denen der Kreis der gegebenenfalls zu speichernden Personen noch weiter gefasst ist, inklusive Kontaktpersonen, mögliche Opfer, Zeugen usw. Eigentlich kann man sich nicht mehr vorstellen, dass eine Person nicht gespeichert werden könnte, wenn die zuständigen Analysegruppen dies wollen. Anders ausgedrückt: Es gibt keine Grenzen, die verhindern würden, dass eine Person zum Gegenstand polizeilicher Abklärungen würde. Die Rechte der Betroffenen sind zwar im Grundsatz vorhanden, aber die Ausnahmeklauseln werden dafür sorgen, dass eine Person nur ausnahmsweise Auskunft über die über sie gesammelten Daten erhalten wird. Was den Umfang der bearbeiteten Informationen betrifft, so wird hier mit der großen Kelle gerührt: Das Informationssystem, so erklärte uns ein Technikbeauftragter bei Europol, werde auf eine Kapazität von rund einer Million Daten ausgelegt. Prinzipiell werde es möglich sein, insgesamt 5 000 Arbeitsdateien mit jeweils mehreren tausend Datensätzen zu betreiben.

Schon bevor die Konvention in Kraft trat, hatten die Regierungen im Amsterdamer Vertrag vereinbart, dass Europol auch operative Kompetenzen erhalten solle, d.h., dass das Amt in Zukunft noch mehr als bisher zur Koordinationsstelle für grenzüberschreitende – verdeckte – Operationen werden wird.

Dass der Datenschutz eine Nullgröße bei diesem Amt ist, dass Europol zum Kristallisationspunkt rechtsstaatlich fragwürdiger und justiziell nicht kontrollierter Operationen wird, ist nur eine Seite des Skandals. Die andere ist die höchst problematische kriminalpolitische Rolle des Amtes. Diese ist schon in der Konstituierungsphase erkennbar gewesen: Europol wurde 1991 grundsätzlich bewilligt, weil die Gefahr des internationalen Drogenhandels angeblich ständig zunehme und man etwas dagegen unternehmen müsse. Die Europol-

Drogeneinheit wurde 1994 vor dem eigentlichen Beginn der Verhandlungen über die Konvention in Gang gesetzt, weil man schnell etwas gegen den Drogenhandel unternehmen müsse. 1995, noch bevor die Konvention ausgehandelt war, wurde diese Drogeneinheit mit weiteren Mandaten ausgestattet: Sie war nun auch zuständig für die Bekämpfung der KFZ-Verschiebung, des Nuklearschmuggels, des Menschenhandels im Zusammenhang mit Prostitution und der Einschleusung von Ausländern.

Dass Europol schon zu einem derart frühen Zeitpunkt mit dieser ausländerpolizeilichen Frage der „Schlepperbekämpfung" beauftragt wurde, ist vor dem Hintergrund der Politik der EU-Innenminister nur konsequent. Aber auch jenseits dessen zeigt der Entstehungsprozess des Amtes den ganzen kriminalpolitischen Populismus, von dem das polizeiliche Europa lebt. Eine Situation, in der man irgendwann feststellen müsste, die Innere Sicherheit Europas sei nicht bedroht, kann es hier gar nicht geben.

Dies umso weniger, als Europol selbst die Aufgabe hat, strategische Analysen zu erstellen – nach entsprechenden Gefährdungen zu suchen. Damit wird es zu einem politischen Amt. Von der ganzen Ausrichtung des polizeilichen Europas wird dabei sicher feststehen, dass diese Gefahren immer von außen kommen und von Ausländern ausgehen. Damit wären wir wieder am Ausgangspunkt unserer Reise durch das Polizeieuropa.

Was hat das mit Rassismus und Rechtsextremismus zu tun?

Das polizeiliche Europa lebt erstens in großem Maße von der Abwehr von Flüchtlingen und Immigranten. Es ist der Vollzugsapparat der restriktiven Migrations- und Asylpolitik. Es lebt zweitens von der ständigen Beschwörung von Gefahren, die angeblich von jenseits der Außengrenzen auf Europa einstürmen. Diese regelmäßig gedrehte Kriminalisierungsspirale macht dieses Europa zu einem Hort repressiver, um nicht zu sagen reaktionärer Ordnungsvorstellungen. Sicherheit, so lautet die Botschaft an die EuropäerInnen, könne es nur mit mehr Polizei und noch dichteren Grenzen geben.

Fode Sylla, *„SOS Rassismus", Frankreich, und Mitglied der Konföderalen Fraktion der Vereinten Europäischen Linken/Nordische Grüne Linke (GUE/NGL)*

Ich bin sicher, dass Rassismus, Antisemitismus nicht irgendwelche Meinungen, sondern Verbrechen sind. Es ist ein Verbrechen, wenn man einen Unterschied zwischen der Zugehörigkeit zu einer Nation, Gemeinschaft oder einem gesellschaftlichen Bereich macht. In Frankreich wurde eine Umfrage durchgeführt, um eine „Klassifizierung" der Bevölkerung vorzunehmen. Diese wurde gefragt, vor welcher der verschiedenen Nationalitäten sie am meisten Angst hätte, bei welcher Gruppe von Emigranten, zum Beispiel Araber, Algerier, Tunesier und Juden sie am meisten Vorbehalte hätten. Diese Fragen führen dazu, dass man sich auf der Straße rechtfertigen muss, woher man kommt. Sie klassifizieren nach Nationalitäten, statt von sozialen Problemen in der Gesellschaft auszugehen. Ich gehe davon aus, dass es in Europa kein Land gibt, das nicht stark vom Rassismus betroffen ist. Auch wenn ähnliche Umfragen wie diese nicht durchgeführt wurden.

Ich wirke in der Organisation „SOS Rassismus" seit 15 Jahren mit und habe rassistische Gewalttätigkeiten in Frankreich kennen gelernt. Dort hat man Probleme mit Ausschreitungen gegenüber Nordafrikanern und anderen MigrantInnen. In Griechenland gegenüber Albanern und Serben. Ähnliche Vorfälle existieren hier in Deutschland – gewalttätige Übergriffe gegen hier lebende Türken oder Osteuropäer – oder in Spanien. Dort haben mich die Menschen früher gefragt, warum man so eine Organisation wie „SOS Rassismus" geschaffen hat, warum sie notwendig ist. Und erst vor kurzem habe ich, während einer Reise in Spanien, eine Antwort auf diese Frage bekommen. Eine Gruppe von Europaparlamentariern, der ich angehörte, war hauptsächlich in Südspanien und Andalusien unterwegs und wurde dort mit rassistischen Problemen konfrontiert. Es gab drei Tage lang pogromartige Ereignisse, die sich gegen dort lebende Marokkaner richteten. Die Marokkaner sind in dieser Region Spaniens hauptsächlich im Bereich der Landwirtschaft tätig, arbeiten meist in Treibhäusern, in denen über 50 Grad Celsius herrschen. Während meines Aufenthaltes hat man ihre Häuser in Brand gesteckt. Durch diese Ereignisse hat man zu „SOS Rassismus" gefunden und eine eigene Gruppe vor Ort gegründet.

In Österreich ist der Rassismus ein Problem, über das man sich nicht verständigt. Man hat dort nie genau einen Dialog über die Geschehnisse während des Zweiten Weltkrieges geführt. In Österreich sieht man sich nach wie vor als Opfer des Faschismus. Meine Organisation und ich sind aber dabei zu zeigen, dass eine große Mehrheit der Bevölkerung während des Zweiten Weltkrieges mit dem Faschismus kollaboriert hat. In Großbritannien findet man Hooligans, die zusammen mit rassistischen Organisationen gewalttätige Ausschreitungen provozieren. Also kann eigentlich kein einziges europäisches Land für sich konstatieren, dass es frei von Rassismus ist. Aber das, was mich momentan am meisten beunruhigt, ist der Ausgang der Wahlen in Italien. Für mich ist es wirklich ein Zusammenkommen von vielen Faktoren und der Macht des hinter Berlusconi stehenden Kapitals und der Postfaschisten. Da laufen noch gravierendere Vorgänge ab als jene in Österreich. Wenn Berlusconi die Wahlen gewinnen sollte, ist es noch völlig unklar, wie Europa darauf reagiert. Ich glaube nicht, dass man in gleicher Weise reagieren kann, wie man gegenüber Österreich von Seiten der Europäischen Union gehandelt hat.

Es beunruhigt mich aber auch, dass die Zunahme des Rassismus in vielen Europäischen Ländern unter Mitte-Links-Regierungen geschehen ist. In Frankreich hat man es abgelehnt, den MigrantInnen ein Wahlrecht einzuräumen, weil man Angst hatte, dass es dann zu noch stärkeren und gewalttätigeren Reaktionen von Seiten der Bevölkerung gegenüber den MigrantInnen kommt. Deshalb halte ich es für sehr wichtig, dass man nicht laviert, sondern als Linke einen klaren Strich ziehen muss zwischen den Rassisten und denen, die dagegen auftreten. Denn je mehr wir uns zurückziehen, desto mehr gewinnen andere Kräfte an Einfluss.

Wenn man über Rassismus spricht, denke ich auch über unsere Beziehung zu den armen Ländern der Erde nach. Es gab ja in den 70er Jahren von Seiten der etablierten westlichen Politik das Bestreben, Diktaturen aufzubauen, die es ermöglichten, dort westliche Einflüsse und Wirtschaftstrukturen zu platzieren. So lange aber in diesen Ländern Diktaturen herrschen, so lange werden die Menschen den Wunsch haben, ihre Länder zu verlassen. Und nicht zuletzt führt das Wirken von IWF und Weltbank und ihrer Strukturanpassungsmaßnahmen dazu, dass das Leben in diesen Ländern noch schlechter wird. Es ist unverständlich, wenn man mit ansehen muss, dass die Armut dort immer weiter zunimmt und wir hier im Westen über unermesslichen Reichtum verfügen. Deshalb muss man bei der Frage des Rassismus auch immer diese internationale Dimension beachten. Ich bin daher sehr stolz, dass im Rahmen des Europäischen Parlamentes die Konföderale Fraktion der Vereinten Europäischen Linken/Nordisch Grüne Linke (GUE/NGL) auch entsprechende Initiativen ergreift. Sie arbeitet vor allem mit der Anti-Globalisierungsbewegung „Attack" zusammen. Diese tritt für die Besteuerung von Kapital ein. Die daraus gewonnenen Einnahmen sollen dann den Ländern des Südens zukommen.

Ich habe vorhin in der Diskussion die Frage „Nieder mit den Grenzen!" aufgegriffen, um zu sagen, dass ich nicht die Position der Liberalen in Frankreich vertrete. Viele von ihnen sagen: Ja, machen wir doch die Grenzen auf! Was aber für diese Leute zählt, ist nicht eine soziale Integration oder Hilfe für notleidende Menschen zu leisten, nein sie wollen billige Arbeitskräfte. Deshalb stimme ich nicht in den Kanon derjenigen ein, die meinen, man sollte alle Grenzen für jeden öffnen. Ich möchte nicht falsch verstanden werden, aber ich glaube, dass man nicht zwangsläufig rassistisch denkt, wenn man sich gegen offene Grenzen ausspricht. Für mich ist wichtig, den Menschen, die zu uns nach Europa kommen, auch in ihren Ländern eine Zukunft zu schaffen.

Es gibt für mich zwei Punkte, zu denen wir Gegenstrategien erarbeiten müssen. Zum einen im Bereich Bildung und Erziehung. Man muss über Sklaverei sprechen, die in vielen Ländern Afrikas existiert. Und man muss zum Beispiel in Frankreich über Verbrechen sprechen, die während des Algerienkrieges begangen wurden. Man muss sehr ehrlich und kritisch die Vergangenheit aufarbeiten, zu der auch die Verbrechen des Zweiten Weltkrieges gehören. Zum zweiten sehe ich Handlungsbedarf auf kulturellem Gebiet. Man kann nicht nur davon ausgehen, dass Europa weiß und katholisch ist und damit alle positiven Werte verficht, sondern man muss genau hinsehen, welche Werte im Rahmen der europäischen Integration entwickelt wurden und entwickelt werden können. Es geht um die Schaffung von sozialen, wirtschaftlichen und politischen Rechten für MigrantInnen. Denn wie sollen sie sich verteidigen, wenn sie nicht mal das Recht haben, zu wählen? Es ist einfach nicht zu verstehen, wenn Kinder in einem Land aufwachsen und trotzdem nicht das Recht haben, diese Nationalität anzunehmen. Andere Formen der Diskriminierung spielen sich auch auf unteren Ebenen ab, zum Beispiel wenn junge Leute des Rechts beraubt werden, eine Diskothek zu betreten oder friedlich in einem Café zu sitzen. In Frankreich wurde ein weiterer Test durchgeführt, bei dem man an Betriebe absolut identische Lebensläufe geschickt hat und nur die Namen veränderte. Überall wo französische Namen standen, hat man gleich ein Vorstellungsgespräch angeboten und überall dort, wo offensichtlich jemand afrikanischer Herkunft war, gab es keine Reaktion. Ich bin nicht bereit, hinzunehmen, dass man eine dreifache Ausgrenzung betreibt. Zum einen eine geografische Ausgrenzung. So gibt es in allen europäischen Ländern Metropolen des Reichtums und dann die Peripherie, wo MigrantInnen zu Hause sind. Neben der geografischen Ausgrenzung gibt es die soziale Ausgrenzung. Es gibt sehr starke soziale Unterschiede zwischen der „einheimischen" Bevölkerung und den MigrantInnen. Dazu kommt dann die rassistische Ausgrenzung. Es ist also sehr wichtig, dass wir in diesen Bereichen tätig werden.

In der vorangegangenen Diskussion hat hier jemand über das Verbot von rechtsextremen Parteien gesprochen. Wenn man aber in Frankreich die Front National verbieten würde, kann man sie in der Gesellschaft nicht wirksam bekämpfen. Es kommt möglicherweise sogar zu Solidarisierungseffekten. Außerdem darf nicht vergessen werden, dass man alle demokratischen Politiker aus der Verantwortung, sich mit rechtsextremen Parteien auseinander zu setzen, entlässt, wenn man diese verbietet. Man muss die Ursachen für die Bildung solcher Parteien bekämpfen. In Frankreich wählen 15 Prozent der Bevölkerung Front National. Bei den letzten Wahlen haben sie fünf große Städte erobert. Ein Arbeiter von zweien, der für eine Partei votierte, wählte rechtsextrem. Und deswegen, liebe Freunde, ist es notwendig, dass wir diese Diskussion fortsetzen. Es gibt sicherlich unterschiedliche Auffassungen über Art und Weise, aber ich bin mir sicher, dass wir eine breite Bewegung schaffen müssen, um wirksam rassistische Auswüchse in der Gesellschaft zu bekämpfen.

Konzeption: Katina Schubert, Sprecherin der BAG Antirassismus beim Parteivorstand der PDS

Rechtsextremismus und die Mitte der Gesellschaft

Dr. sc. Norbert Madloch, *AG Rechtsextremismus/Antifaschismus beim Parteivorstand der PDS*

In der Diskussion über den rechten Extremismus in der BRD spielt seit dem vergangenen Jahr der Terminus „Rechtsextremismus in und aus der Mitte der Gesellschaft" eine größere Rolle. Kaum ein Politiker vergisst, diesen in seinen Reden zu erwähnen. Dabei wird ein solcher Tatbestand aber inhaltlich kaum tiefer ausgelotet und nur selten Ross und Reiter genannt. Dabei ist das Phänomen nicht neu. Die deutschen Faschisten kamen 1933 nicht vom Rande her, sondern vor allem durch Kräfte aus der Mitte der Gesellschaft an die Macht. Heute ist der Rechtsextremismus aus der Mitte der Gesellschaft gleichermaßen ein Problem in Ost- und Westdeutschland, aber auch in den meisten Ländern Ost- und Westeuropas. Ich habe mich bereits in meiner Studie „Rechtsextremismus in Deutschland nach dem Ende des Hitlerfaschismus" geäußert und möchte dazu einige ergänzende Überlegungen vortragen.

Die Bewegungen und Beziehungen extrem rechter Ideen und Kräfte von der Mitte der Gesellschaft zum rechten Rand sind vielgestaltig, fließend und meist nicht exakt eingrenzbar. Zum zeitlichen Rahmen für den gegenwärtigen Aufschwung war jedoch schon vor einiger Zeit in der „taz" zu lesen: „Es war die politische Mitte Westdeutschlands, die in den 80er Jahren den Alltagsrassismus mit einer neuen Legitimation versah." Damit ist insbesondere die CDU/CSU-Politik gemeint, was sich in den 90er Jahren bis in unsere Tage fortsetzte. Hingewiesen sei nur auf die von den Unionsparteien losgetretene Debatte über das Asylrecht in Deutschland, die Unterschriftensammlung gegen eine doppelte Staatsbürgerschaft bis zu den Disputen über eine „deutsche Leitkultur" und den „Nationalstolz der Deutschen". Allen sind noch die Worte von einer „durchrassten Gesellschaft" (Edmund Stoiber), die Parole „Kinder statt Inder" (Jürgen Rüttgers) oder die „Rattenrede" (Klaus Landowsky) in Erinnerung. Wolfgang Gessenharter, Rechtsextremismusexperte der Hamburger Bundeswehruniversität, gelangte deshalb zu der Feststellung, dass sich nachweisen lässt, dass der Aufbau von Bedrohungsszenarien wie „Das Boot ist voll" zu Unmutsreaktionen in der Bevölkerung, zu Gewalthandlungen gegen Ausländer, zu Forderungen nach tiefgreifenden Grundgesetzänderungen bis zu Rufen „Verrat an Deutschland" führen. Der Rechtsextremismus in und aus der Mitte der Gesellschaft reicht aber weit über CDU/CSU hinaus und geht von militaristischen Kreisen, Teilen der Vertriebenenfunktionäre, über Studenten und Professoren an den Universitäten und deutschtümelnden Vereinen bis hin zu Kräften der Kirchen, zu Denk- und Verhaltensweisen von staatlich Bediensteten. Überall finden wir hier in unterschiedlicher Ausprägung im Alltagsbewusstsein Rassismus, Antisemitismus, Nationalismus, völkisches und militaristisches Denken sowie Geschichtsrevisionismus, besonders hinsichtlich einer Gleichsetzung von Tätern und Opfern sowie im Sinne der Totalitarismus-Doktrin, der Gleichsetzung von Linken und Rechtsextremisten. Erst kürzlich konstatierte Professor Peter Steinbach, Leiter der „Gedenkstätte Deutscher Widerstand" in Berlin: „Bis heute werden in Kameradenkreisen Deserteure diffamiert, kritisiert man den militärischen Widerstand als Landesverrat..."

Insgesamt ist in den letzten Jahren in der gesamten deutschen Gesellschaft die Hemmschwelle gegenüber dem Rechtsextremismus gesunken. Um besser dagegen angehen zu können, brauchen wir bald neben vielem anderen auch eine genauere Begriffsbestimmung, was unter Rechtsextremismus aus und in der Mitte der Gesellschaft zu verstehen ist. Klar ist, dass wir es nicht mit festumrissenen Strukturen zu tun haben und dorthin gehende politische, geistige und mentale Tendenzen und Elemente in allen Schichten der bundesrepublikanischen Gesellschaft anzutreffen sind, ohne damit zu sagen, dass die gesamte Mitte rechtsextrem infiziert ist. Personell handelt es sich dabei nicht um so genannte Stiefelfaschisten, sondern um Biedermänner (und –frauen) im Nadelstreifenanzug, die verbal Munition für die offen bekennenden extremen Rechten am Rand der Gesellschaft liefern und diesen das Gefühl vermitteln, mit ihren Gewalttaten im Sinne der schweigenden Mehrheit der Bevölkerung zu handeln. Im Kern handelt es sich hierbei nach den Worten des Cottbusser evangelischen Superintendenten Rolf Wischnath um eine „bürgerlich verbrämte Menschenverachtung".

Eine solche Wertung wird vor allem dadurch bestätigt, dass sich der Rechtsextremismus aus und in der Mitte der Gesellschaft vorrangig gegen Ausländer, insbesondere gegen Asylbewerber richtet; in der Selektion von Ausländern nach ihrer ökonomischen Nützlichkeit für die deutsche Wirtschaft. Ein weiterer Ausdruck ist gleichfalls der anwachsende Wohlstandchauvinismus in den alten und neuen Bundesländern. Das führt dazu, dass nicht wenige eine klammheimliche Freude an der zunehmenden Fremdenfeindlichkeit in der BRD empfinden.

Die Zeit erlaubt es nicht, ausführlich auf alle Seiten des Phänomens Rechtsextremismus in und aus der Mitte der Gesellschaft einzugehen. Dennoch möchte ich hier auf zwei wichtige Bereiche aufmerksam machen.

Äußerst deutlich fallen solche Tendenzen und Erscheinungen eines individuellen und strukturellen Rassismus und somit einer Begünstigung des Rechtsextremismus immer wieder in staatlichen Verwaltungen von der Bundesebene bis zu den Gemeinden, in Teilen der Justiz sowie bei der Polizei und Bundeswehr auf. Über seine Erfahrungen um Empfindungen in dieser Hinsicht schreibt der in Berlin-Lichtenberg wohnende 37-jährige Pakistani Mazhar: „Angst vor Rassismus und den Rechten, die auf der Straße gehen und Bomberjacken tragen, habe ich am allerwenigsten. Das sind Holzköpfe. Wenn ich sie sehe, kann ich auf die andere Straßenseite wechseln. Aber vor den Leuten, die hinter Schreibtischen sitzen, die ganz normal aussehen, die man nicht in irgendwelche Schubladen schieben kann, vor denen habe ich viel mehr Angst. Manchmal sind die Handlungsweisen genauso verletzend wie rechte körperliche Gewalt. Nur: Seelische Verletzungen heilen schwerer." Manche Kommunalpolitiker gehen sogar so weit, eine antifaschistische Betätigung ihrer Angestellten als eine Verletzung der staatlichen Neutralität zu verbieten. Dass sie dabei alle Verfassungsverpflichtungen zur Verteidigung der Demokratie verletzen, kommt ihnen dabei nicht in den Sinn.

Zunehmende Befürchtungen hinsichtlich einer Begünstigung des Rechtsextremismus gibt es auch gegenüber Teilen der Justiz. Hier hat sich in den letzten Jahren ein deutlicher Rechtsruck vollzogen. Mehr und mehr bekommen offen bekennende Neonazis richterlichen Schutz für ihre martialischen Aufmärsche; durch höchst richterliche Entscheidung des BGH darf in der BRD die Abtreibung menschlicher Föten mit dem furchtbaren Verbrechen des Holocaust der Nazis am jüdischen Volk gleichgesetzt werden. Der Einfallsreichtum mancher Richter, Staatsanwälte und Strafverteidiger zur Bagatellisierung ist beinahe grenzenlos. Ohne Ausschöpfung der gesetzlichen Möglichkeiten werden neonazistische Gewalttäter zu Minimalstrafen und das oftmals auf Bewährung verurteilt. Bei einem Berliner Oberstaatsanwalt sind offensichtliche Mordtaten von Neonazis einfach nur auf eine „Lust an Gewalt" zurückzuführen. Nicht umsonst sprach deshalb der Präsident des Zentralrats der Juden in Deutschland, Paul Spiegel, die Mahnung aus, dass er angesichts der vielen Urteile von Gerichten der BRD zur Aufhebung von Verboten neonazistischer Aufmärsche den Eindruck habe, „dass sich nicht alle Richter der BRD ihrer Verantwortung bewusst sind, welche schlimme Wirkung ihre Urteile im In- und Ausland haben". Viele Ursachen für solche Tendenzen liegen in den gültigen Gesetzen, aber auch in Formulierungen des Grundgesetzes. Hier tut sich ein wirklich breites Betätigungsfeld für die Bundestagsabgeordneten auf. Nachdrücklich wies zum Beispiel die ehemalige FDP-Bundesjustizministerin, Sabine Leutheusser-Schnarrenberger, darauf hin, dass Ausländer in der BRD schon vom Grundgesetz her diskriminiert werden. Entscheidende Grundrechte wie das Versammlungs- und Vereinigungsrecht, die Koalitions- sowie die Berufsfreiheit sind exklusiv nur für deutsche Staatsangehörige reserviert.

Generell wäre das ein Feld für viele Bürgerinitiativen, die wirklich etwas für die Festigung der Demokratie in der Bundesrepublik und zur Verwandlung Deutschlands in ein ausländerfreundliches Land initiativ werden wollen.

Ein zweiter Bereich zum Rechtsextremismus aus und inmitten der Gesellschaft, auf den ich noch kurz verweisen will, sind unübersehbare Tendenzen im Alltagsleben und in der Alltagssprache in vielen Vereinen, an Stammtischen. Besonders in abgeschiedenen Dörfern und Kleinstädten bestimmt oftmals im vorpolitischen Raum ein unheilvoller deutschnationaler Geist wie in der Weimarer Republik das geistige Klima. Man braucht sich nur einmal die Museen in solchen Orten ansehen. Da bestimmen nicht selten militärische Elemente mehr als demokratisch-antifaschistische Traditionen das Bild der Ausstellungen. Manche pflegen dabei auch großdeutsche Träume im Sinne preußischer Überlieferungen. Prototyp dafür ist das private Preußenmuseum des aus Westberlin kommenden Bankiers Ehrhardt Bödecke im brandenburgischen Wustrau, das nach dem Motto gestaltet wurde: „Erstens war Preußen der beste Staat aller Zeiten, zweitens ist Preußen identisch mit Deutschland – Bayern, Badenser und andere Hiwi-Völker sind nicht der Rede wert."

Zusammenfassend kann man nur der Einschätzung von Prof. Christoph Butterwegge zustimmen: Die Rechtsentwicklung in der Bundesrepublik ist „nicht bloß das Werk von Extremisten (am Rande der Gesellschaft), sondern geht noch mehr auf Weichenstellungen politischer, wirtschaftlicher, wissenschaftlicher und kultureller Eliten zurück ... Rassismus, Antisemitismus und Nationalismus sind keine ‚mentalen Restbestände' der Nazizeit, sondern primär das Produkt der Gegenwart, das sich aus Fehlentwicklungen in Staat, Wirtschaft und Gesellschaft speist."

Olaf Walter, *PDS-Landesverband Hamburg*

Aus dem Untertan, Ersterscheinung 1918, gewissermaßen ein literarisches Handbuch des deutschen Wilhelminismus: „Hurra, schrie Diederich, denn alle schrien es. Und inmitten eines mächtigen Stoßes von Menschen, der schrie, gelangte er jäh bis unter das Brandenburger Tor. Zwei Schritte vor ihm ritt der Kaiser hindurch. Diederich konnte ihm ins Gesicht sehen, in den steinernen Ernst und das Blitzen, aber ihm verschwamm es vor den Augen, so sehr schrie er. Ein Rausch höher und herrlicher als der, den das Bier vermittelt, hob ihn auf die Fußspitzen, trug ihn durch die Luft. Er schwenkte den Hut hoch über allen Köpfen in einer Sphäre der begeisterten Raserei, durch einen Himmel, wo unsere äußersten Gefühle kreisen. Auf dem Pferd dort unter dem Tor der siegreichen Einmärsche und mit Zügen steinern und blitzend ritt die Macht. Die Macht, die über uns hingeht und deren Hufe wir küssen, die über Hunger, Trotz und Hohn hingeht, gegen die wir nichts können, weil wir alle sie lieben, die wir im Blut haben, weil wir die Unterwerfung darin haben. Ein Atom sind wir von ihr, ein verschwindendes Molekül von etwas, was sie ausgespuckt hat. Jeder einzelne ein Nichts. Steigen wir in gegliederten Massen als Neu-Teutonen, als Militär, Beamtentum, Kirche und Wissenschaft, als Wirtschaftsorganisation und Machtverbände kegelförmig hinan bis dort oben, wo sie selbst steht – steinern und blitzend. Leben in ihr, haben Teil an ihr, unerbittlich gegen die, die ihr ferner sind, und triumphierend noch wenn sie uns zerschmettert. Denn so rechtfertigt sie unsere Liebe."

Kristian Glaser, *PDS-Landesverband Hamburg*

Das Zitat von Heinrich Mann vor dem Zweiten und vor dem Ersten Weltkrieg macht deutlich, dass der deutsche Untertanengeist eine lange Tradition hat und er mitten aus dieser Gesellschaft kommt und dass es eine besondere Aufgabe der fortschrittlichen Kräfte ist, diese rechte Politik zu analysieren, zu kritisieren und eine politische Perspektive zu entwickeln. Die äußerste Zuspitzung der reaktionären Politik war der historische Faschismus, der in einer gesellschaftlichen Krisensituation zur Aufrechterhaltung, Verteidigung und beschleunigten Brutalisierung der herrschenden Ausbeutungsverhältnisse angetreten ist. Insofern könnte man sagen, dass der Faschismus eine Bewegung gewesen ist, die als Kernmotto hat „Nie und nie wieder Sozialismus!" Drei Elemente prägen ihn insbesondere, was die gesellschaftliche Situation anbelangt. Zum einen der ökonomische Druck, der auf den Massen lastet. Das zweite Moment ist der physische Zwang, Gestapo, SS, SA, Sicherheitsdienst, Wehrmacht. Das sind alles Organisationen gewesen, die darauf orientiert waren, die politische Opposition, insbesondere die Arbeiterbewegung und ihre Organisationen auszuschalten und eine reaktionäre Diktatur aufzubauen bzw. aufrechtzuerhalten. Diese war darauf orientiert, die Kapitalherrschaft und die Macht der Großindustrie, Großbanken und des Junkertums zusammen zu ballen, zu konzentrieren und auf die schärfste Zuspitzung der gesellschaftlichen Konkurrenz hinzuführen, nämlich auf die militaristische Expansion, auch zur Unterdrückung und Ausbeutung anderer Bevölkerungen. Ein drittes Element ist die hegemoniale Auseinandersetzung, die zwar im historischen Faschismus eine geringere Rolle gespielt hat als der physische Zwang, aber trotzdem nicht zu vernachlässigen ist. Wenn man an Riefenstahl-Filme denkt oder an das UFA-Imperium, wo maßgebliche, ideologische und kulturelle Deutungsmuster für die sozialen und gesellschaftlichen Probleme entwickelt worden sind, wie beispielsweise der Antisemitismus, der dann auch in seiner zugespitztesten Form in den industriellen Massenmord geführt hat. Für diesen Zusammenhang aus Faschismus, Staat und Kapital ein Zitat von Hitler, das er vor dem Nationalclub in Hamburg bereits 1929 vor 500 Gästen – Eliten aus Wirtschaft, Justiz und Politik – gehalten hat: „Mein Ziel ist, dem Volksgedanken die Millionen seiner Arbeiterschaft wiederzugeben. Hierfür gibt es nur zwei Linien: Erhaltung der nationalen, unabhängigen Wirtschaft und Erhaltung eines gesunden deutschen Arbeiters, eines gesunden deutschen Volkes. Voraussetzung dafür aber ist die Befreiung von drei Lastern. Wir müssen den Internationalismus ableben, müssen Abschied nehmen von dem Gesetz der Demokratie. Der Geist muss wieder in seine Rechte eingesetzt werden zur Wiedergewinnung des Idealismus. Wir müssen uns Drittens freimachen vom Pazifismus, mit dem nichts zu erreichen ist. Es gilt nicht das Wort: Mit dem Hute in der Hand kommt man durch das ganze Land! Sondern: In der Welt kommst du nur weiter mit der Faust! Nicht als ob man mit ihr fackeln sollte, ebenso wenig aber ist die Welt zu gewinnen durch den Gedanken der Versöhnung, sondern es heißt: suchen, finden, erkämpfen sein Recht." Das Protokoll vermerkt dann: „Brausender Beifall".

Diesen funktionalen Zusammenhang zwischen Faschismus, Staat und Kapital gibt es selbstverständlich auch 1945, weil die Grundverhältnisse als kapitalistische, zunächst im Westen der BRD, nach 1989 dann auch im erweiterten Deutschland, die gleichen geblieben sind. Wobei sich in der Funktionsbestimmung etwas geändert hat. Es ist weniger der unmittelbare physische Zwang entscheidend. Er wird aber durchaus zunehmend eingesetzt, je mehr die herrschenden Verhältnisse brüchig werden. Entscheidend ist aber die konsensstiftende Seite, wenn man sich insbesondere den smarten Haider in Österreich ansieht, Berlusconi in Italien oder die mit acht Prozent taxierte Schill-Partei in Hamburg. Sie kommen sehr modern daher und unterscheiden sich insofern von der alten Rechten, als dass sie nicht der alte Schmissdegen sind. Die Orientierung auf Unterwerfung und Unterordnung wird maßgeblich hegemonial gewährleistet mit nationalistischen, rassistischen, antisemitischen Deutungsmustern, die sozusagen eine Erklärung für die gesellschaftlichen Krisen und Widersprüche bringen sollen.

Um darauf zurückzukommen, was der Cottbusser Parteitag beschlossen hat. Er hat eine Konferenz zum Antifaschismus beschlossen, um unterschiedliche Positionen in der PDS zum Ausdruck zu bringen. Es ist zu fragen, wie die PDS diese Auseinandersetzung, diese Probleme beantwortet, wobei die Richtung der Politik gleichzeitig auch die Reichweite dessen bemisst, inwieweit man sich gegen diese reaktionären Deutungsmuster zur Wehr setzt. Einer der Protagonisten in dieser Auseinandersetzung, André Brie, hat in einem Interview in der Berliner Zeitung vom August 2000 eine sehr bemerkenswerte Position formuliert: „Aber eine Ursache rechter Gewalt liegt sicher in der DDR. Die DDR war ein Law-and-order-Staat. Das ist für Neonazis bis heute ein Anknüpfungspunkt. Die kommunistische Bewegung hat spätestens mit ihrer Stalinisierung Demokratie und Emanzipation abgelegt. Sie hat schon vor 1933 Konzepte verfolgt, denen gleiche Denkweisen und ähnliche Symbole wie der NS-Bewegung zugrunde lagen." Seine Antwort auf die Frage, welche Aufgabe die PDS hätte: „Die PDS muss ihren eigenen autoritären Wurzeln nachspüren." Die Schlussfolgerung ist, dass Brie insbesondere fordert, dass Genossen, die dem linken Parteiflügel zuzurechnen sind, notfalls auch per Parteiausschluss aus der Partei zu entfernen sind. Hier haben wir es innerhalb der PDS, in der Auseinandersetzung mit nichts anderem als der Totalitarismusthese, die Genosse Norbert Madloch eben noch dargelegt und kritisiert hat, zu tun.

Nach meinem Dafürhalten steht es aber als Schlussfolgerung aus dem Faschismus wesentlich an, nicht die Linke zu bekämpfen, sondern es geht darum, die Reaktion zu bekämpfen, und zwar als diejenige, die am vehementesten und schärfsten die herrschenden Ausbeutungsverhältnisse verteidigt und brutalisiert. Dieser Kampf gegen Rechts muss gleichzeitig ein Kampf für eine positive Perspektive sein, für eine sozialistische Perspektive insofern, als die Alternative zum Faschismus der Nichtfaschismus ist. Die Alternative zum Faschismus ist eine Gesellschaft, in der Ausbeutung und Entfremdung aufgehoben sind. Das heißt, dass es zumindest ein Teil des antifaschistischen Kampfes sein müsste, die herrschenden Verhältnisse zu zivilisieren, durch Reformen die Lebensverhältnisse zu verbessern und die volle Zivilisierung der gesellschaftlichen und menschlichen Grundbedingungen anzustreben, was nur durch eine prinzipielle Überwindung der kapitalistischen Grundverhältnisse zu ermöglichen ist. Das heißt wiederum, dass die antifaschistische Bündnispolitik auf jeden Fall nicht nur das Anti gegen Rechts sein kann, sondern dass es auch notwendig ist, eine zielvermittelte Perspektive zu erarbeiten. Die fortschrittlichen Tradierungen, bürgerliche Humanisten, Sozialreformer und sozialrevolutionäre Kräfte sollten für die Zivilisierung der gesellschaftlichen Grundverhältnisse zusammenarbeiten. Die Zivilisierung sollte der Maßstab sein, nicht allein das Anti gegen Rechts.

In diesem Sinne wäre es Aufgabe der PDS, sich verstärkt um diese kulturellen Deutungsfragen gegen Rechts zu kümmern sowie das Verständnis der herrschenden Verhältnisse und dessen, was die brutalsten Apologeten dieser Verhältnisse treiben, zu vertiefen. Es bedeutet, aufklärerisch in den gesellschaftlichen Auseinandersetzungen gegenüber der Bevölkerung zu wirken und Einsicht in die Verhältnisse zu befördern. Denn das Erkennen der eigenen Interessen ist Grundlage für Assoziierung und selbsttätige Veränderung der gesellschaftlichen Grundbedingungen. Das wäre anzustreben und zu erarbeiten in antifaschistischen Bündnissen, damit egalitärer Antifaschismus realisiert wird, damit dann tatsächlich die freie Entfaltung des Einzelnen Voraussetzung für die freie Entfaltung aller wird.

Angela Marquardt, *Mitglied des Deutschen Bundestages, PDS*

Norbert hat einiges zur Entstehung von Rechtsextremismus aus der Mitte der Gesellschaft gesagt, deswegen will ich darauf nicht noch einmal im Detail eingehen. Zustimmen würde ich darin, dass ich auch glaube, dass wir genauere Begriffsbestimmungen brauchen. Deswegen will ich voranstellen, dass für mich konstituierendes Element von Rechtsradikalismus Rassismus ist. Das wird mein Ausgangspunkt sein. Ich setze aber Rassismus nicht mit Faschismus oder Rechtsextremismus gleich. Wenn wir über Rechtsextremismus aus der Mitte der Gesellschaft heraus in der Bundesrepublik diskutieren, wird das oft mit ausländerfeindlich gleichgesetzt. Aber ich denke, die BRD ist weniger ein ausländerfeindliches Land, als vielmehr ein rassistisches. Ein Schwede oder jemand, dem man es nicht unbedingt ansieht, dass er nicht aus Deutschland kommt, kann zumeist unbehelligt durch die Straßen laufen. Während jemand, dem man seine nicht-deutsche Herkunft ansieht, weitaus mehr Probleme hat. Deswegen denke ich, dass wir es vor allem mit einem tief sitzenden Rassismus in Staat und Gesellschaft zu tun haben.

Dass der Faschismus in seiner Funktion ein Mittel der kapitalistischen Krisengesellschaft ist, will ich nicht leugnen. Daher teile ich auch die Aussage von Max Horkheimer, dass man nicht vom Faschismus reden sollte, ohne auch vom Kapitalismus zu reden. Aber dem Phänomen des heutigen Rechtsextremismus, der ganz zentral auf Rassismus aufbaut, wird diese Analyse nicht gerecht und kann auch nicht ausreichen, dieses Phänomen zu erklären.

Widmen wir uns also diesem Phänomen: Rechtsextremisten heute haben meines Erachtens ein ganz bestimmtes Weltbild. Das ist vor allem durch und durch rassistisch. Aber sie sind auch nationalistisch, patriotisch, überhöhen Deutschland. Sie finden Militär gut, halten nichts von Emanzipation, schon gar nichts von Frauenemanzipation. Sie befürworten autoritär strukturierte Gesellschaften, lehnen Demokratie ab, hassen Nicht-Arier, Schwule, Penner. Sie lieben Uniformen, viel Starres und beziehen sich zum Teil auf die heute existierende Skinheadkultur. Würde man sie zum Thema Kapitalismus befragen, würden sie sagen, dass sie ihn Scheiße finden und ihn abschaffen wollen. Sie knüpfen ganz bewusst an die soziale Frage, an „Oben und Unten" an und gebärden sich antikapitalistisch.

Dass der Kapitalismus in bestimmten Situationen auf den Faschismus zur Krisenbewältigung zurückgreift, hat meines Erachtens mit diesem Phänomen wenig zu tun. Die eben genannten Werte und die politischen Vorstellungen, auf die sich der aktuelle Rechtsextremismus der Neonazis begründet, haben keinesfalls allein ihre Ursache in der Wettbewerbsgesellschaft oder in der sozialen Situation von Ausgebeuteten. Ich denke, dass Rassismus und dieses Gedankengut nicht nur darauf begründet sind, dass wir in einer Wettbewerbsgesellschaft leben.

Damit möchte ich an die Diskussion anknüpfen, die es über die DDR gab. Ich möchte die DDR ganz gewiss nicht gleichsetzen mit dem, was heute an rechtsradikalem Gedankengut existiert, aber auch in der DDR wurden derartige Werte gepflegt und an die nächsten Generationen weitergegeben. Das hat wenig mit dem vorherrschenden Totalitarismusdiskurs zu tun. Dieser Diskurs bekommt nicht dadurch Nahrung, dass man die DDR als autoritär kritisiert, sondern dadurch, dass man sie mit all ihren autoritären Ausprägungen verklärt. Das arbeitet den heutigen rechtsextremistischen Strukturen in die Hände. Sie beziehen sich nicht umsonst teilweise positiv auf die DDR, gerade in den neuen Bundesländern.

Deswegen glaube ich, dass der Hinweis, dass es beim Antifaschismus grundsätzlich um die Abschaffung des Kapitalismus geht, nicht ausreicht, auch wenn er nicht falsch ist. Wenn wir über konkrete Handlungsoptionen im Kampf gegen die aktuelle Ausländerpolitik, über die Gewaltexzesse gegen AusländerInnen reden, liegt die Ursache nicht allein in der vorherrschenden Produktionsweise. Ich gehe lieber mit einem nichtrassistischen mittelständischen Unternehmer auf eine Demo gegen Rassismus, als mit einem bekennenden Rassisten auf eine Demo gegen das Kapital.

Denn auch darüber müssen wir reden, wenn wir über die dubiose Mitte der Gesellschaft und über Bündnisfragen diskutieren: Ich glaube, dass es in der Vergangenheit in allen existierenden Gesellschaftsformen – bis heute – Rassismus gab und gibt. Wer aber im Kampf gegen den Kapitalismus den Rassismus als gegeben akzeptiert, muss sich nicht wundern, wenn es irgendwann zu rotbraunen Bündnissen kommt. Diese Diskussion ist auch in der Bundesrepublik nicht neu. Man konfrontiert uns ja immer wieder damit, dass wir oft ähnliche soziale Forderungen wie die Rechten hätten. Ich denke, dass man genau aufpassen muss, und dass man vor allem die Unterschiede deutlich machen muss. Antikapitalismus ist eben nicht automatisch links.

Andersherum besteht die Gefahr nämlich nicht. Es gibt keinen einzigen nichtrassistischen Rechtsextremisten. Deswegen möchte ich den Horkheimer-Satz mit Absicht etwas provokant weiter führen: Er sagt, wer vom Kapitalismus nicht reden will, sollte auch vom Faschismus schweigen. Ich ergänze: Wer vom Rassismus nicht reden will, sollte auch zum Kapitalismus lieber schweigen.

Eines ist sicher, da sind wir uns einig: Ohne Sozialismus wird es keine in unseren Augen gerechte, solidarische oder internationalistische Gesellschaft geben. Die Frage ist aber für mich, ob der Umkehrschluss auch zulässig ist: Wenn wir Sozialismus haben, gibt es keinen Rassismus mehr? Auch darüber muss man sich auseinander setzen, denn die Existenz der DDR, wobei das nicht der Sozialismus war, wie ich ihn mir vorstelle, hat unter Beweis gestellt, dass es auch in ihr genau das gab, was rechtes Denken heute so wesentlich ausmacht: autoritäres, rassistisches, militaristisches Denken. Das ist unter den Bedingungen der Vergesellschaftung der Produktionsmittel nicht abgeschafft worden. Es existierte in der DDR ganz genau wie heute. Davor darf man nicht die Augen verschließen und auch davor nicht, dass die Vergangenheit heute gerade in den neuen Bundesländern nachwirkt. Ich will hier nichts gleichsetzen, sondern dafür sensibilisieren, dass man es nicht unter den Tisch fallen lassen kann. Ich denke, dass diese Verklärung aufhören muss, wenn dem etwas entgegengesetzt werden soll. Eine prima Kapitalismuskritik zu haben, reicht für mich nicht aus, antifaschistisch zu sein.

Matthias Gärtner, *Stellvertretender PDS-Fraktionsvorsitzender im Landtag von Sachsen-Anhalt*

Die Fragestellung ist: Wie breit sollen, dürfen, können Bündnisse sein, in die wir uns auch einbringen? Das war der Ausgangspunkt. Ich glaube, dass wir das nicht schematisch sehen können. Es ist von regionalen und politischen Situationen in den unterschiedlichen Ländern abhängig, natürlich auch in der Bundesrepublik. Allgemein haben wir ein Riesenproblem und dieses Problem heißt Rechtsextremismus, rechtsextremistische Gewalt, Rassismus. Da haben wir Konsens in der Diskussion. Die Hälfte der fremdenfeindlichen Gewaltdelikte wurden in den letzten Jahren in den neuen Bundesländern verübt. Ich komme aus Sachsen-Anhalt. Wenn wir in bestimmten Gebieten Ansätze für eine nationalsozialistische Jugendbewegung haben, heißt das für uns ganz konkret nachzudenken, wie und mit welchen Leuten wir agieren, um das zu verändern.

Ich war letzte Woche in einer Schule in Magdeburg. Es war Projekttag. Gemeinsam mit dem Verein „Menschenskinder" sollten wir den Projekttag „Rassismus" gestalten. Ich war in einer Schulklasse mit 20 Leuten. Eine junge Frau schilderte ihre Erfahrungen aus ihrem Umfeld im Neubaugebiet Neu-Olvenstedt in Magdeburg. Sie und ganz viele Jugendliche haben Angst, sich dort zu bewegen, weil es eine Gruppe gibt, die auf der Straße mit Gewalt Dominanz ausübt. Es war eine gewisse Resignation zu spüren, als ich deutlich machte, dass man was tun muss. Aber sie sagten, dass sie nichts machen werden, um diesen Leuten nicht direkt ausgesetzt zu sein. Sie verbringen ihre Freizeit in einem anderen Stadtteil und ziehen weg.

Ein weiteres Beispiel: Ich bekomme eine E-mail von einem Kollegen aus Westdeutschland, der ganz erschrocken über einen Bericht war, der die Situation in Wurzen im Zusammenhang mit einer Hip-Hop-Tour schilderte. Die Tour war Repressionen durch Polizei und Nazis gleichermaßen ausgesetzt. Er fragte, ob es wirklich so schlimm sei. Ich musste ihm mit ja antworten. Das Schlimmste daran ist, dass es einen parteipolitischen Konsens in diesem Ort gibt, der besagt, dass es verschwiegen und abgestritten werden soll. Dieser Konsens reicht von CDU bis PDS. Diese beiden Erlebnisse sind symptomatisch.

Meines Erachtens muss die Mitte der Gesellschaft unser Ansatzpunkt sein, wenn wir über Gegenstrategien nachdenken. Ich meine, dass die Situation in bestimmten Regionen so ist, dass wir keine Zeit für große elitäre Debatten haben, sondern gezwungen sind, zusammenzuarbeiten, um die Zivilgesellschaft zu verteidigen. Es gibt in dieser Gesellschaft Elemente von Zivilgesellschaft, die es zu verteidigen gilt. Wir müssen alle Keime und Kräfte der Zivilgesellschaft zusammenführen, um rechte Dominanzkultur, um Rassismus zurückzudrängen. Das bedeutet auch die Stärkung von demokratischen Grundwerten. Am Ende heißt das: vom engagierten Christen, von der engagierten Christin, über engagierte demokratisch orientierte Parteigänger von CDU, Grünen, PDS, SPD oder FDP, Künstler, Vereine, Sportler bis hin zur autonomen Antifa müssen Kräfte gebündelt werden. Das bedeutet letztendlich, dass wir die Unterschiedlichkeit der Aktionsformen akzeptieren müssen. Wir haben uns in diesem Unternehmen als gleichberechtigt zu verstehen. Das muss der Ausgangspunkt für eine konstruktive Bündnispolitik sein.

Wer ist denn nun mein Gegner in der ganzen Auseinandersetzung? Ich mache es mal personifiziert. Für mich ist der ehemalige Oberbürgermeister von Naumburg, der Staatsanwalt bei der NS-Aufarbeitungsstelle in Ludwigsburg war, mit seiner sehr konservativen, aber demokratischen Grundhaltung nicht der Hauptgegner. Ich werde versuchen, ihn für die Stärkung von Zivilgesellschaft und den Kampf gegen die Nazis zu gewinnen. Ich schildere nun konkrete Beispiele für Bündnispolitik:

Nach den Wahlen 1998 hat es einen sehr großen Aufschrei in Sachsen-Anhalt gegeben. Es hat viele Aktivitäten, die Aufstellung eines Landesprogramms für ein tolerantes und weltoffenes Sachsen-Anhalt gegeben. Unter anderem haben sich viele Privatinitiativen entwickelt. Beispielsweise der Verein „Menschenskinder". In diesem Verein haben sich Künstler, Journalisten, Parteileute, engagierte BürgerInnen, aber auch der Manager vom Großkonzern Dow Chemical zusammengefunden, um aktiv vor Ort in Schulklassen, in Jugendklubs über das Thema Sachsen-Anhalt und Ausländerfeindlichkeit, über rechtsextremistische Entwicklungen zu reden. Das ist ein breites Bündnis von Leuten, die sehr unterschiedliche Ansichten haben, die aber eins eint, nämlich die Frage der Stärkung und des Erhalts von Zivilgesellschaft und der Kampf gegen Rechtsextremismus und Rassismus.

Zweites Beispiel: der Verein „Miteinander", der sich 1998 nach der Wahl gegründet hat. Sein Ziel ist die Stärkung der nicht-rechten Kultur. Hier sind vom Bürgermeister in Salzwedel, der in der CDU ist, über den SPD-Landesverband, den PDS-Landesverband, Gewerkschaften, Vereine, viele Leute vertreten, die an diesem gemeinsamen Ziel arbeiten. In den Regionen sind Zentren für Demokratie, Kultur und Bildung gebildet worden, wo versucht wird, über hauptamtliche Referenten Netzwerke herzustellen, mit Jugendlichen ins Gespräch zu kommen.

Zum Thema André Brie: Ich halte André Brie ausdrücklich für einen Mitstreiter bei der Bekämpfung des Rechtsextremismus und Schaffung von Zivilgesellschaft, auch wenn er zum Teil andere Sichten zu DDR-Ursachen hat. Ich halte in diesem Punkt nichts von Denunziation. Antifaschismus ist Kampf, kein Selbstzweck. In diesem Sinne sollten wir versuchen, alte Tabus und Vorbehalte abzulegen.

Ellen Brombacher, *SprecherInnenrat der Kommunistischen*
Plattform in der PDS

Gestern rief mich Genossin Erika B. an und sagte mir, sie käme heute nicht zur Konferenz, da sie in Lichtenberg gegen die Nazis auf die Straße ginge. In Lichtenberg marschiert heute die Kameradschaft „Germania". Erika wollte hier heute etwas über die Verbrechen der deutschen Industrie in Auschwitz sagen, ihr Mann war dort gewesen. Es ist eine unglaubliche Situation, dass eine Antifaschistin, die schon einmal gegen Nazis kämpfte, heute wieder dagegen protestieren muss, dass Nazis die Straße für sich erobern wollen. Die Ungeheuerlichkeit wird dadurch unterstrichen, dass eine linke Demonstration am 1. Mai verboten wurde, während die Polizei die Rechten schützt. Die Nazis seien bei ihren Demonstrationen ordentlich. Das ist bekannt. Sie vergasen auch ordentlich und schlagen in der Regel auch ordentlich tot. Es gehört langsam zum Alltag, dass die braunen Rechten Demonstrationen anmelden und letztlich demonstrieren dürfen. Noch sind es relativ wenige, die da marschieren. Die dagegen auf die Straße gehen, sind auch nicht sehr viele. Aber dennoch meist mehr. Scheinbar Faschismus und Antifaschismus in kleinen Dosen, am Rande der eigentlichen politischen Geschehnisse im Land. Alle paar Jahre, wenn zu viele Asylbewerberheime gebrannt haben oder in Düsseldorf eine Bombe explodierte, gehen einige Hunderttausend gegen Rechtsextremismus auf die Straße. Die so genannte Mitte der Gesellschaft ruft dazu auf und es treffen sich Linke, Bürger, die einfach nur Nazis nicht mögen, Angestellte, die mit dem Firmenchef gehen, weil der es für opportun hält, und selbst jene kommen, die am nächsten Tag schon weiter um Zwangsarbeiterentschädigungen feilschen. Damit es keine Missverständnisse gibt, ich denke, man muss zu solchen Kundgebungen gehen. Aber mir ist natürlich klar, dass es sich hier um eine Mischung von weichgespültem Antifaschismus und Beschwichtigung, vor allem des Auslandes, handelt. Von denen die es machen, nicht unbedingt von denen, die kommen.

Faschisten sind durch und durch verabscheuungswürdig und schon im Keim gefährlich, dass man jede Gelegenheit nutzen muss, sich gegen sie zu stellen. Aber es ist schon ein eigenartiges Gefühl auch mit solchen zusammen gegen Nazis zu demonstrieren, die beträchtliche gesellschaftspolitische Verantwortung für das Wachsen der rechten Brut haben. Eine politische Frage ergibt sich für den antifaschistischen Kampf in jedem Fall, die nach den einzugehenden Bündnissen. Hierzu folgende Überlegung, die natürlich von meinen politischen und weltanschaulichen Positionen nicht zu trennen ist. Erstens: Man kann die Gefährlichkeit von Nazis nicht überschätzen. Ihre Möglichkeiten sich auszubreiten werden durch viele Faktoren bestimmt. Nazidemagogie verführt zumindest in diesen Breiten besonders dann, wenn es sozial bergab geht und jene Konjunktur haben, die für komplizierte Probleme einfache Lösungen bieten. „Arbeit zuerst für Deutsche!" zum Beispiel. Wo es also Nazis gibt, müssen die gesellschaftlichen Bedingungen bekämpft werden, die deren Erstarken begünstigen. Die sich dem dialektischen und historischen Materialismus verpflichtet fühlenden Linken sollten stets bestrebt sein, sozialökonomische Ursachen für rechtsextreme Entwicklungen in den Blickpunkt zu rücken. Insofern ist die antikapitalistische Komponente antifaschistischer Bewegungen sehr wichtig. Zu Ausgrenzung sollte sie nicht führen. Ich arbeite seit Jahren im Berliner Flüchtlingsrat mit. Im Kern geht es dort letztlich um Antirassismus. Dort sind sehr unterschiedliche Menschen versammelt. Sie wollen auch nicht unbedingt vom Kapitalismus reden, aber über Faschismus dennoch nicht schweigen. Sollten wir sie deshalb als Bündnispartner nicht akzeptieren? Was allerdings klar ist, sie wissen von uns Linken, die wir drin sind, dass wir es sind und wo wir stehen. Und wir werden von ihnen akzeptiert, weil wir etwas tun. Ich denke, das ist ein ehrlicher Konsens auch in Sachen Antifaschismus, der sich lohnt. Zweitens: Der Wille breite antifaschistische Bündnisse zu entwickeln sollte die Fähigkeit einschließen, sich weit ins bürgerliche Lager hinein zu begeben. Allerdings müssten antikapitalistische Linke für sich selbst ein paar Prämissen setzen.

- Wir dürfen nicht darauf verzichten, die Verantwortung der gesellschaftlichen Strukturen und deren Träger für Rechtsentwicklung aufzuzeigen und entsprechende Zusammenhänge anzuprangern. Stichwort: Ausländerpolitik.
- Linke dürfen den antikapitalistischen Kern ihrer antifaschistischen Haltung nicht verleugnen, was nicht heißt, dass sie darauf bestehen müssen, diese Positionen in jeden Bündnisaufruf zu bekommen.
- Linke müssen gegen Ausgrenzung anderer Linker solidarisch kämpfen.

Manchmal hört man den Begriff „elitärer Antifaschismus". Die ihn gebrauchen, meinen damit die Ausgrenzung bürgerlicher Nazigegner durch antikapitalistische Linke. Auch diese Ausgrenzung ist falsch. Erlebt habe ich in der antifaschistischen Arbeit im Regelfall allerdings anderes. Ein Beispiel: 1997 bildete sich in Berlin in Vorbereitung des 1. Mai ein antifaschistisches Bündnis „Arbeit für alle". Wesentliche Initiatoren waren Bündnis 90/Die Grünen. Die VertreterInnen der Deutschen Kommunistischen Partei im Bündnis hatten den Aufruf ebenfalls unterschrieben. In Zeitungsannoncen waren allerdings ihr Name und die Partei gestrichen. Es hat gegen dieses Verhalten kaum Solidarisierungen gegeben. So etwas ist für Bündnisbreite tödlich. Ausgrenzung ist in die eine wie in die andere Richtung inakzeptabel. So sehr bürgerlicher Antifaschismus zu respektieren ist, so wenig gibt es einen lebensfähigen Antifaschismus der Etablierten unter sich.

Wenn die Bündnisbreite es erfordert, eigene Positionen nicht zu verleugnen, ohne dominieren zu wollen, so betrifft das nicht nur die Haltung in das bürgerliche Lager hinein. Bündnisse in die linke Richtung müssen ebenso mit Ansprüchen verbunden werden, vor allem mit der Forderung, dass von uns keine Gewalt ausgehen sollte. Das ist übrigens auch der beste Schutz vor Provokateuren. Dabei sollten wir uns zugleich der ungeheuren Schwierigkeit bewusst sein, dass die Tatsache, dass die Polizei die Rechten schützt und Linke prügelt, Radikalisierung provozieren muss.

Ich möchte meine Überlegungen zu antifaschistischer Bündnispolitik wie folgt zusammenfassen: breiteste Bündnisse ohne eigene Positionen und Ansprüche zu leugnen und ohne zugleich dominant auf deren Durchsetzung als übergreifende Bündnisposition zu bestehen. Es ist an der Zeit, antifaschistische Runde Tische zu gründen oder zu erweitern – ohne jede Ausgrenzung. Dort könnte man sich gegenseitig über antifaschistische Aktivitäten informieren, sich über gemeinsames Vorgehen einigen. Wenn in Lichtenberg oder Hohenschönhausen Nazis marschieren, muss das zu einer Angelegenheit der Berliner Antifaschisten werden. Das plurale Prinzip der PDS könnte hier weit über die eigenen Reihen hinaus integrativ wirken.

Elisabeth Gauthier, *Nationale Leitung der Französischen Kommunistischen Partei (FKP) und Mitglied von Espace Marx*

Mein Erfahrungshorizont ist einerseits Frankreich, andererseits aber auch Österreich. Mein Ansatzpunkt ist ein etwas anderer, da die Realität der Auseinandersetzungen nicht die gleichen Aspekte hat. Es ist interessant zu sehen: Was sind Gemeinsamkeiten und was sind Unterschiede?

Auch ich habe ein großes Problem mit der Begrifflichkeit. Mir geht es besonders darum, neue Erscheinungen herauszuarbeiten. Ich spreche lieber von neuen

Rechtspopulismen und Rechtsextremismen, weil der Begriff Faschismus natürlich historisch zu handhaben ist. Antifaschismus könnte eventuell ein passender Begriff sein, aber ich glaube, er war nicht der effiziente Begriff für die französischen Auseinandersetzungen. Ich glaube, diese neuen Erscheinungen hängen klar mit der aktuellen Phase des Kapitalismus zusammen, wobei ja auch zu streiten ist, wie diese zu charakterisieren ist. Ich sage nur ganz kurz als Schlagwörter: Globalisierung und Atomisierung neuer Formen von Herrschaft, Destabilisierung von ganzen Bevölkerungsgruppen, die eben neue Rechtspopulismen produzieren, die in ihrer Dynamik auch rechtsextremistische, faschistische, nationalistische Potentiale revitalisieren. Ich glaube, dass man zwei Funktionen dieser Bewegungen herausfiltern kann, die direkt mit der Entwicklung des Kapitalismus im Zusammenhang stehen. Einerseits braucht der Kapitalismus selbst neue Motoren im Sinne des gesellschaftlichen Umbruchs – Neoliberalismus als Stichwort. Ich würde zugleich hinweisen wollen auf die politischen Funktionen dieser Bewegungen, die politischen Reaktionen, die notwendig sind und die Widerstände und Alternativen. Sie sind zugleich politische Auffangkraft für diejenigen, die aus diesen Gesellschaftszerrüttungen gestört, zerstört und angeschlagen herausgehen. Ich würde sagen, Haider ist zum Beispiel einerseits ein Ultraliberaler, ein Motor des Neoliberalismus und zugleich ein Auffangbecken für die davon Beschädigten.

In den 80er Jahren haben sich in Europa viele dieser Rechtspopulismen entwickelt, strukturiert durch rechtspopulistische, sehr neoliberal angehauchte Thesen: Wir zahlen zu viele Steuern ... zu viel Staat ... usw. Es gibt Ausnahmen wie MSI in Italien oder Flamsblock, die haben anders funktioniert. In den 90er Jahren hat sich eher eine andere Entwicklung durchgesetzt. Wahlerfolge der Rechtsextremen wurden damals eher auf einer Basis des opportunistischen Sozialdiskurses eingeholt. Das war die Zeit, wo zum Beispiel Maigret in Frankreich – das ist die Abspaltung von Le Pen – zu Moulinex-Betrieben ging und dort Flugblätter gegen Mondialismus und Delokalisierung verteilt hat, wo die Front National in Frankreich gegen GATT aufgetreten ist und dann später gegen die WTO und gegen Maastricht gestimmt hat, Kampagnen für Renten und soziale Sicherheit für die Nationalen geführt hat. Es ist also eine Art variabler Geometrie, die nach den historischen Momenten und politischen Konstellationen und auch dem Grad der sozialen Angst nicht immer die gleichen Ausformungen hat.

Eine gewisse Kapitalismuskritik gibt es auch von rechts in Umbruchsphasen. Es ist klar, dass jede diesbezügliche linke Schwäche an der Kapitalismuskritik äußerst folgenreich ist. Ich glaube, dass eine Verringerung des Gegensatzes von

Links und Rechts einen Boulevard für die Entwicklung rechter Populismen öffnet.

Es gibt Gemeinsamkeiten und spezifische Elemente. In Italien kann man leider nur befürchten, dass morgen ein Konglomerat von drei Parteien an die Regierung kommt, wo einerseits der ultraliberale Standpunkt führend ist, aber auch der populistische und rechtsextremistische. Ich glaube, in der FPÖ in Österreich zum Beispiel sind die drei Komponenten relativ vereint. Und die Front National in Frankreich ist ein Ausdruck dafür, dass sich in einer gewissen Phase alle diese Komponenten hinter Le Pen zusammengeschweißt haben, dass sie aber Schwierigkeiten haben, sie auf Dauer zusammenzuhalten, was die Abspaltung von Maigret erklärt. Je nach Land oder Region und je nach politischen Konstellationen werden in diesen Dynamiken bestimmte entweder faschistische, nazistische, nationalistische, rassistische, xenophobische Potentiale und Traditionen belebt und auch Themen der nicht verarbeiteten Geschichte eingebracht und verwendet. In Frankreich ist es die Verharmlosung von Vichy, bestimmte Revisionismen, auch die Verwendung der Kolonialvergangenheit. Frankreich ist jetzt konfrontiert mit der Algerienfrage, wo natürlich eine starke rechtsextreme Präsenz in dieser Auseinandersetzung stattfindet.

Ich würde klar sagen, dass diese Entwicklungen von Rechtspopulismen und Rechtsextremismen keine Randprobleme der Gesellschaft sind, sondern Ergebnis eines bestimmten Politikmodells, Ergebnisse des heutigen Kapitalismus, Ergebnisse auch der Krise der Politik und der Krise des Politischen und auch eines bestimmten Typs der europäischen Konstruktion. Wir haben damit auch ein Phänomen, was europaweit aufscheint.

Wenn man also davon ausgeht, dass in unseren Gesellschaften die verschiedenen Varianten neoliberaler Politik und ihre Konsequenzen das Terrain für Rechtspopulismus und Extremismus erzeugen und damit gleichzeitig historisch entstandene Potentiale reaktiviert werden, muss man zu folgendem Schluss kommen: Alle Möglichkeiten entsprechender Mobilisierungen und Vorschläge müssen genutzt werden, um die Politik nach links zu ziehen. Wesentlich dabei ist, Rechtspopulismen zurückzudrängen, ihr Feld einzuschränken und andere positive Perspektiven zu präsentieren. Die Erfahrungen in Frankreich würde ich so interpretieren, dass es um eine Doppelstrategie geht. Einerseits geht es um die Bekämpfung aller Fragen, die die Menschenrechte, die Grundwerte gefährden. Andererseits geht es aber auch um eine Strategie der Isolierung rechtspopulistischer Akteure und der Eröffnung anderer Perspektiven, das heißt um ein wirkliches linkes Politikangebot. Es gibt keine einfache Strategie der Bekämpfung von

Rechtsextremismus und -populismus, sondern nur eine komplexe Mobilisierung aller Teile dieses Puzzles. Eine Herausforderung also für das gesamte Spektrum der Linken. Das gilt für die Sozialdemokratie, die sich aus der neoliberalen Umarmung herauslösen müsste ebenso wie für die transformatorische Linke, die neue Konzepte (natürlich auf der Basis der Erfahrungen des 20. Jahrhunderts) und eine neue soziale und politische Dynamik entwickeln muss.

Ein letztes Wort zu Europa: Ich empfinde, dass die erste wirklich europäische Debatte, die nach Haiders Einzug in die Regierung von Österreich stattgefunden hat, sich in eine politische Katastrophe umgewandelt hat. Ich meine, dass diese Regierungsbeteiligung nicht vereinbar ist mit dem Sinn der europäischen Konstruktion, die aus den Trümmern von 1945 hervorgegangen ist. Welche Kritik man daran auch immer haben kann, sie ist ein Grundstein. Haider kann keine Normalität sein, Italien auch nicht. Es gab zwar Ansätze zu einer politischen Diskussion in Europa, aber diese Chancen sind nicht genutzt worden zu einer wirklich grundsätzlichen Auseinandersetzung mit Rechtspopulismus und Rechtsextremismus. Wir stehen jetzt aber zugleich vor einer sehr ernsten Situation in Europa und müssen uns gemeinsam eine Strategie, eine Offensive überlegen, denn ich glaube: Haider ist einer derer, die an einer Strategie teilnehmen, die die gesamte neoliberale autoritäre Rechte zusammenschließen will, was wahrscheinlich zusammenpasst mit einem autoritäreren Kapitalismus. Bertinotti sagte gestern in einem Interview der „Humanité", dass diese rechten Kräfte das Ziel haben, den Weg zu einer neuen europäischen Rechten zu öffnen, und dass sie selbst einen neuen Typ der Allianz von Neoliberalen mit einem rassistischen und repressiven Neopopulismus darstellen. Also ich glaube, die Fragen stellen sich tatsächlich in dieser großen Bandbreite. Es ist sicher das Ende des „rosa Europas".

Es gibt natürlich Punkte, die positiv zu bewerten sind. Die vielfältige und plurale Bewegung, die an vielen Orten entstanden ist, ist ein Hoffnungsfaktor. In Frankreich gab es eine interessante gemischte Mobilisierung – einerseits Formen der Zivilgesellschaft, Institutionen, politische Parteien, neue Gruppen, die im Kampf gegen Le Pen entstanden sind, z. B. ein nationales Wachsamkeitskomitee, in dem sich Gewerkschaften, Organisationen usw. zusammengeschlossen haben, um gemeinsame Initiativen zu ergreifen. Es gibt auch in Europa bestimmte Versuche, in dieser Richtung netzwerkartig zusammenzuarbeiten. Unser Appell war zum Beispiel so ein Beitrag, den 1 500 Intellektuelle in Europa unterschrieben haben. Ich glaube, in der italienischen Situation müsste man das wieder beleben. Ich glaube auch, dass sich ein neuer Typ von Internationalismus entwickelt. Ich denke zum Beispiel an die Demonstration in Nizza anlässlich des Gipfels und an Porto Allegre. An beiden Orten waren die Deutschen sehr unterrepräsentiert. Wir hatten in Frankreich gleichzeitig mit der Demonstration in Wien, wo 300 000 Leute auf der Straße waren am 19. Februar 2000, in 80 Städten Demonstrationen bewusst zum gleichen Zeitpunkt organisiert, um zu zeigen, dass wir hier jetzt nicht das österreichische Volk isolieren wollen, sondern dass wir jeder Banalisierung entgegentreten wollen, um klar zu sagen: Haider kann keine Normalität sein und Schüssel in dieser Konstellation auch nicht. Wir müssen gemeinsam in Europa gegen diese Verhältnisse ankämpfen.

Konzeption: Halina Wawzyniak und David Fischer

Soziale Probleme und
rechtspopulistische Demagogie

Prof. Siegfried Jäger, *Duisburger Institut für Sprach-*
und Sozialforschung, DISS

Rechtsextremismus und Rassismus wurden insbesondere seit dem letzten Jahr durch die Politik derart skandalisiert, dass man meinen konnte, das Problem würde nun entschlossen und radikal angegangen. Dennoch zeigt dieser öffentliche Diskurs, die breite Skandalisierung bzw. Tabuisierung von Rechtsextremismus und Rassismus bis hin zum beantragten Verbot der NPD nicht, dass die Gefahr wirklich ernsthaft angegangen wird. Schaut man sich die Debatten an, könnte man den Eindruck gewinnen, dass die spezifischen Umstände, die den Faschismus und seine Menschenfeindlichkeit hervorbrachten, keineswegs fortdauern, dass sie massiv angegangen wurden, dass sie sich auf jeden Fall demokratisch bändigen lassen und sich die Aussichten auf eine wirklich demokratische Gesellschaft mit dieser Kampagne erheblich verbessert hätten. Meines Erachtens wäre dies jedoch eine zu optimistische Sicht. Überfälle auf Einwanderer und fremd aussehende Menschen, Behinderte, Schwule, Obdachlose finden weiterhin statt. Nationalistische und antisemitische Töne sind trotz dieser Kampagne weiterhin und sogar viel offener zu hören als in den letzten Jahren. Politiker der so genannte Mitte bedienen sich oder verteidigen noch eindeutiger Skinhead-Parolen. Wir haben es also mit einer gesellschaftlichen Entwicklung zu tun, die zwar keine Wiederholung des Dritten Reiches bedeuten wird, die aber eine Gesellschaft zur Folge haben könnte, die autoritär, gefährlich und für viele Menschen bedrohlich ist. Um mit Horkheimer zu sprechen: „Die Umstände, die den Faschismus zeitigen, sind weiterhin vorhanden."

Dazu stelle ich eine These auf, die durchaus provozierend gemeint ist. Und zwar argumentiere ich hier aus diskursanalytischer Sicht. Sie lautet: „Der deutsche Faschismus, einschließlich des Völkermords an den Juden, war der Effekt einer komplexen, aber historisch kontingenten, also historisch zufälligen Diskursverschränkung." Damit will ich nicht sagen, dass es ein historischer Zufall war, sondern der Effekt einer historisch kontingenten, die in wie auch immer modifizierten Formen größtenteils auch heute vorhanden ist, aber in anderer diskursiver Konstellation und verbunden mit neuen Diskursen und in Folge dessen auch mit anderen Verschränkungseffekten, besteht. Um diese These zu begründen, muss ich etwas zu meinem Verständnis von Diskurs und den Effekten von Diskursverschränkungen sagen. Unter Diskurs verstehe ich im Anschluss an Foucault den Fluss von Wissen durch die Zeit. Dieser Wissensfluss durch die Zeit ist insofern mit Macht verbunden, als er Handeln zur Folge hat und damit die Konstituierung von Wirklichkeit. Diskurse verlaufen nicht getrennt voneinander, sondern verschränken sich und treten immer nur als Elemente komplexer diskursiver Konstellationen auf. Solche Verschränkungen haben bestimmte Wirkungen, die mehr oder minder brisant sein können. Wenn ich mich auf Foucault berufe, dann auf einen Philosophen, der Marx und andere Marxisten weiter gedacht hat und dessen Theorien ohne diese Vorläufer nicht denkbar gewesen wären. Ich will an einem Beispiel verdeutlichen, wie die Effekte von Diskursverschränkungen zu verstehen sind – der Verschränkung von Einwanderungsdiskurs und ökonomischem Diskurs. Ein Effekt dieser Verschränkung ist der, dass Arbeitslosigkeit als Problem eines Überangebotes an Arbeitskräften erscheint. Dies resultiert in dem komplexeren Wissen, dass Ausländer den Deutschen Arbeitsplätze wegnehmen. Arbeitsplatzmangel als Folge von Rationalisierung wird im ökonomischen Diskurs in Folge dessen nicht oder abgeschwächt thematisiert. Der Effekt solcher Verschränkungen besteht aber nicht alleine in diesem neuen Wissen, denn aus diesem Wissen leiten sich bestimmte Aktivitäten ab. Es handelt sich etwa um die Erschwerung des Zugangs von Einwanderern zum Arbeitsmarkt – sei dies in Gestalt von Gesetzen oder in der Einstellungspraxis von Unternehmen. Wir haben es also mit einem rassistischen Effekt zu tun, insofern als dass vor seinem Hintergrund Menschen anderer Herkunft, anderen Aussehens und/oder anderer Lebensgewohnheiten negativ gewertet und ausgegrenzt werden und dies ein bestimmtes Handeln zur Folge hat. Dieser rassistische Effekt wird dadurch weiter aufgeladen, dass er sich mit dem im Einwanderungsdiskurs vorhandenen rassistischen Wissen verbindet und dadurch weiter rassistisch aufgeladen wird.

Zur weiteren Konkretisierung meiner Ausgangsthese beziehe ich mich auf ein Zitat des Historikers Ulrich Herbert, der in seinem Buch „Nationalsozialistische Vernichtungspolitik 1939 bis 1945" zur Vorgeschichte des Völkermords an den Juden das Folgende ausführte: „Man kann zwei Hauptlinien der Ingangsetzung des Genozids herausheben. Auf der einen Seite solche Zielsetzungen oder Konzepte, die bei der Durchsetzung weitreichender kontinentalimperialistischer Zielsetzungen oder Konzepte das Schicksal der autortoden Bevölkerung als 'quantité negliable' ansahen, sich an einem moralentleerten Utilitarismus orientierten und sich in denkbar vielfältigen Formen situativer Zwänge jeweils aktualisierten. Auf der anderen Seite der rassistische Antisemitismus, der die Vertreibung, schließlich die Ermordung aller Juden in den Vordergrund stellte. Beides allerdings steht in den spezifischen, miteinander verwandten Traditionsbezügen der Politik Deutschlands und der anderen Großmächte in den Kolonien, insbesondere in Afrika – der langen Traditionen der Planungen für ein deutsches quasikoloniales Hinterland in Ost- und Südosteuropa einerseits, der Tradition des Antisemitismus andererseits. Beide Entwicklungen begannen sich seit Ende der 80er Jahre des 19. Jahrhunderts zu entfalten und erreichten seit der Jahrhundertwende, dann wiederum im 1. Weltkrieg erste Höhepunkte." Das ist ein ziemlich kompliziertes Zitat. Ich werde es ein wenig aufspalten. In ihm sind einige der wichtigsten Erkenntnisse aktueller Erforschung der Ursachen des Völkermords an den Juden und – versteht man den aktuellen Antisemitismus als eine moderne Form des Rassismus – auch des Rassismus und seiner Umsetzung in gewalttätiges Handeln versammelt. Der Genozid wird als Effekt von Diskursverschränkungen sichtbar. Demnach ist der Effekt der Verschränkung, mindestens der folgenden drei Diskursstränge, der Völkermord an den Juden. Nämlich: Bevölkerungspolitik der Nazis – Stichwort „Volk ohne Raum" –, Ostexpansion anstelle der Kolonien, Großmachtstreben und damit verbundener Krieg, moralentleerter Utilitarismus, also situative Zwänge wissenschaftlichen Machbarkeitswahns und Rassismus. Zu nennen wären über das, was Ulrich Herbert sagt, hinaus ferner die Stichworte Einparteiensystem, Diktatur, wodurch die völkische Ideologie zur Staatsdoktrin werden konnte. Dass sich dies in einer kapitalistisch formierten Gesellschaft abspielte, muss ich natürlich nicht nur am Rande vermerken. Ein direkter Bezug zwischen Kapitalismus und Faschismus besteht meines Erachtens jedoch nicht, zumindest nicht in dem Sinne, dass Kapitalismus zwangsläufig zu Faschismus führt. Eher könnte man sagen, dass der Kapitalismus eine Folge vielfältiger historischer Diskurse ist – etwa naturwissenschaftlich-technischer, philosophischer, religiöser usw. Also solcher Diskurse, die auch zum Entstehen von Faschismus beigetragen haben, aber teilweise ganz andere Folgen hatten. Wichtig scheint mir, dass Herbert ein Zusammenspiel verschiedener historischer Diskurse als historisches A priori, also Vorangegangenes des deutschen Faschismus und damit des Holocaust benennt und nicht als kausale Folge. Faschismus ließe sich so als Effekt einer Diskursverschränkung verstehen, der zum Völkermord an den Juden führte, aber zugleich historisch zufällig ist und sich in dieser Form kaum wiederholen dürfte. Anders ausgedrückt: Einerseits war der Faschismus, insbesondere in Gestalt des deutschen Nationalsozialismus ein historischer Zufall, dessen Voraussetzung allerdings das Vorhandensein einer Vielzahl verschiedener ganz real gegebener historischer Diskurse war, deren Elemente mit dem Verschwinden des Nationalsozialismus nicht ausnahmslos verschwunden sind und die in teils geänderter, geschwächter, möglicherweise gestärkter Form weiterhin gegeben sind und die sich heute in anderer Weise und insofern auch mit anderen Effekten verschränken können oder bereits verschränkt haben. Denn historische Diskurse – hier komme ich jetzt auf die Kontinuitätsproblematik zu sprechen – brachen ja nicht einfach ab. Das Wissen fließt weiter durch die Zeit. Und es ergeben sich neue Verschränkungen und aufgrund dessen neue Effekte. Eine Wiederholung der gleichen diskursiven Konstellation, die zum Faschismus führte, dürfte aber als eher unwahrscheinlich eingeschätzt werden können.

Auf dem Hintergrund solcher Überlegungen, die die historische Verankerung, die historischen A priori dieser Diskurse betonen, scheint es mir fruchtbar, sich mit dem heute in Deutschland grassierenden Rassismus und zunehmendem Antisemitismus auseinander zu setzen, als wesentlichen Bestandteil rechtsextremer Ideologie. Diese Tatsache ist im Nachkriegsdeutschland in den Medien und auf der Bühne der Politik zwar nicht völlig ignoriert worden, wobei ich hier die Unterschiede zwischen BRD und DDR ausspare. Es war ja auch schlecht möglich, denn die Welle der Tausenden Überfälle und Brandanschläge auf Einwanderer oder als fremd wahrgenommene Menschen konnte wohl nicht so einfach unter den Teppich gekehrt werden. Doch dieses geradezu epochale Phänomen wurde, von nur wenigen Ausnahmen abgesehen, heruntergespielt, wobei die Einzeltäterthese, die These von der Alkoholtat oder die vom ungewohnten Umgang mit Fremden, insbesondere in der ehemaligen DDR, zu wohlfeile Erklärungsmuster abgaben, als hätte man damit dieses bedrohliche gesellschaftliche Problem erklären oder gar in den Griff bekommen können. Solche viel zu schlichten bis völlig falschen Erklärungen lenkten davon ab, dass diese Dispositionen und Handlungsbereitschaften selbst durch Medien und Politik geschürt worden sind.

Seit Bestehen der Bundesrepublik setzte sich ein rassistischer Diskurs fort, der so selbstverständlich war, dass er gesellschaftlich nicht besonders problematisiert wurde und zunächst gleichsam unsichtbar blieb. Erst in den frühen 80er Jahren erfuhr der Einwanderungsdiskurs in der BRD eine dramatische Wende. Noch vor dem Regierungswechsel von 1982 wurde im Bundestag ein ethnopluralistisches Konzept propagiert, das darauf hinauslief, den Artikel 16 des

Grundgesetzes (GG) so zu verunstalten, dass zugleich mit der EU-Erweiterung der Entwicklung einer Festung Europa nichts mehr im Wege stand. Der politisch-mediale Diskurs führte mit zur Etablierung eines Diskurses, der die Flüchtlingsunterkünfte brennen ließ und die Einwanderer das Fürchten lehrte. Erst in diesen Jahren trat der Rassismus der Deutschen als Problem hervor. Mit der faktischen Abschaffung des Artikel 16 GG hörte der gegen Einwanderer gerichtete diskursive Fanatismus keineswegs auf. Der Einwanderungsdiskurs verlagerte seine Schwerpunkte allenfalls von der Neid provozierenden Kostenseite auf die Seite einer angeblichen Bedrohung Deutscher durch kriminelle Ausländer. Neu war zudem, dass sich die Diskriminierung nicht wie zuvor in besonderer Weise gegen Asylbewerber richtete, sondern gegen Ausländer generell. Die Herkunft aus einem anderen Land diente und dient oft als Vorwand dazu, Menschen aus Deutschland abzuschieben, sei es mit der Begründung, sie seien kriminell, sei es mit der anderen, sie seien nicht berechtigt, Asyl zu erhalten. In Verbindung mit diesen Abschiebungen hat es Hunderte Verletzte und eine Vielzahl von Toten gegeben. Der politische Diskurs ist, über die Medien vermittelt, tief in den Alltagsdiskurs eingedrungen. Dies konnte deshalb gelingen, weil ein historisch verankerter rassistischer und antisemitischer Diskurs gegeben war, an den ein aktueller institutioneller Rassismus, ein Rassismus von oben gleichsam nicht nur leicht anknüpfen konnte, sondern der auch durch diesen reproduziert wurde. Insgesamt haben wir es hier mit verschiedenen Diskursverschränkungen zu tun. Der Einwanderungsdiskurs verschränkte sich mit dem ökonomischen, sozialen und dem Diskurs über innere Sicherheit. Dabei ergaben sich diverse Effekte in Gestalt unterschiedlich begründeter Rassismen.

Nun habe ich bisher nur von einem rechtsextremen Ideologem gesprochen, nämlich von Rassismus. Dieses Ideologem gehört allerdings zum Kernbestand rechtsextremer Ideologie und stellt ein wichtiges Einfallstor für die Etablierung geschlossener rechtsextremer Diskurspositionen dar. Wird Rassismus in der Mitte der Gesellschaft durch Medien und Politik verbreitet und salonfähig gemacht, bedeutet dies, dass rechtsextreme Organisationen und Parteien davon profitieren. Diskursmächtige Politiker, die „Kinder statt Inder" fordern oder andere von der „Belastungsgrenze durch Ausländer", die überschritten sei, und wieder andere vom „vollen Boot Deutschland" sprechen, schüren damit Rassismus und schaffen ein Klima, das rechter Ideologie auch in den eigenen Reihen zugute kommt. Doch neuerdings mit einer großen Medienkampagne und dem nahezu einhelligen Votum der Politiker aller demokratischen Parteien, mit der Bereitstellung großer Geldsummen zur Bekämpfung von Rechtsextremismus und Rassismus scheint eine Wende zum Besseren eingetreten zu sein. Diese Wende ist markiert durch Gerhard Schröders Eintreten für die Bereitstellung von Green Cards für indische Informatiker, durch die Einrichtung eines Bündnisses für Demokratie und Toleranz, gegen Extremismus und Gewalt und durch andere Ereignisse und Maßnahmen. Erstmalig ist über Rechtsextremismus und Rassismus in einer Weise gestritten worden, wie dies in der BRD zuvor nie der Fall gewesen ist – bis hin zu sicherlich zu diskutierenden Überlegungen eine faschistische Partei wie die NPD zu verbieten. Das kann aber nicht heißen, dass wir uns beruhigt zurücklehnen können und nur so weiter zu machen brauchen wie bisher, denn die seit Sommer 2000 laufende Kampagne gegen Rassismus und rechtsextreme Gewalt richtete sich in erster Linie gegen den insgesamt militant und gewalttätig in der Öffentlichkeit auftretenden Rassismus und Rechtsextremismus. Demgegenüber wurde der seit langem grassierende alltägliche Rassismus vernachlässigt. Das gilt auch für den institutionellen Rassismus und das schleichende Arrangement mit rassistischer Politik, also für eher alltäglich gewordene Formen. Gemeint ist damit die Verankerung von Rassismus in Institutionen, Gesetzen und Verordnungen. Das Vorhandensein eines solchen institutionellen oder auch gewohnten Rassismus wird in Deutschland von offizieller Seite strikt geleugnet. Untersuchungen der Polizei, der Bundeswehr, der Behörden, die mit dem Thema Einwanderung zu tun haben, werden kaum zugelassen. Ein deutscher McPherson-Report wie er zum Fall der Ermordung des Pakistanis und Einwanderers, Stephen Lorenz, in England durchgeführt wurde, scheint im Augenblick in Deutschland kaum denkbar. Auch während der Kampagne seit Sommer 2000 gingen teilweise brutalste Abschiebungen, auch mit Todesfolge und schweren Verletzungen weiter. Diese Maßnahmen berufen sich meist auf bestehende Rechtsgrundlagen, wobei die vorhandenen Ermessensspielräume nicht immer ausgenutzt wurden. Zum Teil handelt es sich jedoch auch um Maßnahmen wie die Verschleierung von Tatsachen, Übergriffen der Vollzugsbeamten und Misshandlungen. Hier ist deshalb von einem institutionellen Rassismus zu sprechen, weil dabei Menschen anderer Herkunft negativ eingestuft und offen mit institutionellen Machtmitteln sanktioniert werden.

Diese Bestimmung entspricht der gebräuchlichen Definition von institutionellem Rassismus, was allerdings weniger bedeutsam ist als die Tatsache, dass dieser institutionelle Rassismus den alltäglichen und militanten Rassismus und Rechtsextremismus zu provozieren geeignet ist. Er setzt das Signal „Ausländer sind hier unerwünscht". Ein Signal, das in Teilen der Bevölkerung aufgenommen und nicht selten in Taten gegen Einwanderer und fremd wirkende Menschen umgesetzt wird. Dieser institutionelle Rassismus trägt in Deutschland dazu bei, ein rassistisches Klima zu schaffen, was im Übrigen zu den Widersprüchen führt, dass ausländische Experten in Deutschland nicht in Sicherheit leben können, da auch sie von Rassismus betroffen sind, und dass Rassismus einerseits staatlich bekämpft, andererseits aber durch denselben Staat weiter geschürt wird.

Ich möchte zur weiteren Entwicklung dieses Problems auf eine meiner Ausgangsüberlegungen zurückkommen, dass Faschismus, Rechtsextremismus und Rassismus als Effekte von Diskursverschränkungen anzusehen sind, wobei das im engeren Sinne rassistische Wissen nur als ein Element einer diskursiven Konstellation anzusehen ist und nur als dieses eine Element Wirkung erzielen kann, wenn es sich mit anderen Diskursen verschränkt. Im Deutschland der letzten Jahre hat sich ein Großmachtstreben entwickelt, das sich im Gefolge der neu erlangten Souveränität schnell ausbreiten kann. Es zeigt sich im Anspruch auf einen Platz im Sicherheitsrat und insgesamt in der Festigung einer weltweiten Rolle als Vormacht in einem erweiterten Europa. Es zeigt sich auch in der Bereitschaft, in Europa militärisch zu intervenieren und NATO-Verantwortung zu übernehmen. Zugleich herrscht weiterhin ein wissenschaftlicher Machbarkeitswahn, der alles möglich erscheinen lässt. Gentechnik, Biotechnologie, die Herstellung menschenvernichtender Waffen, Atomtechnik, Globalisierungseffekte und Fusionen, die massenhaft Arbeitsplätze vernichten. Dieser Utilitarismus betrifft also nicht allein Naturwissenschaft, Wirtschaft und die ökonomisch verwertbare Technik, sondern er setzt sich als Denkweise dieser Zeit (global) durch. Hinzu kommt, dass rechtsextreme Ideologie – komme sie als geschlossenes Weltbild von Rechts oder in Form einiger Elemente dieser Ideologie aus der Mitte der Gesellschaft – sich auf einen historischen Diskurs beziehen kann, der bis heute auf Rassismus und Antisemitismus nachwirkt, aber auch auf andere Elemente eines völkischen Nationalismus. Neben rassistischer Theorie, utilitaristischem Denken und neuer Militarisierung sind es andere Diskurse aus dem Umfeld des völkischen Nationalismus, die die derzeitige diskursive Gesamtkonstellation ausmachen. Genauer zu beobachten wären etwa Diskurse, die BürgerInnen zu absoluter Loyalität gegenüber dem Staat veranlassen. Heute beispielsweise durch technische Mittel wie Gentests. Entsprechendes gilt für den Frauen- und Familiendiskurs. Auch hier könnten völkische Momente wieder deutlich spürbar werden. Es sind übrigens Bereiche, wo es bisher sehr stark an Forschung fehlt, auch weil engagierte politische Leute, die sich auf den Rechtsextremismus gestürzt haben, diese den Diskurs bedingenden anderen Diskurse nicht in den Blick genommen haben. Ein weiterer Diskurs ist der der Globalisierung, der so angelegt zu sein scheint, dass die politische Substanz der Arbeiterschaft und der Gewerkschaften kaum noch eine Rolle spielen soll. Zugleich ist zu beobachten, dass es Versuche der Gegensteuerung durch die rot-grüne Bundesregierung und durch nichtstaatliche Gruppierungen gibt. Inwieweit es diesen gelingt, den Spagat zwischen der Vielzahl in Wirklichkeit utilitaristisch provozierter Sachzwänge und demokratischer Innovation zu installieren und auszuhalten, sei jedoch dahingestellt. Ich kann das an dieser Stelle nicht im Einzelnen ausführen und muss mich mit einer abschließenden Skizze begnügen.

Mindestens die folgenden Diskurse wirken im verschränkten Zusammenhang:

- Ein nationalistischer Diskurs, der nach der Berliner Wende gestärkt wurde, der Volk und Nation tendenziell gleichsetzt und zugleich zu gewissen Großmachtbestrebungen im Rahmen der EU führt.
- Ein rassistischer Diskurs, der im Rahmen antirassistischer Aktivitäten der medienpolitischen Klasse weiter blüht.
- Ein Staatsdiskurs, der auf mehr Autorität im Inneren hinausläuft.
- Ein erstarkender militaristischer Diskurs, den man als eine Art Rassismus nach außen begreifen kann.
- Ein Wirtschafts- und Sozialdiskurs, der unter dem Dach eines Sachzwangs zur Globalisierung staatliche und gewerkschaftliche Macht zurückdrängt.
- Ein bio-politischer Diskurs, der etwa in Gestalt einer neuen Eugenik und auf technischem Wege zu einer faktischen Unterwerfung der Subjekte unter die Gemeinschaft führt.
- Zugleich haben wir eine demokratische Verfassung, auch wenn sie in vielerlei Hinsicht nur formal demokratisch ist. Sie gewährleistet einen gewissen politischen Pluralismus innerhalb eines abgegrenzten hegemonialen Sagbarkeitsfeldes.

Die Untersuchung der Verschränkung dieser Diskursstränge und deren Effekte könnte zeigen, dass manche der Merkmale, die den Faschismus hervorbrachten, auch heute (wieder) gegeben sind, aber auch worin und wie sie sich davon unterscheiden, denn sie bilden Elemente einer diskursiven Konstellation, die die Applikationsvorgaben, also die Vorbilder, für die weitere gesellschaftliche Entwicklung bereitstellt und die Subjekte und deren Handlungsdispositionen entsprechend konstituiert. Ich denke, dass der zentrale Unterschied zwischen der diskursiven Konstellation, die zum Faschismus führte, und derjenigen, die wir heute vorliegen haben, darin besteht, dass wir es im Dritten Reich mit einer dichten, aber kontingenten, also zufälligen Verschränkung dieser oder weiterer Diskurse zu tun hatten, während wir es heute mit einer Mehrzahl einzelner und weniger dichter Verschränkungen zu tun haben. So verschränkt sich heute der Diskurs der Nation mit dem der Wirtschaft mit dem Effekt Großmachtbestrebungen zu stärken. Er verschränkt sich aber nur schwach oder gar nicht mit eugenischen Diskursen, was im Dritten Reich anders aussah und zur Euthanasie führte, durch die alle rassisch nicht homogenen Elemente ausgemerzt werden sollten. Das Vorhandensein einer öffentlichen Gegenwehr gegen Rassismus und Rechtsextremismus und dessen Skandalisierung bei gleichzeitiger Reproduktion dieser Erscheinungen, insbesondere in Gestalt eines institutionellen Rassismus könnte so als Effekt einer Verschränkung ökonomischer und demokratischer Diskurse und eines rassistisch unterfütterten Einwanderungsdiskurses gelesen werden. Diese Sicht lenkt den Blick darüber hinaus, dass man die Reproduktion von Rassismus nur als Folge wirtschaftlicher Interessen an nützlichen Einwanderern ansieht, während aus den gleichen Interessen heraus unnütze Einwanderer zurückgewiesen werden. Das greift zu kurz. Hier bringt sich mindestens ein weiterer Diskurs zur Geltung, den man vielleicht als pluralistisch-demokratischen oder Menschenrechtsdiskurs beschreibt, der als solcher dann nicht wirklich zur Geltung kommt.

Zusammenfassend ist davon auszugehen, dass es ein historisch überliefertes rassistisches Wissen gibt, das ständig reproduziert wird. Dieser Diskurs führt noch nicht als solcher zu rassistischen Praxen, sondern erst dann, wenn er sich mit anderen Diskursen verschränkt, die das rassistische Wissen erst eigentlich zur Grundlage von Handeln werden lassen. Ich habe versucht zu zeigen, dass es seit den 80er Jahren insbesondere zwei Diskurse waren, die sich mit dem rassistischen Wissen verschränkt haben und einander abgelöst haben. War es zunächst der Sozialdiskurs, in dem die Einwanderer als Kostenfaktor thematisiert wurden, so wurde dieser nach 1993 durch den Diskurs der inneren Sicherheit abgelöst. Einwanderer bedrohten angeblich die Sicherheit der Bevölkerung. In beiden Fällen entstand durch diese Verschränkung ein Druck, mit der anscheinenden Notlage fertig zu werden. Wurde dieser Druck 1993 durch die Abschaffung des Artikel 16 GG abgebaut, so wurde der durch den Diskurs über innere Sicherheit erzeugte neue Druck durch die massenhafte Abschiebung und andere institutionelle Maßnahmen aufzulösen versucht. Nun hieß es „kriminelle Ausländer raus", wie Kanzler Schröder 1998 betonte. Der Regierungswechsel von 1998 und andere Ereignisse wie der hervortretende Globalisierungsdiskurs und in Verbindung damit auch der anschwellende EU-Diskurs trugen zu einer weiteren Veränderung der in Frage stehenden diskursiven Konstellation bei. Um die Wirtschaft zu stärken und um im Kampf um die Vormachtstellung in Europa mithalten zu können, erwies sich Einwanderung, insbesondere die von hochqualifizierten Arbeitskräften sowie die Absicherung der Renten durch Einwanderung als notwendig. Dies bedeutete zugleich, dass Kosten verursachende Einwanderung unterbunden werden musste. Das führte zum Widerspruch Rassismus einerseits abbauen zu wollen und andererseits Rassismus intakt halten zu müssen, diesen aber nicht sichtbar werden zu lassen oder zu leugnen, dass es ihn überhaupt gebe. Dazu war es erforderlich die rechtlich-institutionelle Seite der Ausgrenzung immer wieder zu betonen, indem bei Abschiebungen gebetsmühlenhaft auf deren juristische Legitimität hingewiesen wurde.

Ich will es mit diesen Beispielen, Vermutungen und auch Spekulationen zunächst bewenden lassen. Sie sollen das Plädoyer stützen, dass Rassismus und Rechtsextremismus keine Phänomene sind, die sich vom gesellschaftlichen Ganzen isoliert betrachten lassen. Sie sind Elemente dieser Gesellschaft und keine zufälligen Begleiterscheinungen, die auf gleichsam chirurgischem Wege entfernt werden können. Das heißt zugleich, dass Gegenwehr gegen Rassismus sich nicht darauf beschränken sollte, rassistisches Wissen zurückzudrängen. Daneben ist es erforderlich, die sich durch die aufgezeigten Diskursverschränkungen ergebenden Praxen, insbesondere aber die Widersprüchlichkeit der staatlichen Migrationspolitik aufzuzeigen, indem die Praxis der Abschiebung als Menschenrechtsverletzung öffentlich wird. Drittens aber hieße dies, die hinter diesen Widersprüchen hausenden machtpolitischen Interessen herauszustellen – diskursanalytisch gesprochen, den Diskurs zu analysieren und zu kritisieren, der die Durchsetzung dieser Interessen determiniert. Mit Foucault also laut und öffentlich zu sagen, dass wir so nicht regiert werden wollen.

Leif Hermann, *Mitglied im Hauptvorstand der Sozialistischen Volkspartei Dänemarks, Stadtrat, FH für Sozialpädagogik in Vyborg*

Seit 1849 haben wir uns in Dänemark als ein ganz aufgeschlossenes und gastfreundliches Volk gesehen. Wir denken von uns gern, dass uns unsere Nachbarn lieben. Wir haben gewisse überschaubare Möglichkeiten, uns das Leben angenehm zu gestalten. Und die idyllische Lage teilen wir gern mit anderen. Und wenn dann plötzlich einer an die Tür klopft, dann sind wir bereit etwas Außerordentliches zu leisten – wie 1956 als die ungarischen Flüchtlinge an die Tür klopften, waren alle in der Bevölkerung, in der Regierung bereit, Hilfe zu leisten. Das ging bis 1973, wo die freie Einwanderung nach Dänemark wegen der ansteigenden Arbeitslosigkeit gestoppt wurde. Man kann viel diskutieren, aber bis

1980 haben wir keine Fremdenprobleme gehabt. Seit 1980, als die Welt sich rundherum veränderte, änderte sich auch für uns die Situation. Der iranisch-irakische Krieg, die tamilischen Aufstände in Sri Lanka, die Probleme in Nahost, die eine Menge von staatenlosen Palästinensern auf den „Flüchtlingsmarkt" geworfen haben, haben uns in eine ganz penible Situation gebracht. Diese Situation wurde durch ein neues Ausländerzulassungsgesetz 1984 geregelt, ein Gesetz, das wirklich ein gutes Stück humanistische und völkerrechtliche Arbeit gewesen ist. Darin wurde die Zulassung als Asylbewerber garantiert. Man hatte sogar ein Asylrecht, dass nicht nur im Sinne der Flüchtlingskonvention aufgebaut war, sondern auch – wir nennen dies – „ähnliche Begründungen" enthielt. Selbstverständlich hat diese Situation das idyllische Bild der aufgeschlossenen und gastfreundlichen Dänen gestört. Es ist eben schwierig, wenn man so eine kleine homogene Gesellschaft geschaffen hat, mit Wohlstand und Sozialfürsorge, und dann steht plötzlich eine somalische Familie mit zwei Frauen und fünf Kindern vor der Tür und fragt, ob es auch für sie Platz gibt. Das hat bei uns in Dänemark gewisse institutionelle Rassismen oder negative Diskriminierungen spürbar gemacht. Einer der ersten Fälle war der einer tamilischen Familienzusammenführung 1988, wo der Justizminister bewusst den Rechtsanspruch auf Familienzusammenführung für tamilische Asylbewerber unterdrückt hat. Dies war gesetzwidrig und vier Jahre später kassierte der Minister dafür eine Freiheitsstrafe. Was aber bei diesem Fall interessant war, ist, dass man sich politisch geteilt hat – über eine einfache juristische Frage. Wenn die Gesetzgebung klar ist, dann muss die Folge auch dementsprechend sein und ganz bestimmte Rechtsfolgen sind einzuräumen. Hier wurde aber diskutiert, ob der Justizminister nicht die Interessen einer Mehrheit der Wählerschaft wahrgenommen hätte. Selbstverständlich war diese Argumentation dem Reichsgericht nicht plausibel, aber trotzdem lief die Diskussion darauf hinaus, ob er nicht als Verwalter dieser Gesetzgebung gewisse politisch legitime Interessen vertreten hätte. Seit 1991 ist diese Gesetzgebung für die Zulassung von Ausländern in Dänemark 76 mal verschärft worden, besonders die Familienzusammenführungsbestimmungen sind verschärft worden.

Das nächste Beispiel ist das erste Integrationsgesetz, in dem geschrieben steht, dass Flüchtlinge und andere Einwanderer niedrigere Unterhaltsgelder haben sollten als dänische, was eine Verletzung der UN-Flüchtlingskonvention ist. Darin steht geschrieben, dass sie genauso wie die Einwohner des Empfängerlandes behandelt werden sollen.

Und dann gibt es da noch die Wirklichkeit der etwas zähen und verzögernden Sachbearbeitung, beispielsweise bei der Staatsbürgerschaft. In Dänemark haben wir Bestimmungen eingeführt, dass zum Beispiel Geldstrafen wegen Verkehrsverletzungen die Zuteilung der Staatsbürgerschaft bis auf zehn Jahre verschieben können. Das ist absurd. Ein anderes Beispiel bieten hierbei auch die Verzögerungen bei Einreiseanträgen. Das hängt auch damit zusammen, dass wir seit dem 1. April volle Schengen-Mitglieder sind.

Was die Gemeinden anbelangt: Diese müssen den Flüchtlingen, wenn die Integrationsperiode nach dem Asyl anfängt, Wohnungen zur Verfügung stellen. Sie müssen weiterhin dafür Sorge tragen, dass der Integrationsverlauf mit einer Dauer von drei Jahren in Gang gesetzt wird. Nun streiten sich sämtliche Gemeinden darüber, wer wie viele Flüchtlinge empfangen soll. So zum Beispiel, ob die Gemeinde X zehn Flüchtlinge mehr als Gemeinde Y übernehmen muss, obwohl beide Gemeinden ebenso groß sind oder ebenso gute bzw. schlechte Möglichkeiten haben, um die Integrationsvorgänge durchzuführen. Hinzu kommt noch die Frage der Familienzusammenführung. Wir haben am 20. November diesen Jahres Gemeinderatswahlen und gegenwärtig fehlen 1000 Flüchtlingsplätze. Es gibt zur Zeit fünf Gemeinden mit leeren Militärkasernen. Doch wurden diese angeblich für andere Zwecke gebunden, so dass es schwierig ist, sie für Flüchtlinge zu verwenden. Dabei ist es egal, ob die Gemeinden liberal, sozialdemokratisch oder konservativ geführt werden.

Sehen wir von der öffentlichen Verwaltung einmal ab und schauen uns das Fernsehen und die Zeitungen in Dänemark an, dann fällt auf, dass in den Medien immer die ethnische Herkunft der Verdächtigen bei Straftaten betont wird. Wenn ein Bankraub geschehen ist, dann erfahren wir, dass eine iranisch aussehende Person im Gelände gesehen wurde. Wie man als iranisch aussehende Person aussieht, weiß ich nicht. Die Journalisten anscheinend schon. Das ist nicht sehr geschmackvoll, aber noch weniger geschmackvoll ist, dass gewisse Boulevardzeitungen Kampagnen gegen die Fremden geführt haben. Vor fünf Jahren hat die Boulevardzeitung „Extrablaad" eine Kampagne mit Reportagen, Interviews und Berichten gemacht, die fast ein halbes Jahr lang gelaufen ist. Dieser Journalismus war so schlecht, dass man dafür einen neuen journalistischen Ausdruck erfinden musste. Es war kein „Kommentar", es war keine „Reportage", sie nannten es einfach „Kommentage". Der Leser wusste nicht, was Tatsache, Analyse oder Kommentar in diesen Artikeln war. Die Kampagne ist selbstverständlich nur mit dem Ziel, mehr Geld in die Kasse der Zeitung zu bringen, begonnen worden. Das Geld aber ist ausgeblieben und die Kampagne von einer anderen, mit einem entgegengesetzten Vorzeichen abgelöst worden. In derselben Zeitung.

Ein anderer Punkt ist der Arbeitsmarkt. Obwohl wir 1996 ein Gesetz verabschiedet haben, das Diskriminierung auf dem Arbeitsmarkt verbietet, beobachten wir Verweigerungen von Anstellungen aufgrund von Namen und bestimmten Kopfbedeckungen. Muslimische Mädchen, die sich um Posten als Kassenmitarbeiterinnen im Supermarkt bewerben, werden nicht eingestellt. Es gibt aber auch Firmen, wo das kein Problem ist. Diese Firmen haben ein Uniformenregulativ, in das gewisse religiöse Bedenken bei anderen Kopfbedeckungen miteinbezogen wurden. Seit 1995 sind nur fünf Fälle von Diskriminierung auf dem Arbeitsmarkt vor Gericht verhandelt worden. Wir wissen aber, dass Diskriminierungen am Arbeitsmarkt in hohem Ausmaß vorhanden sind.

Einen letzten Blick möchte ich auf die politischen Parteien in Dänemark richten. Die Dänische Volkspartei kann in Bezug auf Diskriminierung gegenüber Ausländern als Rechtspartei bezeichnet werden. Sie ist die Schwesterpartei der FPÖ mit einem Stimmanteil von rund zehn Prozent bei den Parlamentswahlen. An zweiter Stelle kommen die Sozialdemokraten, dann die Liberalen und die Konservativen.

Die Sozialdemokraten haben entdeckt, dass eine ganze Menge ihrer eigenen Wähler zur Dänischen Volkspartei gewechselt sind. Sie haben sich dann auf eine Verschärfungen des Fremdengesetzes verständigt. Sogar ein ehemaliges Mitglied der Linkssozialisten, der nun „Rechtssozialdemokrat" ist und als Innenminister auftritt, trug diese Entscheidung mit. Es ist wichtig zu erkennen, dass rechtsextreme Gedanken auf die politische Mitte stark einwirken. Die Liberalen haben keine Tradition von Fremdenhass o.ä. Aber auch sie fürchten, wie die Sozialdemokraten, um ihre Wählerschaft und handeln dementsprechend. Das ist reiner Opportunismus. „Gott, König und Vaterland", unter diesem Motto der Konservativen kann man leichter nachvollziehen, dass ein gewisser Fremdenhass entstehen kann. Sogar in meiner eigenen Partei, der Sozialistischen Volkspartei Dänemarks, haben wir bedauerlicherweise unter den Arbeitern eine Furcht vor Fremden gespürt. Wer in Dänemark Humanität, Asylrechte verteidigt, gehört meist zu den Gebildeten, zu denjenigen, die gut verdienen und eigentlich nicht das tägliche Zusammenleben mit Flüchtlingen oder Ausländern in Wohnungsblöcken tolerieren müssen.

Eine weitere Frage, die mich in diesem Zusammenhang bewegt, ist die der Kontinuität von Rassismus: Eigentlich ist es falsch, von Kontinuität zu reden. Wir wissen aber, dass in den 30er Jahren die dänische Polizei sehr häufig mit der Gestapo zusammengearbeitet hat, um die Einwanderung von Deutschland nach Dänemark zu vermeiden. Wir wollten keine deutschen oder jüdischen Flüchtlinge haben. Die Schweden und nicht die Deutschen haben den gelben Stern erfunden, um jüdische Flüchtlinge von anderen trennen zu können. Und Dänemark hat kommunistische Flüchtlinge der Gestapo zugeführt. Es ist also in der polizeilichen Arbeit kein neues Phänomen, fremdenfeindlich aufzutreten. Man kann aber auch nicht sagen, dass eine Kontinuität bei Fremdenfeindlichkeit in Dänemark vorhanden ist, denn Probleme ähnlicher Art traten eigentlich erst um 1980 wieder auf. Man konnte zwar gewisse Züge von Fremdenfeindlichkeit spüren, aber das Problem hat eigentlich zwischen 1945 und 1980 nicht existiert.

Zum Schluss möchte ich mich den Ursachen von Fremdenfeindlichkeit zuwenden. Meiner Meinung nach ist eine wesentliche Ursache, dass wir Dänen uns als ein homogenes Volk begreifen. Wir haben zwar auch Grönländer und Menschen, die auf Färöer leben, doch die sind ziemlich weit entfernt. Nur ein ganz geringer Anteil von ihnen lebt im Kernland Dänemarks. Dazu kommen noch Amerikaner, Schweden und Norweger, aber die werden nicht als störend oder fremd angesehen. Eine zweite Ursache sind die Aussichten für Politiker, Wahlen zu gewinnen. Untersuchungen haben gezeigt, dass die Wähler ihre Meinung über Fremde besonders von Politikern und Zeitungen übernehmen. Was also die Bevölkerung über Fremde weiß, das wissen sie vorrangig aus Zeitungen oder Aussagen von Politikern. Die Parteien in Dänemark liegen in ihrem Wahlergebnissen ziemlich nah aneinander, das heißt, es geht für die Parteien um jeden Parlamentssitz. Und wenn man Wähler durch bestimmte Aussagen über „Fremde" erreichen und gewinnen kann, dann tun dies die Parteien. Eine weitere Ursache für Fremdenfeindlichkeit ist schließlich das, was ich Rassenreinheit nenne. Etwa zwischen 1900 und 1945 hat die Eugenik eine wirklich große Rolle in der Sozialpolitik gespielt, besonders in der sozialdemokratischen Sozialpolitik. 1932 wurde eine Gesetzesinitiative eines sozialdemokratischen Sozialministers vom Parlament beschlossen, die eine Kastration und Sterilisation für geistig behinderte Personen und Alkoholiker vorsah. Sie sollten bei uns gut leben können, aber das Recht auf Fortpflanzung wollte man ihnen nehmen. Und das ist nicht von einer rassistischen Regierung beschlossen worden. Nein, das ist von einem Sozialminister mit einem ausgeprägten marxistischen Denken ausgearbeitet worden.

Dr. Mirko Messner, *Mitglied des Bundesausschusses der Kommunistischen Partei Österreichs (KPÖ)*

Ich möchte an dieser Stelle nicht über den institutionellen Rassismus in Österreich sprechen, sondern darüber, wie eine rassistische Partei zu einer Institution werden konnte, zu einer Regierungsinstitution. Das unterscheidet die Diskussion in Österreich von der, die in Deutschland geführt wird. Während hier doch die Tendenz herrscht, den Rechtsextremismus zuerst einmal als Randphänomen zu behandeln, ist es bei uns quasi der Regierungsalltag, mit dem wir es zu tun haben, und der politische Alltag, und der ist keineswegs ein Randphänomen. Ich stamme aus Kärnten, dem österreichischen Bundesland, in dem die FPÖ von Haider prozentual ungefähr doppelt so stark ist wie im österreichischen Durchschnitt, in dem der real existierende Parteichef Landeshauptmann ist, und zwar schon in der zweiten Periode. Das Bundesland, in dem seine Partei die stärkste aller Parteien ist, in dem seine Partei über 16 von 36 Landtagsmandaten verfügt und in dem die FPÖ die mit Abstand stärkste Organisationsstruktur von allen Parteien besitzt.

Ich will mit meinem Beitrag zur Antwort beitragen, wie denn das politische und kulturelle Klima aussieht, das die FPÖ des Jörg Haider zur Regierungspartei gemacht hat. Haiders Erfolg in Kärnten war die Basis für seine zunächst parteiinternen und danach österreichweiten Wahlsiege. Der Kärntner Erfolg wäre undenkbar gewesen ohne den speziell in diesem Bundesland wirksamen breiten deutsch-nationalen Konsens. Der deutsch-nationale Konsens in Kärnten ist älter als der Nationalsozialismus. Die antislowenischen bzw. antislawischen Politikmuster wurden bereits vor den imperialistischen Aggressionen des deutschen Nationalismus geprägt. Ihr ursprünglicher Kern war die Bekämpfung jeglicher slowenischer Emanzipationsbestrebungen in diesem Land. Kärnten ist ein Bundesland, in dem es eine starke slowenische Minorität gibt. Soziale und klassenmäßige Trennlinien fielen dort in hohem Maße mit sprachlichen zusammen. Ich vereinfache jetzt: deutsch – die „Herrschaft", slowenisch – das „Gesinde". Das slowenische Bürgertum orientierte sich früh deutsch-national und die slowenische Arbeiterschaft wurde durch die deutsch-national orientierte österreichische bzw. Kärntner Sozialdemokratie politisch sozialisiert. Beides trug dazu bei, dass für große Teile der slowenischsprachigen Kärntner Bevölkerung sozialer Aufstieg und politische Trennung vom konservativen, kleinbürgerlich-klerikal geprägten Ambiente der traditionellen slowenischen Politik nur möglich war, wenn sie bereit waren, sich zu germanisieren, an den Deutsch-Nationalismus zu assimilieren. Der Schlüssel für das Verständnis der Kärntner Situation aber liegt im Wissen um die deutsch-nationale Orientierung der österreichischen und im speziellen der Kärntner Sozialdemokratie, in ihrer historisch und programmatisch bedingten Wehrlosigkeit dem deutschen Nationalismus gegenüber und in ihrer taktischen und strategischen Kooperationsbereitschaft sowie Verflochtenheit mit demselben sowie in der daraus resultierenden Unfähigkeit, emanzipatorische Ansätze in der slowenischen politischen Bewegung für eine eigenständige demokratische, geschweige denn sozialistische Strategie nutzbar zu machen. Erst die Einbeziehung der Kärntner Sozialdemokratie in den deutsch-nationalen Konsens – und auf besonders offensichtliche Weise ist das in den Jahren der Grenzkämpfe gegen Jugoslawien von 1918 bis 1920 passiert, als die Sozialdemokratie propagandistisch die Zugehörigkeit zur österreichischen Republik mit dem deutschen Charakter Österreichs verband – ermöglichte die Entstehung eines hegemonialen politischen Raumes, der im Begriff „Kärntentreue" zusammengefasst werden kann und der Deutsches impliziert und Slowenisches ausschließt. Dieser hegemoniale Raum wird ab diesem Zeitpunkt durch ein sowohl für die staatlichen Sektoren als auch für die der Zivilgesellschaft verbindliches und extrem vielfältiges ideologisches, politisches Reglement abgesichert. Ich will darauf jetzt nicht eingehen.

Die Sozialdemokratie hat jedenfalls diesen hegemonialen Raum aktiv mitgestaltet, indem sie den sozialen mit dem nationalen Diskurs verschränkt hat bzw. indem sie die soziale Frage nationalistisch überlagert, das heißt deutschnational eingekleidet hat.

Ich mache einen kleinen historischen Sprung. Der Nationalsozialismus fand in Kärnten einen Unterschied zu anderen Bundesländern durch die antislowenische Grenzlandideologie und den Antislawismus, durch die in höherem Maße ideologisch, politisch und kadermäßig vorbereitete Umgebung. Er fand in den heimattreuen völkischen und antislowenischen Kampfvereinen seine legale Organisationsbasis für die kurze Zeit der Illegalität. Die im deutsch-nationalen Grenzlandkampf von 1918 bis 1920 tradierten Erfahrungen verhalfen der Kärntner Gruppe der Nationalsozialisten zu einem gesamtösterreichischen Einfluss. Die braune Elite Kärntens stammte entweder direkt aus der politischen Tradition des antislawischen Abwehrkampfes oder war in dessen Grenzlandgeist erzogen worden. Die Machtübernahme der Nazis 1938 ging in Kärnten aufgrund des aufbereiteten Verwaltungsapparates wie geschmiert vor sich. Organisatorisch gingen danach die deutsch-nationalen Vereinigungen in nationalsozialistischen Strukturen auf. Inhaltlich ging die nationalsozialistische Ideologie in den Strukturen des Kärntner Deutschnationalismus auf. Ideologisch handelte es sich bei diesem Prozess quasi um eine Anreicherung des Kärntner Deutschnationalismus durch den Nationalsozialismus und um eine Verdichtung des deutsch-nationalistischen Kärntner Reglements mit rassistischer Herrenmenschenmentalität, in der völkisches Denken zur Staatsideologie wurde.

Die nationalsozialistische Expansion in den Süden, die Okkupation und Zerstückelung Jugoslawiens und die terroristische Germanisierungspolitik in allen mit SlowenInnen besiedelten Regionen wurde zu einem großen Teil mit Kärntner Kadern realisiert. Diese Tätergeschichte ist noch nicht geschrieben, das steht noch aus. Die Brutalität, mit der die slowenischen Gebiete geplündert und die dort lebenden Menschen enteignet, gedemütigt und zu Zehntausenden massakriert wurden, der materielle Gewinn der aus Raub von Vermögen und Zwangsarbeit gezogen wurde, begründete jenes schlechte Gewissen, aus dem sich heute ein großer Teil der so genannten Kärntner Urangst – das ist eine Parole, mit der bei uns gearbeitet wird – speist. Das ist eine der Parolen, die Haider benutzt, wenn er Nationalismus schürt.

Die Machtübergabe der Nazis an Vertreter der Kärntner Vorkriegsparteien Anfang Mai 1945 war ein politisch einmaliger Akt. Man muss sich vorstellen, die Nazis haben die Macht an die Nachkriegsgeneration direkt übergeben. Das ging ebenso geschmiert vor sich, wie die Übernahme des bürgerlichen Vorkriegsverwaltungsapparates durch die Nazis. Vorrangiger Zweck der Aktion war die Kontinuität des Verwaltungsapparates zu sichern und slowenischen politischen Ansprüchen zuvor zu kommen. Ein Elitenwechsel fand nicht statt. SPÖ und ÖVP – die zwei Hauptparteien – buhlten auch in Kärnten so wie auch im übrigen Österreich um die Stimmen der Nazis und integrierten sie in so hoher Zahl, dass die Kontinuität der alten Deutsch-Nationalen und der slowenischen Politik in Kärnten auch personell ungebrochen war.

Der hegemoniale Raum des Deutsch-Nationalismus wurde, wenn überhaupt, durch die militärische Niederlage des Nationalsozialismus nur kurzzeitig erschüttert und in keiner Weise in seiner Kontinuität beschädigt. Im Gegenteil! Durch die Eingliederung in die antikommunistische Strategie des Kalten Krieges wurde der deutsch-nationalistische Konsens in Kärnten in bisher nicht da gewesenem Maße „zivilisiert", stabilisiert und ausgebaut. Abgereicherte nationalsozialistische Ideologie verband sich sowohl mit uralten deutsch-nationalen bzw. antislawischen Politikmustern als auch mit neueren korporatistischen bzw. sozialpartnerschaftlich umgeformten Volksgemeinschaftsillusionen.

Innerhalb des sich so herausgebildeten deutsch-nationalen hegemonialen Raumes hat sich ein Aktionsmuster herausgebildet, das bis auf den heutigen Tag Gültigkeit hat. Deutsch-nationale, antislawische Verbände unter den Namen „Kärntner Heimatdienst" preschen vor. Die Landtagsparteien ziehen nach, legitimieren und legalisieren. Nur kurz, damit nicht der Eindruck entsteht, ich rede da über Abstraktes: Es ging um die Abschaffung des allgemeinen zweisprachigen Unterrichts an den Pflichtschulen in Südkärnten im Jahr 1958. Es ging dann um weitere stückweise Abbaumaßnahmen der verbliebenen Zweisprachigkeit an den Schulen in den Jahren danach, um die Reduzierung der zweisprachigen Beschriftungen nach dem deutsch-nationalen so genannten Ortstafelsturm in den 70er Jahren, um die Trennung der Schulklassen nach sprachlichen Kriterien in den 80er Jahren und um das generell Infragestellen des Systems des zweisprachigen Schulwesens heute. Das sind die auffälligsten Stationen minderheitenfeindlicher Politik der 2. Republik.

Als sich in den 70er Jahren herausstellte, dass sich das parteipolitische Kräfteverhältnis innerhalb dieses Kärntner deutsch-nationalen Raumes zugunsten der erstarkenden FPÖ verschiebt, versuchte die Kärntner Sozialdemokratie mit dem Abschluss eines Drei-Parteien-Paktes Alleingänge der Freiheitlichen Partei in Sachen Minderheitenpolitik zu unterbinden. Drei-Parteien-Pakt bedeutet: SPÖ-Vertreter, Volksparteivertreter, FPÖ-Vertreter haben sich zusammen gesetzt und ein schriftliches Dokument verfasst, in dem sie sich gegenseitig verpflichten, nicht allein in Minderheitenfragen vorzupreschen, sondern sämtliche Aktivitäten quasi untereinander abzuchecken und erst dann in die Realität umzusetzen. Dadurch wird die FPÖ zum kleinsten gemeinsamen Nenner in der Minderheitenpolitik und zum Trainer auf dem deutsch-nationalen Exerzierfeld.

Jetzt kommen wir der Gegenwart näher, denn als es anderswo in Österreich der FPÖ bei Wahlen überhaupt nicht gut ging, gelang Haider in Kärnten ein entscheidender Sprung nach vorne. Und maßgeblich daran beteiligt war die chauvinistische, von ihm bereits mit geschaffene Atmosphäre der Kampagne für sprachliche Trennung an den Schulen im zweisprachigen Gebiet Kärntens, die mit der Durchsetzung des so genannten Kärntner Pädagogenmodells ihren Sieg feierte. Durch die konsequenteste Anwendung des nationalistischen Prinzips in der Politik und durch den zustimmenden Widerhall wurde eine Partei – politisch nach wie vor kleinster gemeinsamer Nenner im Drei-Parteien-Pakt – stimmenmäßig zur größten der drei Landtagsparteien. Mit der einflussreichsten Landesorganisation im Rücken verwandelte Haider die gesamtösterreichische FPÖ in eine männerbündische Führerpartei nach seinem Muster.

Die FPÖ greift das österreichische System der Sozialpartnerschaft von rechts an und profitiert gleichzeitig mehrfach von ihr. Sie knüpft einerseits an der in der Sozialpartnerschaft aufgehobenen Ideologie der sozialen Volksgemeinschaft an, bekämpft aber andererseits ihre bürgerlich-demokratisch institutionalisierten Formen der Konfliktvermeidung bzw. Konfliktumleitung. Sie bedient sich des Rassismus und Nationalismus, um Hegemonie zu erhalten und zu erringen, ist auf jeden Fall um den breitest möglichen Konsens bemüht und dabei auch ohne weiteres bereit, soziale Zugeständnisse zu machen bzw. vorzugaukeln. Gleichzeitig beschäftigt sich die FPÖ in ihrer neoliberalen Rolle mit dem nachhaltigen Umbau des Sozialsystems zugunsten einer beschleunigten Umverteilung der gesellschaftlichen Werte von unten nach oben. Und während die Freiheitlichen jetzt als Neoliberale dem Großteil der Bevölkerung soziale Entwicklungschancen abgraben bzw. die erreichte Lebensqualität mindern, verteilen sie als Volksgemeinschaftler rassistische Trostpflaster. Ich will dazu ein Zitat von Haider bringen (original aus dem „Freiheitlichen Pressedienst"): „In Österreich gibt es 300 000 Arbeitslose und 300 000 offizielle Ausländer." Das ist in einem Satz zusammengefügt. Die Verantwortung für die Politik, die 300 000 Arbeitslose zur Folge hat wird mittels des Hinweises auf 300 000 Ausländer abgelenkt, die man weg kriegen muss, damit man wieder individuelle Hoffnung schöpfen kann.

Mit der Orientierung auf Wahlsiege in Österreich wurde die vordergründige deutsch-nationale Orientierung, die in Kärnten wesentlich für die Mehrheitsgewinnung war, zur hintergründigen. Sie wurde nicht durch eine österreichisch-patriotische oder als österreichisch deklarierte ersetzt, sondern in eine solche transformiert. Der österreichische Patriotismus, nicht nur der der FPÖ, ist deutsch. Er ist genauso österreichisch wie die Vollzugsmeldung bei der Großveranstaltung der Nazis am 12. März 1938. Das Zitat lautet: „Ich melde dem Führer den Eintritt meiner Heimat Österreich in das Deutsche Reich." Österreich wird nämlich als deutscher Staat verstanden. Die Anwesenheit nicht-deutscher Minderheiten hilft bei dieser Denkanstrengung. Zitat aus dem Parteiprogramm: „Unsere Heimat sind die demokratische Republik Österreich und ihrer Bundesländer, die historisch ansässigen Volksgruppen – Deutsche, Kroaten, Slowaken, Roma, Tschechen und Ungarn." Was will uns das Parteiprogramm damit sagen? 99,5 Prozent der ÖsterreicherInnen sind Deutsche und letzteres, ich setze fort mit dem Zitat, „angesichts des großen Anteils des alten Österreichs an der gesamtdeutschen und gesamteuropäischen Geschichte ... Keinem Österreicher darf eine staatliche Benachteiligung oder Diskriminierung aus seiner freien und selbstbestimmten Volkstumszugehörigkeit erwachsen." Was bedeutet, dass das Anschlussverbot des österreichischen Staatsvertrages als völker- und menschenrechtswidrig betrachtet wird. Wenn es eine Altpartei in Österreich gibt, die sich ihrer Identität und Tradition bewusst ist, dann ist das die FPÖ. Die Option des deutschen (und österreichischen, der damit in Zusammenhang gesehen wird) Weges innerhalb der EU ist es, die sich die FPÖ auch programmatisch offen hält. Wie immer sich die EU-Integration entwickeln wird, die ökonomische und mediale Integration Österreichs mit Deutschland läuft auf jeden Fall ab.

Dennoch – den Deutsch-Nationalismus der FPÖ heute im Anschlussbestreben festmachen zu wollen, hieße ihn auf bestimmte historische, obgleich aktuell abrufbare Ausformungen zu reduzieren. Es ist die prinzipielle Gegnerschaft gegen AusländerInnen, die den Rechtsextremismus der FPÖ an soziale Ängste andocken lässt. Und es ist der damit gleichzeitig mit verkaufte Abwehrkampf gegen „Umvolkung", der das deutsche Volk in Österreich vor der Vermischung, vor irgendwelcher „Multikulturalität" bewahren soll. Der Deutsch-Nationalismus der FPÖ besteht heute vor allem in der Wahrung des deutschen Charakters Österreichs und insofern – vermittelt über das völkische Denken – nach wie vor in der Wahrung der klassischen deutsch-nationalen Optionen.

Ich fasse zusammen: In Gestalt der FPÖ geht der völkisch-deutsche bzw. deutsch-österreichische Herrenmensch mit dem neoliberalen Sozialdarwinisten eine Koalition ein. So wie das Völkische nach 1945 durch seine Funktionalisierung im Kalten Krieg hegemonierelevant blieb, indem sein Antislawismus und Antisemitismus im Antikommunismus aufgehoben wurden, wird das Völkische heute – und in unseren Breiten ist das neben dem Antisemitismus vorwiegend Antislawismus oder gegen EmigrantInnen gerichteter Rassismus – im neoliberalen Konsens der Rechtsextremen aufgehoben. Neoliberale ideologische Orientierung geht keineswegs zwingend mit Minderheitenhass, Rassismus und Xenophobie einher. Neoliberale Einstellung polemisiert oft mit diesen Einstellungen. Aber die praktische politische, soziale und ökonomische Umsetzung des neoliberalen Programms bereitet den Boden für sie vor. Die Reduzierung der gesellschaftlichen Regulierungskapazität auf die Marktmechanismen, in Folge die Reduzierung des Individuums auf seine Existenz als Einzelne(r), der oder die sich in Konkurrenz zu den anderen durchsetzen muss, ist in jeder Weise kompatibel mit dem kranken Traum von der tüchtigen, starken, gesunden, in der Folge natürlich auch weißen, jungen, männlichen erfolgreichen Arbeitskraft.

Haiders FPÖ jedenfalls ist Neoliberalismus und mal völkischer Nationalismus. Es handelt sich um ein Amalgam. Nur einen Bestandteil von beiden zu sehen, heißt die Spezifik dieser Partei übersehen. Das heißt auch keine Antwort auf die Frage geben zu können, warum denn Haider ausgerechnet Kärnten als Sprungbrett gebraucht und erfolgreich benutzt hat. Das heißt auch zu übersehen, dass der sozial-liberale Umbau das gesamte gesellschaftliche Spektrum nach rechts verschoben hat, nämlich dorthin, wo Haider schon gewartet hat. Das heißt auch zu übersehen, dass der österreichische Rechtsextremismus es verstanden hat, sowohl die alte, im NS-Geist, im nationalsozialistischen Geist erzogene Generation zu gewinnen, als auch große Teile der Generation der Söhne in erster Linie, in zweiter Linie auch der Töchter, die egal wie ihre reale Situation ist, den kranken Traum leben und sich vor dem Albtraum fürchten, dass der Arbeitsmarkt, auf den sie drängen, schon besetzt ist.

Es mag sein, dass die Wahlerfolge der FPÖ, die durch die Welt und durch die Presse gegangen sind, vorübergehend sind. Es mag sein, dass das Ergebnis der Wiener Gemeinderatswahlen heuer, wo die FPÖ vier Prozent verloren hat, ein Hinweis darauf ist, dass die Sozialdemagogie der FPÖ an der antisozialen Realität der schwarz-blauen Regierungskoalition scheitern kann. Wie immer – in Kärnten steht der FPÖ ein wesentlich größerer Anteil an WählerInnen zur Verfügung und ein anschmiegsamer Verwaltungsapparat, den sie sich jetzt zurichtet. Kärnten ist die strategische Reserve von Haider. Er verfügt über ein Landesbudget. Von den für 2001 bestimmten 31 Milliarden Schilling hält er über acht Milliarden seine eigene Hand drüber. Und insgesamt verwalten die Freiheitlichen 80 Prozent des Landesbudgets. Jetzt schichten sie die politischen und die Beamtenkader um, eliminieren durch Subventionsentzug kritische Kunst- und Kulturgruppen, lassen kritische Stimmen aus Angst ins Schweigen verfallen. Eine Gegenbewegung zu organisieren, die in der Lage ist, Antinationalismus und Antirassismus genauso mit radikaler, sozialer und kultureller Progressivität zu amalgamieren, wie dies Haider mit Nationalismus und Rassismus bzw. sozialer Reaktion tut, das wäre die entsprechende Lehre aus dem österreichischen Desaster, das auf dem Exerzierfeld Kärnten begonnen hat. Die Minderheit in Kärnten oder besser gesagt, der Umgang mit ihr, ist seit 100 Jahren ein Katalysator progressiver, reaktionärer Politik in diesem Bundesland. Anderswo – und das wäre die Verallgemeinerung – sind es vor allem die so genannten neuen Minderheiten der ImmigrantInnen. Sie sind genauso Subjekt und Objekt reaktionärer oder fortschrittlicher, gesellschaftlicher Orientierungen oder werden es sein, wie es die SlowenInnen in Kärnten waren und sind. Zu glauben, neue Minderheiten oder ImmigrantInnen wären aufgrund ihrer sozialen, kulturellen und politischen Lage immun gegen reaktionäre Politikangebote, ist genauso illusionär wie die Hoffnung, den latenten oder offenen Rassismus zugunsten eines konkurrierenden sozialen Diskurses zu überwinden – sozusagen unter dem Titel: Reden wir nicht über Nationalismus, reden wir darüber, dass der Haider die kleinen Leute bescheißt! Das ist eine Illusion. Wenn dieses soziale Thema, wenn also der soziale Diskurs nicht mit einem existentiellen frauen-, minderheiten-, menschenrechtlichen, das heißt sämtliche Bereiche des gesellschaftlichen Lebens

umfassenden Diskurs darüber verbunden wird – wobei gleichzeitig das gleichberechtigte Zusammenleben der Menschen verschiedener Sprachen, nationaler
Herkunft geplant, konkret hergestellt, organisiert und finanziert werden muss –,
hat die Gegenbewegung keine Aussicht den Rechtsextremismus zurückzudrängen. Nur in dieser Amalgamierung, in dieser gegen die reaktionäre Amalgamierung gewendeten Art und Weise des Verschränkens des menschenrechtlichen mit
dem sozialen Diskurs kann geändert werden, was den Rechtsextremismus allgemein ermöglicht hat – das politische und kulturelle Klima eines Landes.

Lassen sie mich dasselbe noch einmal aus einer anderen Perspektive sagen.
Die Migrationsbewegung in Europa definiert in hohem Maße die bevölkerungs-
politischen Zustände in unseren Ländern und wird es in Zukunft in noch höherem Maße weiter tun. In Wien ist jeder dritte Lohnabhängige nicht in Österreich
geboren. Um es in der Terminologie der klassischen Arbeiterbewegung zu sagen:
Die Arbeiterklasse ist die am meisten multikulturelle Klasse in unserem Land.
Das bedeutet zum Beispiel, dass eine progressive Gegenbewegung Änderungen
in der Sozial-, Kultur-, Bildungspolitik durchsetzen muss – auf kommunaler und
staatlicher Ebene. Das wird niemand in Frage stellen. Vielleicht ist es aber zu
wenig belichtet, dass das auch bedeutet, dass es Ansprüche an die eigene Ar-
beitsweise stellt, dass es Ansprüche an die Organisationsformen, an die politische Kultur der Linken selbst stellt. Was ich damit meine, will ich in einer
kleinen Rechenaufgabe veranschaulichen. Rechnen Sie durch, wie groß der Prozentsatz der MigrantInnen oder der nicht im Land geborenen Lohnabhängigen
ist, und ziehen Sie davon den Prozentsatz der nicht in diesem Land geborenen
Menschen ab, die sich in der Mitgliedschaft oder in den Leitungsgremien der
linken oder fortschrittlichen Organisationen befinden. Da werden Sie auf eine
Differenz kommen. Und diese Differenz, glaube ich, hängt ganz wesentlich damit zusammen, dass es offensichtlich häufig eine große Differenz gibt, zwischen
Absichtserklärungen, theoretischen Orientierungen und den Möglichkeiten etwas in die Praxis umzusetzen.

*Konzeption: Elke Breitenbach, Referentin für soziale Sicherungssysteme der
PDS-Bundestagsfraktion*

Kommunale Strategien gegen Rechtsextremismus und Rassismus

Janine Decriaud, *Vizebürgermeisterin der Stadt Lyon und Mitglied der Französischen Kommunistischen Partei (FKP)*

Ich möchte zunächst den Mitgliedern der PDS für die Einladung zu dieser Konferenz danken, um die besondere Situation in meiner Stadt Lyon darzulegen. Lyon ist die drittgrößte Stadt Frankreichs. Sie liegt im Rhonetal und ist mit fünf Millionen Einwohnern die am zweitdichtesten bevölkerte Provinz Frankreichs. Der Kampf gegen die rechtsgerichteten Parteien hat sich seit März 1999 verändert. Charles Millon, Führer der rechtextremen Partei „La Droite", versuchte eine Allianz mit der Front National (FN) zu bilden. Diese scheiterte glücklicherweise. Ich möchte erklären, wie wir Initiativen gegen diese Allianz ergriffen haben.

Im März 1999 hat ein politisches Ereignis stattgefunden, das die ganze Provinz und ganz Frankreich tief erschütterte. Charles Millon, der damals an der Spitze der Provinz stand, wurde erneut, auch mit 35 Stimmen der Front National gewählt. Die FN wird von Jean-Marie Le Pen geführt. In drei Provinzen Frankreichs wurde eine solche Allianz geschlossen, die das Bestehen einer politischen Strategie von Seiten der extremen Rechten bestätigte. Dies demonstrierte, dass die rechtsextreme Ideologie in diesen drei Provinzen Fuß gefasst hatte. Diese Provinzen sind Languedoc-Roussillon, Burgund und Picardie.

Die Allianz des Charles Millon hatte alle überrascht, denn er war bis 1997 Minister der Armee. Der Schock saß aber auch tief, denn diese Provinz war eine derjenigen, aus der der Widerstand gegen die Naziokkupation organisiert wurde. Während des Mandats von Millon fanden Demonstrationen und Aktionen an einigen Oberschulen und Universitäten gegen ihn statt. Studenten, Lehrer, Kulturvereinigungen, Universitäten, Hochschulen haben verschiedene Aktionen durchgeführt. Noch bevor die Wahlen stattfanden, haben Tausende gegen Meetings von Le Pen in Lyon demonstriert. Mindestens 43 Organisationen haben Aktionen gegen die FN gestartet, darunter Gewerkschaften, Organisationen gegen Rassismus und linksgerichtete politische Parteien. Zehn Monate lang hatten wir eine tiefe Krise in der Region. Anfang 1999 wurde die Wahl von Millon zum

Lyoner Regionalpräsidenten vom Verfassungsgericht annulliert und ein neuer Präsident gewählt. Ich werde versuchen, einige wenige Elemente darzulegen, die zu diesem Sieg geführt haben. Ich unterstreiche dabei die Macht und die Kraft von drei Aktionen.

Das erste waren Aktionen, die von Bürgern geführt wurden, die sich gegen diese Allianz von FN und Millon vereinten. Das zweite waren Aktionen linksgerichteter Parteien. Und drittens gab es Bemühungen, seine Wahl zu annullieren. Die Stärke dieser drei Aktionen war bedeutsam für die Ergebnisse, die wir erreicht haben. Und andererseits hat dies zur Wahl der Kommunisten in der Provinzversammlung beigetragen.

Die Kommunisten wurden für Initiativen, wie zum Beispiel für Stipendien, finanzielle Unterstützung von Assoziationen, von kulturellen Vereinigungen – deren Überleben von der öffentlichen Unterstützung abhängig ist – gewählt. Sie wurden aber auch von der Bevölkerung gewählt, weil diese verhindern wollte, dass die FN weiterhin ihre Politik nach „Gutdünken" verfolgt. Eine überaus wichtige Erfahrung aus dem Kampf gegen die Rechtsallianz war die gemeinsame Beteiligung von Bürgern und Politikern an den Aktionen. Ein Prozess, dessen Ergebnis die Partnerschaft zwischen neuen gesellschaftlichen Bewegungen und fortschrittlichen politischen Kräften – einschließlich der Kommunistischen Partei, die ich vertrete – war. Ich bin überzeugt, dass diese ständigen Beziehungen zwischen Bürgern und progressiven politischen Kräften dazu geführt haben, dass wir mehr Beteiligung, mehr Solidarität der Bürger erreichen konnten. Natürlich gab es in den zehn Monaten viele Spannungen. Aber wir haben neue und wertvolle Erfahrungen gesammelt und Initiativen gestartet, die zu gemeinsamen Massendemonstrationen mit über 20 000 Menschen geführt haben. Und wohin auch immer Charles Millon gegangen ist, wir begleiteten ihn mit unseren Protesten. Ich glaube, für die zahlreichen Bürger, die sich in diesem Kampf engagiert haben, wird er die Person sein, die die schamvolle Allianz zwischen der Rechten in Frankreich und der FN verkörpert – nur um gewählt zu werden, und zwar um jeden Preis.

Doch der Kampf geht weiter, denn bereits im März diesen Jahres, während der Kommunalwahlen in Lyon, hat dasselbe Bündnis einen erneuten Versuch unternommen. Zwar ist es wiederum gescheitert und die Kandidaten der FN wurden von den Wählern in vielen kleinen Städten in der Umgebung von Lyon abgewählt, aber die Gefahr bleibt. Die Rechtsparteien versuchen sich nun neu zu organisieren. In Lyon sind sie momentan sehr zerstritten, denn aufgrund der politischen Skandale innerhalb der Rechten, haben sie keine einheitliche Führung mehr. Charles Millon versuchte vor zwei Monaten die Führung der Rechten zu übernehmen. Dem Wähler war er aber noch in wacher Erinnerung.

Die Zerstrittenheit des rechten Lagers in der Stadt machte es möglich, dass zum ersten Mal seit mehr als 50 Jahren in der drittgrößten Stadt Frankreichs die linksgerichteten Parteien die Wahlen gewonnen haben. Die Linke hat zwar nicht die absolute Mehrheit erzielt, aber trotzdem haben die Bürger das schamvolle Bündnis der Rechten in der Stadt abgewählt. Ein Symbol dieser Wahl ist, dass unter den 21 gewählten Kommunisten eine junge Algerierin ist, die sich für die Bürgerrechte und die Integration von Immigranten einsetzt. Sie selbst war 1998 als Kandidatin gegen eine extreme Rechtspartei in Algerien angetreten.

Seit den 80er Jahren hat die FN bei Wahlen in Frankreich eine Rolle gespielt. Sie hat ihre Politik mit demagogischen und populistischen Inhalten aufgebaut und ihre rassistische Politik massiv verstärkt. Und während nun die linksgerichteten Parteien begonnen haben, wirkliche Strategien zu entwickeln, hat die FN sich 1999 gespalten und an Macht verloren.

Als zweiten Punkt meines Referates möchte ich im Folgenden etwas über die Beiträge der Kommunisten in der französischen Regierung sagen. Vor 1990 engagierten sich die Kommunisten für gesellschaftliche Veränderungen, für Veränderungen von Gesetzen, die den Rassismus schärfer verurteilen und bekämpfen. Um nur ein Ergebnis zu erwähnen: In Frankreich ist Rassismus nicht mehr länger nur eine Meinung, sondern ein Verbrechen. Ein weiteres Beispiel ist, dass wir einen nationalen Gedenktag gegen den Rassismus in Frankreich ins Leben gerufen haben – den 21. März. Heute spielt der Kampf unserer linksgerichteten Regierung gegen Diskriminierung eine sehr große Rolle. Im Mai 2000 wurde eine Kommission geschaffen, bei der man sich über Diskriminierung am Arbeitsplatz, in der Schule und in der Rechtsprechung beschweren kann – ein Ergebnis unserer Arbeit. Wenn zum Beispiel jemand aufgrund seiner Hautfarbe nicht in einen Nachtklub gelassen wird, kann er dies anzeigen.

Ich möchte einige unserer Maßnahmen zusammenfassen. Das Ausschlussgesetz von 1998, welches im Jahr 2000 verabschiedet wurde, ist beispielsweise geschaffen worden, um die sozialen Ungleichheiten in Frankreich zu reduzieren. Rechtsextremistisches Gedankengut ist in Frankreich sehr stark verbreitet. Der beste Schutz gegen diese rassistischen Ideen ist, dass wir die Bürger aufrütteln, dass wir finanzielle Mittel umverteilen, um Veränderungen zu bewirken. An diesem Wochenende ist in Italien das Risiko groß, dass eine rechte Partei die Wahlen gewinnt. Deshalb glaube ich, müssen wir uns dieser potentiellen Gefahr, die Europa bedroht, bewusst sein. Wir von der französischen KP machen uns große Sorgen. Und ich bin sicher, dass auch unsere Kollegen in Deutschland sehr besorgt sind. Also müssen wir gemeinsam handeln.

Graeme Atkinson, *Herausgeber „Searchlight Magazine", Großbritannien*

Ich möchte mich auf drei Gebiete konzentrieren: erstens auf die antifaschistische Arbeit in den Gewerkschaften, zweitens auf die antifaschistische Arbeit in den Kommunen und drittens auf die antifaschistische und antirassistische Arbeit unter Fußballanhängern.

Ich betrachte dies vom Standpunkt der Basisarbeit her – auf der Grundlage der eigenen Aktivitäten, aber auch in Bezug auf bestehende Strukturen wie Gewerkschaften, religiöse Organisationen, kommunale Organisationen usw.

Ich muss sagen, dass wir in Großbritannien seit dem Zweiten Weltkrieg niemals mit einer Herausforderung konfrontiert waren, wie sie in Frankreich, Italien und in Österreich bestanden hat. Und sicherlich auch nicht mit einer Herausforderung von dem Ausmaß wie sie in ihrem Lande, in Deutschland, besteht. Der Höhepunkt der neofaschistischen Organisationen in Großbritannien war 1978, als eine Organisation – die National Front – ungefähr 10 500 Mitglieder hatte. Die Mitgliederbasis bestand fast ausschließlich aus militanten Personen. Jedes Mitglied war verpflichtet, sich politisch zu betätigen. Das bedeutet, dass die National Front wirklich eine Bedrohung darstellte. Wir mussten ebenfalls Organisationen ins Leben rufen und versuchten, die Basis unserer eigenen Organisation in Massenorganisationen zu verwandeln.

Heute besteht die gesamte faschistische Bewegung aus maximal 4 500 Mitgliedern. Nach unseren Einschätzungen sind nur die Hälfte dieser Mitglieder aktiv. Außerdem ist die faschistische Bewegung in Großbritannien nicht mehr in einer einzigen Organisation vereint, wie das vor 23 Jahren der Fall war, als die National Front existierte. Heute ist sie in vier Parteien gespalten und ich würde sie eher als „Grüppchen" bezeichnen. Die National Front ist heute, mit nur 150 Mitgliedern, ein Schatten ihrer selbst. Offensichtlich aber könnte nur ein Narr meinen, dass die National Front einfach aufgrund der Bemühungen und der Kämpfe der Antifaschisten in den späten 70er und frühen 80er Jahren zurückgeschlagen wurde. Das ist nicht der Fall. Natürlich haben die Aktionen der Antifaschisten eine große Rolle diesbezüglich gespielt. Aber dennoch glaube ich, dass auch die Wahl von Margaret Thatcher entscheidend war, denn sie führte eine andere Art von Rassismus ein. Und für viele Wähler, die rechts standen, war das eine Gelegenheit, zu zeigen, dass man nicht mehr faschistisch gewählt hat. Sie waren gegen Einwanderer, konnten aber trotzdem Margaret Thatcher wählen und so nachts ruhig schlafen. In der Tat haben die Konservativen mit ihren Losungen einen Teil des politischen Mainstream aufgefangen. Sie haben aber auch einen Teil der Rechten gebunden und das hat die „Rechte" so geschwächt, dass sie sich bis heute davon nicht erholen konnte.

Eine größere Organisation als die National Front, ist die British National Party, mit ungefähr 3 500 Mitgliedern. Eine weitere Organisation ist die International Third, die vielleicht 100 Mitglieder hat. Und dann haben wir noch eine terroristische Organisation, die sich Combat 18 nennt. Sie hat maximal 70 Mitglieder. Wenn ich Ihnen diese statistischen Angaben gebe, so möchte ich damit ausdrücken, dass wir im Gegensatz dazu 56 Millionen Einwohner in Großbritannien haben. Und wenn jemand in oder außerhalb Großbritanniens versucht, mir zu erklären, dass 4 500 Leute, von denen nur die Hälfte politisch aktiv ist, eine Bedrohung für die demokratischen Rechte sind, dann glaube ich, würden wir uns schon eine Selbstmordpille verabreichen müssen. Was aber die extreme Rechte in Großbritannien darstellt, ist eine Bedrohung für die Sicherheit der einfachen Menschen und für Personen, die ethnischen und religiösen Minderheiten angehören. Vor allem aber sind sie ein Problem für die Polizei.

Das bedeutet nicht, dass wir den antifaschistischen Kampf aufgegeben haben. Ganz im Gegenteil. Die antifaschistischen Aktionen finden nach wie vor statt, aber ihr Charakter hat sich verändert. Statt aktiv wie in den späten 70er und den frühen 80er Jahren, sind die antifaschistischen und antirassistischen Aktionen heute reaktiv. Anders gesagt: Wir organisieren nichts, wenn die anderen es nicht auch tun. Wenn wir versuchen, etwas zu organisieren, dann möchten wir ihre Anstrengungen in den Kommunen oder in anderen Organisationen auslöschen, von denen wir glauben, dass sie die Möglichkeit haben, politisch etwas auf die Beine zu stellen. Die Ursache dafür ist ganz offensichtlich. Wenn wir weiterhin so aktiv wären, würden wir diese Leute natürlich in die Kommunen einladen.

In den letzten 23 Jahren gab es massive Veränderungen der sozialen Struktur in Großbritannien. Unser Land ist jetzt viel mehr zu einer multikulturelle Gesellschaft geworden. Wir haben britische Mitbürger aus Afrika und Asien. Und ihre Anwesenheit, ihre Integration in Gruppen junger, weißer Briten ist fast zu 100 Prozent erfüllt. Dennoch – auf institutionellem Niveau gibt es offensichtlich noch immer Rassismus. Vor kurzem gab es eine Polizeiuntersuchung, als Stephen Lorenz, ein schwarzer britischer Student, in London von einer Bande weißer

Rassisten ermordet worden ist. Aufgrund enormer Kampagnen der antifaschistischen Organisationen, die vor allem von den Eltern des Jungen angeführt wurden, gab es eine offizielle Untersuchung der Ermordung und einer Beteiligung der Polizei. Diese Untersuchung wurde von dem Richter McPherson geführt, der zu dem Schluss kam, dass die Polizei bei den Ermittlungen in diesem Fall gescheitert war. Sie scheiterte in vielen Fällen. Es wäre jedoch zu kompliziert, das hier weiter auszuführen.

Vor allem die hauptstädtische Polizei in London hat große Probleme aufgrund eines institutionellen Rassismus. Wir leben also in einer Situation, wo der Rassismus eher auf institutioneller Ebene als auf gesellschaftlicher Ebene existiert. Wir haben eine sehr geschwächte faschistische Bewegung, aber dennoch haben wir immer noch die Situation, dass sich Vorfälle ereignen können, die manchmal von Aspekten getragen sind, die entweder einen rassistischen Charakter haben, oder dass die extreme Rechte dies aufgreift, um Kampagnen ins Leben zu rufen. Und diese Kampagnen müssen bekämpft werden.

Frauke Postel, *Mitarbeiterin beim Mobilen Beratungsteam*
im Land Brandenburg

Ich bin für das Mobile Beratungsteam Brandenburg hier, das einen besonderen Arbeitsauftrag in der Auseinandersetzung mit dem Rechtsextremismus hat. Diesen Arbeitsauftrag möchte ich Ihnen vorstellen.

Das Mobile Beratungsteam ist eine einmalige Einrichtung. Es gibt sie in anderen Ländern der Bundesrepublik nicht in vergleichbarer Art. In Sachsen-Anhalt, Sachsen und Mecklenburg-Vorpommern sind Versuche unternommen worden, ähnliche Einrichtungen aufzubauen. Unser Team besteht – mit Veränderungen – seit 1992. Ich will Ihnen drei Sätze zur Geschichte sagen. 1992 war die Zeit, als in der Bundesrepublik Deutschland, besonders in den neuen Bundesländern, jede Menge Übergriffe gegen Asylbewerber, gegen so genannte Volksfeinde durchgeführt wurden. Und auch in Brandenburg gab es damals fast täglich Berichte von zum Teil sehr schweren Übergriffen gegen Menschen, die anderer Hautfarbe waren oder sonstwie als Feinde des deutschen Volkes gekennzeichnet wurden – als Obdachlose, „linke Zecken" oder wie auch immer. Der Handlungsbedarf und auch der Druck auf die Landesregierung war groß. Was anerkennend vermerkt werden muss, ist, dass zu dieser Zeit in Brandenburg eine gewisse Bereitschaft vorhanden war, dieses Problem überhaupt zu benennen. Das war in anderen Bundesländern in dieser Form nicht der Fall. Und so wurde über das damalige

Sozialministerium entschieden, vier Leute mit Erfahrung aus der Jugendarbeit einzustellen, die in der Lage wären, überforderte Kommunen in ihrer Auseinandersetzung mit rechtsextrem orientierten Jugendgruppen zu helfen. Das war der Ausgangspunkt, denn damals waren die Erklärungsmodelle zum Rechtsextremismus dadurch geprägt, dass es sich um ein Jugendphänomen handele. Inzwischen wird diese Position nicht mehr so vertreten, auch nicht in der Landesregierung. Wir haben also mit vier Leuten angefangen und eher nach dem „Pfefferstreuer-Prinzip" als Berater überall da wo es knallte versucht, Beratung anzubieten. Aber wir haben uns von Beginn an bemüht, zu belegen, dass die vorhandenen bzw. gewollten Konzepte gegen den Rechtsextremismus nicht ausreichen. Wirksame Strategien sind Strategien zur Demokratisierung, die von der Kommune ausgehen und dort vor Ort von den Menschen entwickelt werden. Aus diesem Grund hatte sich das Mobile Beratungsteam schon Ende 1992 entschieden, ein solches Projekt exemplarisch zu entwickeln und zu unterstützen. Es ist das Projekt „Friedensdorf" in Storkow. Dieses Projekt aufzubauen und der Bürgerinitiative, die es trägt, Hilfestellung zu geben, war ein paar Jahre lang mein Arbeitsschwerpunkt im Rahmen meiner Tätigkeit im Mobilen Beratungsteam. Aus sentimentalen Gründen bin ich immer noch dabei, jetzt aber ehrenamtlich.

Mit dem Programm „Tolerantes Brandenburg", das im Sommer 1998 von der Landesregierung verabschiedet wurde, beschloss man, massiv in die Bekämpfung des Rechtsextremismus zu investieren, und zwar durch die Förderung von Initiativen und Aktivitäten, die in Richtung Aufbau einer „Zivilgesellschaft" gehen sollten. Das zeigt, dass die Landesregierung Brandenburgs im Sommer 1998 erkannt hat, dass Rechtsextremismus nicht nur ein Phänomen von Jugendgewalt sei, sondern dass es sich um ein umfassendes gesellschaftliches Problem handelt und dass dieses umfassend bearbeitet werden muss. Das Mobile Beratungsteam hat im Rahmen des Programms „Tolerantes Brandenburg" den dicksten Posten erhalten. Inzwischen sind wir eine Gruppe von 12 Personen und arbeiten in fünf Regionalbüros in Brandenburg. Meine Region bzw. meine Zuständigkeit liegt nun nicht mehr in Storkow, sondern im Nordwestbereich von Brandenburg. Mit einer Kollegin zusammen bin ich für das obere nordwestliche Viertel des Landes zuständig. Unser Regionalbüro liegt in Neuruppin. Andere Büros sind in Schwedt, Cottbus, Beelitz und Fürstenwalde. Die Aufgabe des Mobilen Beratungsteams hat sich nicht wesentlich geändert. Es geht darum, dass wir auf der kommunalen Ebene Hilfestellung in der kritischen Auseinandersetzung mit dem Rechtsextremismus anbieten, dass wir informieren, dass wir begleiten. Wir wirken kooperativ mit, wenn es darum geht, eine Initiative aufzubauen, Strukturen zu entwickeln, dienen durch Aufklärung, Information und auch dadurch, dass wir Fortbildungen durchführen. Mir macht es besonders viel Spaß, wenn wir maßgeschneiderte Bildungsangebote zu den Bürgern bringen können, solche die sie brauchen können. Wir beraten Kommunalpolitiker, teilweise ganze Kommunen, aber auch (vernetzte) Bürgerinitiativen. Wir beraten ebenso Einrichtungen, die im kommunalen Bereich tätig sind, also Institutionen und Verbände. Wir vermitteln Kontakte und fördern Netzwerkarbeit zur Stärkung demokratischer Initiativen im weitesten Sinne – im Bereich des bürgerschaftlichen Engagements. Dazu gehören selbstverständlich auch Initiativen, die sich für ein friedliches Zusammenleben verschiedener Nationalitäten oder für die Rechte von Asylbewerbern einsetzen. Schließlich beraten wir Initiativen im Jugendbereich. Es gibt hier und da Jugendgruppen, die sich kritisch mit dem Rechtsextremismus auseinander setzen. Diese möchten wir stärken.

Unsere Arbeit müssen Sie sich nicht so vorstellen wie es bei Vertretern oder Beratern meist der Fall ist, dass wir also so etwas wie eine feste Angebotspalette im Koffer hätten. Wir gehen in die Orte, suchen die Leute auf und schauen: Was haben die für spezielle Fragen? Was sind das für besondere Probleme? Was möchten die Menschen überhaupt? Was sind die Themen vor Ort? Und dann entwickeln wir in der Kommune etwas mit den Menschen gemeinsam. Meine Erfahrung ist – wenn ich jetzt mal eine Art Zwischenresümee nach neun Jahren ziehen darf –, dass es in der Auseinandersetzung auf kommunaler Ebene nicht genügend Träger einer politischen, demokratischen Gegenkultur zur „Kultur des Rechtsextremismus" gibt. Man kann diese Kultur nicht backen, sie muss sich entwickeln können. Das braucht Pflege und Zeit. Meine Erfahrung ist auch, dass populistische Kampagnen, Projekte, Initiativen, die auf Äußeres setzen, überhaupt nicht greifen. Man kann in diesem Zusammenhang auch Initiativen der Bundesregierung oder der Landesregierung, die beschlossen wurden, ohne dass Konsequenzen folgten, kritisch überprüfen. Es ist dringend notwendig, auch in der Kommune und nicht nur in der Politik einen Diskurs, eine intensive Auseinandersetzung über die Themen, Fragen und Parolen, die die rechtsextreme Bewegung bearbeitet, inhaltlich zu führen. Also fragen: Wie wollen wir leben? Was bedeutet für uns Solidarität? Was bedeutet Gerechtigkeit? Solche Fragen bzw. Werte müssen definiert werden, man muss in seiner Kommune ein Gefühl dafür entwickeln – und zwar mit Kopf, Herz und Hand. Also mit allem drum und dran, nicht nur als irgendeine Petition, sondern als etwas, das ein soziales Klima prägen kann, welches z.B. politisch gefährdeten Jugendlichen eine Alternative für ihre Orientierung bieten kann.

Ich wurde vorhin daraufhin angesprochen, wie ich das Problem des Deckelns sehe. Wenn wir neu in eine Kommune kommen, sind wir meist sehr schnell damit konfrontiert. Es ist eine große Versuchung zu sagen: Um Gottes willen, wir haben eigentlich keine Probleme! Man hebt nicht so gerne den Teppich an, unter dem die ganzen Probleme liegen, weil man denkt, man kann nur Nachteile davon haben. Dann kriegt man unheimlich viele Vorwürfe ab, weil man es nicht geschafft hat, dieses Problem in den Griff zu kriegen. Wie man in der Beratungsarbeit damit umgehen soll, dass es eine große, verständliche Angst davor gibt, dass man sich mit diesen dicken, massiven Problemen „auszieht", ist eine Frage, auf die ich immer noch keine richtige Antwort gefunden habe. Ich weiß nur, dass wir dieses Problem fast überall haben, vor allen Dingen an Schulen. Es kann fatale Folgen haben, wenn die Leitungen von Einrichtungen oder die Repräsentanten von Kommunen wider besseren Wissens, dieses Problem öffentlich nicht behandeln wollen. Die Erfahrungen, die aber mit dem öffentlichen Behandeln gemacht wurden, sind eher positiv.

Noch einmal: Das Prinzip unserer Arbeit ist, die lokalen Besonderheiten in der Entwicklung von Strategien aufzugreifen, dass ein Diskurs stattfinden muss um Themen, die die Menschen bewegen. Nicht nur Aufklärung „Rechtsextremismus ist ...", sondern: Welche Probleme hast du hier vor Ort und was hat das möglicherweise mit Demokratie zu tun? Ich nehme an, Sie haben im ersten Teil der Veranstaltung auch darüber geredet, was die Merkmale des Rechtsextremismus sind, dass es nicht nur den politisch organisierten oder den hasskriminellen Rechtsextremismus gibt, sondern dass Elemente rechtsextremer Programmatik bis in konformes Denken reichen können. Und diese muss man in einer Auseinandersetzung identifizieren. Ich denke, dass in der Auseinandersetzung mit dem Rechtsextremismus auch so etwas wie ein befreiendes Moment für die Akteure selbst liegt. Und das wäre aus meiner Sicht das Merkmal von demokratischen Gegenbewegungen.

Jörg Detjen, *Ratsherr in der Stadt Köln (PDS)*

Ich bin für die PDS im Stadtrat von Köln, einer der wenigen westlichen Städte, wo so etwas – auf Grundlage der Änderung der Kommunalverfassung – möglich war. Ich mache seit etwa 20 Jahren antifaschistische Arbeit, bin Mitglied der Vereinigung der Verfolgten des Naziregimes und Mitherausgeber der Zeitung „Antifaschistische Nachrichten". Insofern ist mein Schwerpunkt im kommunalen Bereich die Antifa-Arbeit. Sie   wissen, dass wir im letzten Jahr Anschläge von neofaschistischen Organisationen auf Aussiedler, Juden, Synagogen hatten. Das hat dazu geführt, dass es zahlreiche Demonstrationen und Aktionen gegeben hat, die sehr ermutigend waren und Widerstand hervorgebracht haben. In Nordrhein-Westfalen hatten wir das Phänomen, dass wir große Demonstrationen mit 25 000 Menschen in Düsseldorf und Dortmund hatten, auf der der Ministerpräsident gesprochen hat. Trotzdem tauchte das Problem auf, dass bestimmte Organisationen, Antifa-Gruppen ausgegrenzt wurden. Das endete damit, dass in Düsseldorf Kinder und Jugendliche, die 14, 15 oder 17 Jahre alt waren, verhaftet worden sind, weil sie gegen Nazis protestierten. Als wir dann im Herbst in Köln erfuhren, dass am 9. Dezember in Köln ein Naziaufmarsch stattfinden sollte, haben wir uns gedacht, dass das nicht so laufen kann. Das war für uns der Beweggrund, relativ früh eine Gegendemonstration anzumelden und auch klarzumachen, dass wir diesen Naziaufmarsch verhindern wollen. Unser Bündnis hieß „Köln stellt sich quer". Dies hatte Tradition, weil wir mehrere Aktionen in den letzten zwei Jahren durchgeführt hatten, um solche Sachen direkt zu verhindern.

Der Vorgang war folgender: Unser Aufruf wollte sich ganz klar gegen staatlichen Rassismus aussprechen. Das war vielen wichtig. Diese breiten Bündnisse bringen die Sache nicht weiter. Auf der anderen Seite steht man natürlich vor dem Problem, dass man trotzdem alle Kräfte in so eine Demonstration integrieren möchte. Das hat bei uns in den Bündnissen dazu geführt, dass wir gesagt haben, unterschiedliche Aufrufe sind überhaupt kein Problem, wir müssen aber ein gemeinsames Ziel anstreben. Und dieses Ziel muss sein, diesen Naziaufmarsch zu verhindern. Darauf konnten wir uns zwischen den verschiedenen Bündnissen im Wesentlichen verständigen. Und ich glaube, da ist auch ein wichtiger Punkt, wo wir als PDS eingreifen müssen, dass wir nicht Spaltungen und Entwicklungen polarisieren, sondern ganz im Gegenteil versuchen müssen, zu vermitteln und Gemeinsamkeiten herauszufinden. In diesem Zusammenhang war ganz wichtig, dass wir in den Bündnissen gefragt haben: Wo sind denn nun eigentlich unsere Gemeinsamkeiten? Und wir waren uns einig: Wir wollen nicht, dass auf unserer gemeinsamen großen Kundgebung dann irgendwelche Politiker Versprechungen machen und hinterher doch nichts passiert. Stattdessen sollten die Hauptakteure unserer Kundgebung die Initiativen sein, die seit vielen Jahren antifaschistische und antirassistische Arbeit machen. Die Tagespresse sprach von 50 000 oder 100 000 Menschen, die sich eventuell an unserer Demonstration beteiligen könnten. Natürlich kam dann die Politik und interessierte sich auf einmal für die Sache. Aber unser Bündnis hat erklärt: Wir lassen uns nicht reinreden. Auf unserer Kundgebung spricht jemand von der Antifa, von

„Öffentlichkeit gegen Gewalt" usw., Politiker kommen aber nicht auf die Bühne. Unsere Taktik, dass wir gesagt haben, die Initiativen sind die Hauptakteure, hat eine breite Mobilisierung ermöglicht.

Ein Beispiel dafür war, dass die örtliche Presse – so auch ein Boulevardblatt mit Namen „Express" – zweimal das Plakat unseres Bündnisses in ihrer Zeitung, mit der Aufforderung es in die Fenster zu hängen, gedruckt hat. Oder man hat am Tage der Demonstration diese Schlagzeile gebracht: „Arsch hu", das heißt bei uns in Kölsch „Aufstehen, jetzt was tun". Die Masse von Teilnehmern war aber auch durch die Mitarbeit der Kulturszene mobilisiert worden. Kabarettisten und Musikgruppen wie BAP waren voll dabei. Schüler haben sich überlegt, eine eigene Demonstration zu machen, welche dann auch mit 4000 teilnehmenden Schülern durchgezogen wurde. Der Oberbürgermeister wollte auf dieser Demonstration eine Rede halten. Dazu kam es nicht, weil die Schüler über ihn erbost waren. Denn dieser hatte einmal eine Unterschriftenkampagne zur doppelten Staatsbürgerschaft entwickelt.

Wir als PDS haben also darauf geachtet, dass ein breites Bündnis und nicht Politiker den Ton angeben und dass niemand ausgegrenzt werden darf. Die antifaschistischen Gruppen, die sich jahrelang um das Problemfeld Rechtsextremismus und Rassismus gekümmert haben, müssen natürlich auch das Recht haben, auf einer Kundgebung reden zu können. Auch wenn diese dann halt mal Parteien angreifen und in die Pfanne hauen. Damit muss man leben können. Und zum Teil haben sie ja auch recht.

Vielleicht betone ich das etwas zu deutlich, aber es gibt auch in der PDS ein wenig das Vorurteil, dass man im Westen nur linke Bündnisse macht, die nicht sehr breit sind. Das ist aber nicht so. Wir können breite Bündnisse organisieren, und wenn der Katholikenausschuss dann auch für unsere Demonstration mobil gemacht hat, kann man daran erkennen, dass wir als PDS nicht sagen: Wir haben die Führung! Das ist Quatsch, sondern wir als PDS haben die Aufgabe zu vermitteln, zu schauen, wo Gemeinsamkeiten sind und darauf zu achten, dass niemand ausgegrenzt wird. Darauf sollten wir unseren Schwerpunkt legen und versuchen, zu schauen, wie man alles unter einen Hut bringen kann.

In Bezug auf meine kommunale Arbeit möchte ich noch auf einige Sachen verweisen, die ich sehr wichtig finde. Wir hatten in Nordrhein-Westfalen ein großes Programm von zwei Millionen Mark für den Kampf gegen Rechts. Wir haben in der Kölner Kommune ein eigenes Programm gegen Rechts beschlossen und die Mittel des Landes und der Kommune zusammen getan. Und mit diesen insgesamt rund 1,2 Millionen DM kann man in so einer Stadt wie Köln schon was anfangen. Viele antirassistische und antifaschistische Gruppen haben Gelder für ihre Arbeit bekommen. Zusätzlich haben wir zusammen mit vier verschiedenen Antifa-Gruppen einen eigenen Antrag eingebracht, der eine Dokumentationsstelle gegen Rechtsextremismus vorsah. Die CDU-FDP-Regierung hat diesen Antrag abgelehnt. Trotzdem stieß er auf Interesse und wurde von SPD und Grünen unterstützt.

Zudem haben wir uns als PDS im Stadtrat sehr für die Zwangsarbeiter engagiert. Wir haben vor über einem Jahr die Anfrage gestellt, wie viele Zwangsarbeiter die Stadt Köln, als städtisches Unternehmen, beschäftigt hat. Es ist geantwortet worden, dass 365 Fälle nachweisbar sind. In Wirklichkeit waren es aber viel mehr. Nur es belegen zu können, ist heute oftmals nicht mehr möglich. Aus dieser Diskussion ist praktisch die Idee entstanden, dass sich die städtischen Betriebe am Zwangsarbeiterfonds beteiligen müssen. Und wir haben über diese Beteiligung dann auch noch ein eigenes Soforthilfeprogramm von rund einer Million DM geschaffen. Dieses Geld wird im Rahmen der Förderung der Städtepartnerschaft mit Wolgograd, der Geschichtsarbeit und für die Soforthilfe für Zwangsarbeiter, die nach Köln kommen, eingesetzt. Es gab großen Krach im Stadtrat zu der Frage: In welchen Fonds zahlen die städtischen Betriebe ein? In den der deutschen Wirtschaft oder in den normalen Fonds? Die Stiftungsinitiative der deutschen Wirtschaft wollte natürlich, dass die Kommunen in ihren Fonds einzahlen, damit sie ihre fünf Milliarden DM zusammenkriegen. Wir konnten uns gegenüber der CDU durchsetzen. Und so zahlen die städtischen Betriebe in den normalen Fonds ein.

Köln hat außerdem seit zehn Jahren ein Besuchsprogramm für ehemalige ZwangsarbeiterInnen. Jedes Jahr kommen etwa 50 bis 100 ehemalige Zwangsarbeiter zu Veranstaltungen und Besuchen ihrer Betriebe nach Köln, in denen sie früher ausgebeutet und unterdrückt worden sind. Diese Zwangsarbeiter sind oft gesundheitlich geschwächt. Wir waren der Meinung, dass für so etwas auch kommunale Gelder zur Verfügung stehen sollten.

Wie gesagt: Antirassistische, antifaschistische Arbeit sollte meiner Meinung nach für die PDS in der kommunalen Arbeit einen großen Schwerpunkt haben, insbesondere im Westen, wo wir in einer ganz anderen Rolle sind. Dort müssen wir nicht diskutieren, ob wir uns an der Regierung beteiligen oder nicht. Diese Diskussionen und Probleme haben wir nicht. Zum Glück, wie ich meine. So können wir knallharte Oppositionsarbeit machen.

Konzeption: Stefan Sarrach, Stadtverordneter Frankfurt/Oder (PDS) und Kommunalpolitischer Sprecher der PDS-Landtagsfraktion

ARBEITSGRUPPE 6

Bildung/Kultur/Werte/Zivilcourage

Michel Cullin, *Stellvertretender Vorsitzender des Deutsch-Französischen Jugendwerkes, Frankreich*

Es wird gesagt, Interkulturalität ist oft nur ein Schlagwort und beschränkt sich auf das Motto „Seid nett zueinander, Ihr lebt mit verschiedenen Kulturen zusammen". Ich glaube, das ist tatsächlich der Grundfehler der interkulturellen Kommunikation und ein Grundfehler, den wir im deutsch-französischen Jugendwerk von Anfang an begangen haben und den wir jetzt versuchen, einigermaßen zu korrigieren.

Diese Institution ist von Konrad Adenauer und Charles de Gaulles 1963 zur Versöhnung gegründet worden. Wenn ich in Frankreich immer wieder höre „deutsch-französische Freundschaft", kommt mir die „deutsch-sowjetische Freundschaft" in den Sinn, wie sie früher manchmal ohne großen Inhalt gepflegt wurde. Mit dieser Versöhnungsideologie, die in den 60er Jahren vertreten wurde und grundsätzlich für die Arbeit des Jugendwerkes die Basis war, sind wir im Grunde nicht viel weiter gekommen. Das betrifft gerade die Bekämpfung der Feindbilder. Es hieß: Junge Leute kommen mehr zusammen, lernen sich dabei kennen und werden sich dann besser verstehen. Diese Logik ist absolut nicht gegeben. Das wissen wir auch aus der Pädagogik. Wir haben Untersuchungen gemacht, weil wir festgestellt haben, dass in den deutsch-französischen Kinderbzw. Jugendlagern erstaunlicherweise noch mehr Stereotypen und Feindbilder zum Ausdruck gekommen sind, als man sie ansonsten in klassischen Bildungsinstitutionen feststellen kann. Ich glaube, dass dieses Interkulturelle eigentlich anders gesehen werden muss und dass im deutsch-französischen Kontext eine große Bekämpfung der Verdrängung stattfinden muss. Einer Verdrängung der Phänomene – mit denen wir es heute in beiden Ländern zu tun haben – wie der politischen Grundideologie von Rechten und Rechtsextremen, die längst analysiert worden ist, allerdings nicht in Politik umgesetzt wurde.

Wir haben im Jugendwerk durch Jahrzehnte hindurch Hunderttausende von Jugendlichen aus beiden Ländern „ausgetauscht". Quantitativ ist das ein enormes Stück Arbeit gewesen und es hat sicherlich zu einer gewissen Entkrampfung im Verhältnis der beiden Gesellschaften geführt. Hat es aber geholfen, sich besser kennen zu lernen und tatsächlich den anderen richtig zu verstehen?

Das ist nicht der Fall gewesen. Wir sehen heutzutage, wie die deutsch-französischen Beziehungen immer exemplarisch dargestellt werden, aber an bestimmten Defiziten leiden. Der eine Partner kennt den anderen im Grunde genommen nicht und erfasst ihn nicht. Für Franzosen gilt das insbesondere, weil dieser deutsche Partner seit der deutschen Einheit eine ganz andere Dimension hat. Die Versöhnungsideologie war zwar gut gemeint, hat aber wenig gebracht in der interkulturellen Kommunikation. Wir sind heute im Jugendwerk dabei, den Schwerpunkt auf die Erinnerungsarbeit zu legen. Wir fragen uns, wie man eine Pädagogik der Erinnerungsarbeit oder der Vermittlung der Erinnerung neu gestalten und definieren kann. Auf welchen Grundlagen kann diese Erinnerung im deutsch-französischen Rahmen funktionieren? Inwieweit ist Erinnerungsarbeit ein Weg, um gegen Rechtsextremismus und faschistisches Gedankengut vorzugehen? Wir wissen auch aus den Erfahrungen sowohl in Frankreich als auch in Deutschland West und Ost, wie unterschiedlich es mit dem Antifaschismus war und wie im Endeffekt auch eine kritische Bilanz gezogen werden muss, was wirklich funktioniert hat und was nicht.

Bei der geschichtlichen Aufarbeitung muss das Kapitel der Deutschen im französischen Exil wieder aufgenommen werden. Es geht um die Rolle der Deutschen, die nach 1933 nach Frankreich im Glauben gingen, dass sie in diesem Land voll aufgenommen werden. 1939 wurden sie jedoch interniert und zum Großteil verfolgt. Einige hatten die Chance, in die Resistance zu gehen. Warum ist diese Rolle des deutschen Exils in Frankreich so wichtig? Die Auseinandersetzung damit hilft, politische Kultur in den beiden Ländern zu erneuern. Man hat in Frankreich jahrzehntelang die Zeit der Kollaboration verdrängt, weil es darum ging, eine neue politische Kultur aus der Resistance besonders positiv darzustellen. Das war natürlich ein politischer Wille, der durchaus seine positiven Züge hatte. Wie konnte man die Republik nach 1945 wieder aufbauen, wenn nicht letzten Endes auf der Grundlage der Resistance und der Resistance-Geschichte. Die andere Zeit, die es zwischen 1939 und 1945 gegeben hat, wurde also verdrängt oder jedenfalls als etwas gesehen, was nicht zur nationalen Geschichte gehört. Das war ein Zufall der Geschichte, ein Betriebsunfall oder so etwas. Man hat also die Resistance heroisiert, und zwar auf konservativer Seite die Gaullisten, auf der linken Seite die Kommunisten.

In Westdeutschland wurde deutsches Exil in Frankreich völlig verdrängt und Widerstandskämpfer waren sowieso keine richtigen Deutschen und wurden ausgegrenzt. In Ostdeutschland hatten es die Widerstandskämpfer der Westemigration generell schwer, ihre Positionen zu artikulieren.

Wir wollen erreichen, dass Interkulturellität einfach bedeutet, dass man sich wechselseitig politisch engagieren kann, dass man also eine neue Dimension der Staatsbürgerschaft im europäischen Sinne schaffen kann. Man kann also durchaus deutscher Herkunft sein und einen französischen „Willen" haben. Man kann französischer Herkunft sein und an deutschen politischen Entscheidungen aktiv teilhaben.

David Brown, *Großbritannien (Wales)*

Um den Rassismus zu bekämpfen, müssen wir manchmal die Waffen des Kapitalismus einsetzen. Wir leben ja nicht in einem Vakuum. Wir müssen manchmal Marketing, manchmal die Faust benutzen. Wir müssen es aber vermeiden, die inhumanen Mittel des Kapitalismus zu benutzen. Wenn es zu Bücherverbrennungen kommt, haben wir das Recht Bücher zu verteilen. Wenn Faschisten die Schwachen angreifen, müssen wir Schulter an Schulter stehen und nach einer Einheit unter den Arbeitern rufen und nicht die Spaltung zulassen. Wir müssen versuchen, die Menschen zu ermuntern, sie daran zu erinnern, dass sie keine Automaten und Konsumenten sind.

Ich hätte sicher große Schwierigkeiten, wenn ich in meiner Analyse die Frage der Klassen vernachlässigte. Denn 90 Prozent der Menschen in der Welt produzieren den Reichtum, haben jedoch keinen Anteil daran. Wer in Jamaika auf einer Zuckerplantage arbeitet, muss an den denken, der neben ihm arbeitet, ansonsten haut man seinem Nachbarn ins Bein. Wenn ein Börsenmakler den Nachbarbörsenmakler nicht bescheißt, dann... Er lernt eben diesen Humanismus nicht kennen. Das ist der Humanismus, den wir solchen kapitalistischen Praktiken entgegenhalten können. Wir können den Faschismus neutralisieren und wir können uns darüber unterhalten, wie wir uns gegen Ignoranz organisieren können. Was alle Faschisten gemein haben, ist ihre Haltung gegen die Arbeiterklasse. Und wenn arbeitende Menschen ihre eigene Existenz in Frage stellen, dann bieten sie natürlich ein offenes Feld für die Faschisten.

Fremdenhass, Sexismus, Homophobie und Rassismus sind weitere Helfershelfer des Faschismus. Dieser schlägt bevorzugt auf Minderheiten oder Schwächere ein. Es ist offensichtlich, dass die Staatsmacht gegen faschistische Parteien leicht eingesetzt werden könnte. Warum ist das in der Realität aber nicht so? Es ist also auch zu klären, was mit Rassismus, Fremdenhass und Faschismus beabsichtigt wird und vor allen Dingen wer ihn unterstützt und aus welchem Grund.

Klar scheint, dass die Menschen durch Rassismus gespalten werden. In Großbritannien zum Beispiel wurden große Teile der Bevölkerung kriminalisiert, insbesondere Menschen aus der Karibik. Sie wurden als Drogenabhängige marginalisiert und für die Entwicklungen in Ghettos verantwortlich gemacht. Aber es ist ja eben ein Ergebnis des Faschismus, Menschen auszugrenzen und zu ghettoisieren.

Zudem werden durch den Faschismus vielerlei Bündnisse gestört, besonders aber zwischen der so genannten Ersten und Dritten Welt. Ich habe viele schwarze Menschen in Großbritannien über Schwarze im Ausland reden hören, als ob sie in keinerlei Beziehungen zu ihnen ständen. Selbst sie sagen: „Diese Scheiß Flüchtlinge. Die nehmen uns die Arbeitsplätze weg." Der Rassismus in Großbritannien gehört wahrscheinlich zu den subtilsten kapitalistischen Elementen und wird zur Spaltung zwischen der weißen und der schwarzen Bevölkerung eingesetzt. Mit Rassismus soll der Imperialismus und seine Brutalität gerechtfertigt werden. Es heißt, man müsse diese Menschen bekämpfen, die Schwarzen seien Wilde und gewaltsam. Südafrika hat diese Auffassung widerlegt und ein Gegenbeispiel geliefert. Rassismus ist meiner Meinung nach eine antihumanistische Haltung. Und damit spielt er denjenigen in die Hände, die die Humanität zerstören wollen.

Angelika Ngyuen, *Filmwissenschaftlerin, Dramaturgin, Autorin*

Im Leben der Deutschen ist das Bild des Fremden fest verankert. Kein Bereich der Alltagskultur, vom Arbeitsplatz bis zum Kinderzimmer, von der Werbung bis zur Mode, vom Supermarkt bis zur Apotheke, vom Schlager bis zum Film ist davon ausgeklammert.

Rassismus ist ein soziales Verhalten – ist die Zuordnung vermeintlicher (positiver oder negativer) Eigenschaften einer Person aufgrund ihrer Herkunft bzw. Abstammung. Rassismus geht immer mit Entindividualisierung des Einzelnen einher und produziert damit Stereotype von lebendigen Menschen. Kern des Stereotypen ist die Pflege des Vorurteils. Es mag sich jeder selbst fragen: Welche standardisierten Bilder von Fremden haben sich ins eigene Gedächtnis eingegraben? Die lächelnde Asiatin? Der sexbesessene Schwarze? Der stolze Indianer? Der diebische Pole? Wer über Rassismus nachdenkt, muss über sich selbst nachdenken.

Rechtsextremismus gibt es nicht im luftleeren Raum, sondern er kann nur unter ihn begünstigenden Bedingungen existieren. Zu diesen Bedingungen gehört unsere tägliche Medienwelt, die Welt der Bildsprache, Sprechsprache, Tonsprache.

Zu den von mir untersuchten Medien unseres Alltags gehören Werbung, Lieder, Gedichte, Belletristik, Film, Zeitschriften, Reisekataloge.

Die Werbung, ein Beispiel: Die „Mohrentafeln" (Sarotti). Bis ins aufgeklärte 21. Jahrhundert hinein reicht dieses Relikt – der „Sarotti-Mohr" – aus der Kolonialzeit.

Oder die „asiatischen Fertiggerichte". Dabei kommt es zu einer Verzerrung des deutschen Gesichts und ergibt das klischeehafte asiatische Gesicht. Damit wird impliziert, was normal und ernst zu nehmen ist und was unnormal, also lächerlich ist. Normal ist dann das, was am häufigsten in unseren Straßen auftaucht – das weiße Gesicht mit europäischer Physiognomie, unnormal dagegen, was davon abweicht, wie zum Beispiel das asiatische Gesicht. Diese ästhetische Herabsetzung steht für die weitergehende Herabsetzung der Persönlichkeit – populistisch, in Anlehnung an die Witze von der Straße, wiederum zur Sanktionierung rassistischen Humors. Das betrifft auch die Werbekampagne der „asiatischen Wochen" von McDonalds: „Supel", „Plima"– Chinesen können nicht richtig Deutsch wird auch in Mickey-Mouse-Heften suggeriert. Dort bedient man sich des Klischees der chinesischen Weisheit (Konfuzius) mit Aufzählungen von Sprichwörtern, mit der Falschschreibung „l" statt „r". Auffällig ist die Konzentration von rassistischem Humor auch in anderen Kinder-Medien, zum Beispiel in den Kinderliedern „Drei Chinesen mit dem Kontrabass" oder „Zehn kleine Negerlein".

Auch in Büchern, die zum unumstrittenen Kinder-Klassiker-Erbe Europas gehören, wie die von Erich Kästner („Emil und die Detektive") und Astrid Lindgren („Pippi Langstrumpf") treibt sich das Fremde und Unbekannte in gefährlicher Stereotypisierung herum: Vorwort zu „Emil und die Detektive": „Negerstamm oder Schulkinder mit braunen Strümpfen". Dies klingt exotisch. Neger leben in Stämmen, gleichbedeutend mit Rudeln. Die Schulkinder dagegen wirken zivilisiert, ordentlich und vertraut.

In Lindgrens „Pippi Langstrumpf" wird ihr Vater als „Negerkönig" bezeichnet. Während Kästners Entgleisungen sprachlicher Natur sind, ist das immer wiederkehrende Motiv vom „Negerkönig" bei Lindgren Bestandteil des Mythos und Abenteurertums von Pippi Langstrumpf. Die Überlegenheit des weißen Mannes gegenüber den „Negern", die auf einer Insel auf Langstrumpf-Vaters Anleitung gewartet haben, tritt bei Lindgren klar hervor. Die Verbindungslinie zu Gemütlichkeit und Lokalem in Langstrumpfs kleiner Stadt ist dabei nicht so lang. Lokale Beschränktheit, Weltfremdheit und typisierte Fremdenbilder (und deren Verteidigung gegenüber der hereinbrechenden Welt in Form von Informationen) sind zwei Seiten einer Medaille.

Untersuchungen zufolge werden Vorurteile bei Kindern schon ab dem vierten Lebensjahr gebildet. So hat auch Rassismus im Bereich des Kinderfilms eine besondere Bedeutung. Die Verfilmung von „Pippi Langstrumpf im Taka Tuka-Land" aus den 50er Jahren wird bis heute vorgeführt. In einer Szene erklingen vermeintlich asiatische Harfenklänge und Pippi Langstrumpf verzerrt ihre Augen zu Schlitzaugen. Für immer ist der Kleinstadt-Charme der Pippi Langstrumpf mit der verhöhnenden Abbildung des Fremden („Neger", Chinesen) verbunden.

Andere Beispiele finden sich in Reisekatalogen: Katalogtext vom „Paradies": „Wünsche und Träume westlicher Südseetouristen ..." Was soll das „Paradies" für den westlichen Zivilisierten leisten? Das Klischee des unberührten, heiteren, ungebrochen Lebensfrohen soll dem sich selbst als degeneriert und unnatürlich empfindenden Industriemenschen seine Unschuld wiedergeben. Diese Träume klammern nicht nur die alltägliche Wirklichkeit aus, sondern auch die der vermeintlich irdischen Paradiese. Die Erkundung von Land und Leuten, die Erfahrung anderer sozialer, geschichtlicher Realitäten wird nicht angestrebt. Selbst Tatsachen wie die negativen Folgen von Missionierung, Kolonialisierung, die Ausbeutung von Mensch und Natur – oder wie das Beispiel Südsee zeigt –, die Realität der dortigen Atomwaffentests und ihre Opfer haben den Mythos von paradiesischen Inseln nie entkräften oder zerstören können. Das Klischee soll erhalten bleiben. Der Sex-Aspekt von Thailand-, Kuba-, Südseereisen wird in vielen Reiseprospekten sogar berücksichtigt und mehr oder weniger subtil in Szene gesetzt.

Aber auch Negerküsse, Mohrenköpfe und Kameruner beim Bäcker, die Indianer und Chinesen bei der Bebilderung des ABC, die Verkleidung als Indianer und Chinese beim Fasching, die Schimpfwörter „Pappchinese", „Pickelschwarzer" auf Schulhof und Spielplatz sind Ausdruck von alltäglichem Rassismus.

Die Tücke liegt manchmal schon im Sprachgebrauch, in der Verwendung bestimmter Wörter, wie z.B. „Neger" mit dem Hinweis, es sei nicht so gemeint. Oder bei Ausdrücken wie „Buschfunk" oder „Ich sprech doch kein Chinesisch". Alle diese Sprachhülsen transportieren Klischees, stereotype Vorstellungen vom Fremden und leisten dabei eines: Das Fremde bleibt fremd. Wir alle sind Opfer einer gewissen Gehirnwäsche und nur einige Menschen sind aufgrund ihrer Herkunft und Abstammung mit besonderer Sensibilisierung ausgestattet. Das heißt nicht, dass sie gegen Vorurteile gefeit sind. Daraus folgen für mich folgende Thesen:

1. Die Vorurteile beginnen beim Stereotyp, bei der vereinfachten, nicht konkretisierten Darstellung des Unbekannten.

2. „Sprache ist der Nährboden für Denkweise" (Viktor Klemperer) – in der Verwendung bestimmter Wörter transportiere ich Haltungen, egal wie bewusst es mir ist.

3. Gerade Beiläufigkeit ist gefährlich.

4. Rassistische Stereotypen sind nicht vom Rechtsextremismus gepachtet (z.B. „positiver" Rassismus: das pauschale Zuordnen positiver Eigenschaften beim Indianer).

5. Rassismus in jeder Form bekämpfen, heißt eine der geistigen Wurzeln des Rechtsextremismus bekämpfen, denn Rassismus ist dem Rechtsextremismus wesenseigen.

6. Offiziell gilt Rassismus als nicht salonfähig, als unanständig, dabei werden aber meist nur explizite Formen des Rassismus erkannt, der beiläufige Rassismus wird oft selbst von aufgeklärten Menschen praktiziert (zum Beispiel verwenden auch Nutzer alternativer Bildungsstrukturen Begriffe wie Negerkuss oder lassen ihre Kinder als Indianer zum Fasching gehen und singen das fröhliche Lied „Drei Chinesen mit dem Kontrabass").

7. Den medialen Rassismus bekämpfen ist Kleinstarbeit. Voraussetzung ist ein anderer Blick auf die Bilder und ein anderes Verhalten. Wenn ich z.B. eine Sarotti-Schokolade kaufe, akzeptiere ich das Maskottchen der Firma – ein Relikt aus der Kolonialzeit! Stellen Sie sich vor: Alle, die keine Rassisten sein wollen, kaufen keine Sarotti-Schokolade mehr. Bei dieser Dimension von Profitausfall nimmt der Sarotti-Hersteller sich ein anderes Maskottchen und der „Sarotti-Mohr" mit den osmanischen Schuhen wird zum historischen Kuriosum.

Thomas Flierl, *Mitglied des Berliner Abgeordnetenhauses (PDS) und Kulturwissenschaftler*

Rechtsextremismus und Kultur: Ästhetik der Gegenmoderne
1. Ursprünge und Ähnlichkeiten
Man kann es sich heute kaum mehr vorstellen, aber offene Bekenntnisse zur Ideologie des Nationalsozialismus und/oder ihren Symbolen waren nach 1945 in Deutschland zunächst die Ausnahme. Die laute Verdammung von Faschismus, Diktatur, Rassismus, und Terror hatte jedoch eine problematische Kehrseite:

Kontinuitäten aus der NS-Zeit, die auf einer Ebene außerhalb der verbal formulierten politischen Einstellungen lagen, gerieten nicht ins Blickfeld. Unter und neben der offiziell verdammten Ebene der nationalsozialistischen Ideologie wurden Erfahrungen, Einstellungen, Erlebnisweisen und Erlebniswelten umso ungehemmter tradiert, je weniger sie als politisch bedeutsam erkannt wurden.[1]

Ähnlichkeiten mit nationalsozialistischem Gedankengut gibt es auch heute noch: Moderne ökologische Prinzipien wie landschaftsgerechtes Bauen und schonender Umgang mit den Ressourcen hatten Vorläufer bei dem Bau der „Straßen des Führers". Die Biologie begründet die Überlegenheit eines Geschlechts: Teile der heutigen Frauenbewegung übernehmen den biologistischen Argumentationsgestus der Nazis. Der Körper-, Schönheits- und Fitnesskult knüpft an Prioritäten der NS-Pädagogik und Ästhetik an. Die Vorliebe für Naturheilverfahren, Esoterik, Homöopathie, die Suche nach Wurzeln in archaischen und außerchristlichen Kulturen wurden von der NS-Prominenz geteilt. Die Begeisterung für Schnelligkeit, Technik, Höchstleistungen und gefährliche Grenzerfahrungen spielt im Nationalsozialismus eine ähnliche Rolle wie in der postmodernen Erlebniswelt. Die gegenwärtig häufige ästhetizistische Inszenierung medialer Effekte ohne Interesse für die vermittelten Inhalte hat Vorläufer im Selbstverständnis faschistischer Künstler.

Auf vielen Feldern der Alltagskultur und der Alltagsästhetik spüren die Neuen Rechten mit einigem Erfolg Ansatzpunkte zum Einklinken auf. Längst hat die Werbung bekannte Phantasien in zeitgemäße Formen gegossen. Der Weg von der Gestaltungsweise Arno Brekers zum leibhaftigen Duschgel-Mann ist ästhetisch kürzer als mancher denken mag.

Schönheit, Gesundheit, Sauberkeit und Kraft – zu fragen ist, was schlecht sein soll an diesen Idealen. Es wird zunehmend schwerer werden, die Kehrseiten dieses neuen alten Kultes aufzudecken: die Verachtung des Ohnmächtigen, Kranken, Schwachen, Fremden. Und vielleicht wird dies in Zukunft die wichtigste Aufgabe auch der Politiker und Pädagogen sein.

2. Gegen die neue Unübersichtlichkeit

Die Sehnsucht nach klaren Orientierungen erfasst immer mehr Menschen angesichts einer zunehmend unübersichtlicheren und allem Anschein nach desolateren Welt. Die Sozialpsychologie prägte den Begriff des psychischen

---

[1] Die Ausführungen stützen sich auf die Untersuchungen von Gudrun Brockhaus, dargestellt in „Schauder und Idylle – Faschismus als Erlebnisangebot"

Modernisierungsverlierers und meint damit all diejenigen, die vor den immer höheren Orientierungsanforderungen und dem Informations-Overkill kapitulieren, diejenigen, die die alltägliche Reizüberflutung als eine existentielle Bedrohung empfinden.

So sehen viele Sozialwissenschaftler neben den sozialen vor allem auch in den so genannten psychischen Modernisierungsverlierern das Reservoir für rechte Ideologien, das heißt unter solchen Menschen, die – ökonomisch zwar hinreichend gut situiert – dennoch den psychologischen und intellektuellen Orientierungsanforderungen der modernen (Medien-)Gesellschaft nicht mehr gewachsen sind und die sich so vor der Reiz- und Informationsüberflutung abzuschotten suchen durch bewusste Abgrenzungsstrategien – in ihrer Wahrnehmung wie auch in ihrem Denken. Schon Adorno schrieb in den „Studien zum autoritären Charakter": „Die ... Aufgabe, das ‚Unverständliche' zu verstehen, führt zu einer paradoxen Lösung, die die Sackgasse erkennen lässt, in die viele Menschen geraten. Das Individuum tendiert dazu, zwei Tricks anzuwenden, die einander widersprechen: Stereotypie und Personalisierung, also Wiederholungen infantiler Muster! ... Stereotypie lässt sich durch Erfahrung nicht ‚korrigieren'; erst muss die Fähigkeit restituiert werden, Erfahrungen zu MACHEN!"[2]

Kulturell-ästhetische Schlüsselbegriffe sind in diesem Zusammenhang z.B. Natur, Frau, Mann, Volk, ethnische Identität usw. Diese Kategorien beschwören Altes, Anthropologisches, Unveränderliches und Hinzunehmendes.

Wenn die sozialen Zugehörigkeiten immer bröseliger werden, dann steigt man um auf Zugehörigkeiten, die einem keiner nehmen kann, weil sie sozusagen „naturhaft" sind: Rasse, Hautfarbe, Nation: „Ich bin stolz ein Deutscher zu sein", das ist dann die letzte uneinnehmbare Bastion. So irrational und in keiner Weise stichhaltig die Zuordnungskriterien (weder kulturell noch biologisch) dabei auch sein mögen, der große Vorteil einer solchen Identifikation ist das Kategorische an ihr: Man postuliert und nimmt sich damit zugleich das Recht, jede Diskussion als irrelevant zu verweigern.

Diese Gegenmoderne fegt also die Fragen vom Tisch, die die Moderne aufwirft.

Und die Vordenker der Neuen Rechten beschwören ja gerade das Ende des Außerordentlichen, des Unübersichtlichen, des Extravaganten. Gerade die Kunst soll nicht länger Diskurse anregen. Nicht kritische Distanz oder die Fähigkeit,

---

[2] Zit. nach Lutz Neitzert „Kunst und Unterricht", 185, 1994

differenziert zu denken sind gefordert, sondern das Rekurrieren auf den „gesunden Menschenverstand".

Niemand sollte die Hoffnung hegen, dass sich der Neofaschismus in Kultur und Politik selbst diskreditieren wird durch den Ruch des Ewiggestrigen. Er wird ganz ohne Zweifel tatsächlich „auf der Höhe der Zeit" sein.

Das heißt: Bereits in aller Öffentlichkeit beginnt man, mit Versatzstücken faschistoider Ästhetik zu hantieren.

3. Das Mystisch-Völkische scheint neuen Reiz zu gewinnen.

Bitte keine Missverständnisse – Gefahr droht nicht von den einzelnen beschriebenen Symptomen. Weder ist Musik „faschistisch", noch sind es die Fotos eines Helmut Newton, noch ist jeder nassfrisierte „Atershave-Adonis" die ultimative Verkörperung eines neuen Ungeistes. Erst durch jenen verhängnisvollen Normalitätszuwachs, den rassistische Unduldsamkeit heute auch in unserer Gesellschaft wieder erfährt, droht ein Klima zu entstehen, in welchem die Errungenschaften der Moderne und der Aufklärung – plötzlich und unerwartet – kollabieren könnten.

Konzeption: Dominique Krössin und Dr. Horst Adam

Ursachen für Rechtsextremismus und Fremdenfeindlichkeit

Ralf Fischer, *Freier Journalist*

Meinen Beitrag über die Geschichte des Rechtsextremismus in der BRD möchte ich mit zwei Sätzen von Ralph Giordano beginnen. Der eine bezieht sich auf die Massen der NS-Funktionsträger, sei es in Arbeitsorganisationen oder in der Partei, zu denen er ganz deutlich sagt: „Diese Täter sind davon gekommen." Das heißt diese Täter wurden in der Geschichte der BRD nicht bestraft. Der zweite Satz bezieht sich auf die Eliten innerhalb Hitler-Deutschlands, zu denen Giordano sagt: „Diese Funktionseliten, wenn sie überhaupt im Nürnberger Kriegsverbrecherverfahren und den zwölf Nachfolgeprozessen angeklagt und verurteilt wurden, befanden sie sich seit Mitte der 50er Jahre wieder in Freiheit." Sprich: Die Ausgangslage in der alten BRD war insofern gegeben, dass die Masse der NS-Mitglieder weiterhin ihr Gedankengut vertreten hat. Erst 1968 fing eine massive Auseinandersetzung mit den ideologischen Fragmenten, die übrig geblieben sind, an. Der Antikommunismus ist Mitte der 50er Jahre ein politisch und ideologisch wichtiges Element der alten BRD gewesen. Und insofern wurden auch die alten Nazikader wieder gebraucht, im Kalten Krieg gegen die Sowjetunion und gegen den Ost-Block. Das ist eine der wichtigsten Ursachen innerhalb der BRD für den massiven Wiederaufbau, von den mit dem Nationalsozialismus verbundenen Organisationen. Einerseits gab es Traditionsgemeinschaften wie die HIAG – der Bundesverband der Soldaten der ehemaligen Waffen-SS. Ein eingetragener Verein der 1948 einfach anfing, erste Ortsgruppen aufzubauen und später ein bundesweites Netzwerk gründete. Diese Hilfsgemeinschaft sollte ehemaligen Waffen-SSlern die Möglichkeit bieten, sich gegenseitig dabei zu unterstützen, in der neuen Situation klarzukommen, zum Beispiel durch das Erstreiten von Renten. Ähnliche Traditionsgemeinschaften, wie die Ordensgemeinschaft der Ritterkreuzträger, des Eisernen Kreuzes, mit bis zu 1 000 Mitgliedern existierten schon in den 50er Jahren. Diese Gemeinschaft besaß eine enge Anbindung an die neue Bundeswehr. Ungefähr 177 Träger des Ritterkreuzes sind Generäle in der Bundeswehr geworden. Die Traditionsverbände haben innerhalb der Entwicklung der alten BRD großen Einfluss gehabt. Die HIAG hatte über 30 000 Mitglieder und noch einmal einen Sympathisantenkreis von ungefähr 100 000 Menschen. Es gab aber auch Organisationen, die eher im revanchistischen Spektrum angesiedelt waren. So zum Beispiel der Bund der Vertriebenen (BdV) mit zwei Millionen Mitgliedern. Er galt als überparteiliche Organisationen, in der militante Rechtsextremisten, ehemalige Nationalsozialisten zusammen mit Konservativen aus CDU und SPD gearbeitet haben.

Als nächstes möchte ich zu denn offen nationalsozialistisch auftretenden Parteien kommen. Die einzige Partei, die es nach 1945 zu größerer Bedeutung geschafft hat, ist die Sozialistische Reichspartei, die schon während ihrer Gründung 1949 über 10 000 Mitglieder hatte. Ihr Hauptschwerpunkt lag eher in Norddeutschland. In Niedersachsen konnte sie noch im Jahr ihres Verbots elf Prozent der Wählerstimmen holen. Ideologisch bezog sich die Partei direkt auf die NSDAP und den Nationalsozialismus. Während viele andere Parteien versucht haben, den deutschnationalen Kurs vorsichtig mit dem Nationalsozialismus zu verbinden, um nicht in eine Repressionswelle zu kommen, hat es die Sozialistische Reichspartei geschickt geschafft, drei Jahre lang ohne Verbot leben und nationalsozialistische Ideologie verbreiten zu können. Nach ihrem Verbot 1952 wurden insgesamt 60 Nachfolge- und Tarnorganisationen gegründet. Und eine dieser Organisationen entwickelte sich dann in den 60er Jahren zu der wichtigsten rechtsextremen Kraft der BRD, die Nationaldemokratische Partei Deutschlands (NPD). Der Schwerpunkt lag auch hier am Anfang in Norddeutschland. In Niedersachsen zog sie mit Erfolg in den Landtag ein. Ende der 60er Jahre verfehlte die NPD knapp den Einzug in den Bundestag. Seit den 70er Jahren hatte die NPD innerhalb des rechtsextremen Spektrums nicht mehr viel zu sagen. Jedoch schulten die NPD und ihre Jugendorganisation viele Kader, die später in anderen rechtsextremen Organisationen Karriere machten. In den 70er Jahren entwickelte sich aus diesen Jungen Nationaldemokraten (JN) eine neue nationalrevolutionäre Strömung des Rechtsextremismus und daneben auch eine Strömung, die sich selber als „Neue Rechte" bezeichnete. Erwähnenswert ist aber auch, dass nach dem Niedergang der NPD in den 60er Jahren viele bürgerlich orientierte Nationalsozialisten in bürgerlich-rechte Organisationen und Parteien wechselten.

In den 70er Jahren entstand wie gesagt die Neue Rechte, deren Idee war es, sich von der alten Rechten abzugrenzen. Ihr Hauptaugenmerk lag im Prinzip darauf, rechtsextremistische Theorien in die neu entstandenen sozialen Bewegungen einfließen zu lassen. Gerade in der Ökologiebewegung waren sie sehr aktiv. In den 70er Jahren wurde auch die militante NS-Bewegung stark. Die illegale NSDAP entstand in den 70er Jahren und verzeichnete bei ihrer Gründung ca. 70 Mitglieder. Ihr Ziel war die Wiederzulassung der NSDAP.

Ein legaler Zweig in den 70er Jahren war die Aktionsfront Nationaler Sozialisten (ANS). Diese trat vor allem durch provokante Aktionen in der Öffentlichkeit auf. Ihre bekanntesten Gesichter waren später Michael Kühnen, Thomas Prehl und Christian Worch. Das Verbot der ANS 1983 brachte nicht viel. Die Personenkreise, die diese Aktionsfront Nationaler Sozialisten betrieben hatten, haben kurze Zeit später die Gesinnungsgemeinschaft der Neuen Front (GdNF) gegründet und damit für einen Wandel innerhalb der rechtsextremen Szene gesorgt. Strukturen wurden zwar untereinander vernetzt, aber nicht nach außen, sondern über persönliche Kontakte.

In den 70er Jahren tauchten ebenfalls vermehrt rechtsterroristische Wehrsportgruppen auf, die bereits in den 50er und 60er Jahren aufgebaut wurden. Die spektakulärsten militanten Angriffe fanden aber in den 70er und 80er Jahren statt. Die bekannteste war die Wehrsportgruppe Hoffmann. In dieser Zeit wurden unter anderem die Sendemasten der ARD angegriffen, um die Ausstrahlung der Sendung „Holocaust" zu verhindern. Zudem wurde Anfang der 80er Jahre ein Anschlag auf das Oktoberfest in München von Rechtsterroristen verübt. In dieser Zeit kam es immer wieder dazu, dass militante Neonazis offensiv Aktionen durchgeführt haben. Die Wehrsportgruppen waren eng verknüpft – nicht organisatorisch, sondern personell – mit der Gesinnungsgemeinschaft der Neuen Front. In den 80er Jahren musste man feststellen, dass die GdNF die NS-Szene mehr oder weniger im Griff hatte und durch ihre Vorfeldorganisationen, Vorfeldparteien und Sammlungszirkel auch komplexe Strukturen innerhalb der BRD gebildet hatte. Die Idee der Gesinnungsgemeinschaft war, unabhängige Gruppen in jedem Bundesland, in jedem Bereich zu gründen, die trotzdem miteinander verknüpft agieren. An dieser Stelle noch ein kurzes Wort zur NPD. Diese versank in den 80er Jahren vollends in der Bedeutungslosigkeit. Aber viele ehemalige Mitglieder agierten sehr erfolgreich, zum Beispiel innerhalb der Grünen. Mitte der 70er Jahre wurde die Aktionsgemeinschaft Unabhängiger Deutscher gegründet, die sich selbst als erste Lebensschutz- und Umweltschutzpartei der Bundesrepublik begriff und 1980 in den Grünen aufging. Dort agierte unter anderem Herr Mechtersheimer, der später Mitglied des Bundestags für die Grünen wurde. Heute ist er für die Deutschlandbewegung unterwegs und versucht, im rechtsextremen Spektrum eine Sammlungsbewegung zu etablieren. In dieser Art der Unterwanderung – gerade der Grünen – sahen die Neuen Rechten die Möglichkeit, auch Linke mit rechtsextremen Inhalten zu erreichen. Ökologische Themen waren für die Naziszene in dieser Zeit ein wichtiger ideologischer Bereich.

Die Deutsche Volksunion (DVU) wurde ebenfalls in den 70er Jahren gegründet. Die Republikaner folgten Anfang der 80er. Wobei man hinzufügen muss, dass die DVU am Anfang kaum Erfolg hatte und in den 80er Jahren eher ein Devotionalienhandel als eine Partei darstellte, während die Republikaner Ende der 80er Jahre massive Erfolge in Berlin, Bayern oder bei den Europawahlen einfahren konnten. Diese Parteien wurden von ehemaligen NPD-Kadern stark genutzt, die sich sehr schnell in die neue Führungsriege begeben konnten. Es gab viel Streit und öfter Aufsplitterungen innerhalb dieser Parteien. Heutzutage kann man sagen, dass weder DVU noch Republikaner wirklich bedeutend innerhalb der rechtsextremistischen Szene sind.

In den 80er Jahren erlangte die Entwicklung der rechtsextremen Szene in der BRD eine neue Qualität. Die GdNF sorgte zum Beispiel dafür, dass Zeitungen und allgemeine Kommunikationsmittel, später auch das Internet immer mehr Bedeutung erhielten. Es gab Neugründungen von Zeitungen. Das „Thule-Netz" – ein rechtsextremistisches Mailboxsystem – ist Ende der 80er Jahre gegründet worden. Und auch Versandlisten und nationale Infotelefone wurden zu neuen Aktionsmitteln, die Ende der 80er, Anfang der 90er Jahre eingesetzt worden sind, um die Zersplitterung innerhalb der Szene ab- und die Kommunikation wieder aufzubauen. Eine wichtige Rolle spielte aber auch, dass antifaschistische Aktionen und die Strafverfolgungsbehörden langsam ein Auge auf die rechtsextremen Entwicklung geworfen hatten, so dass die meisten NS-Gruppen verdeckt arbeiten mussten.

Abschließend lässt sich sagen, dass gerade die westdeutsche rechtsextreme Szene ihre größte Ausgangsbasis in den ehemaligen NS-Kadern hatte. Ihre Strukturen wurden genutzt, um neue Netzwerke und Organisationen aufzubauen. Die Hauptorganisationsmodelle waren eingetragene Vereine und Parteien – also feste Strukturen. Dies änderte sich (erst) Ende der 80er Jahre und mündete in Strukturen persönlicher Kontakte.

Marion Seelig, *Mitglied des Berliner Abgeordnetenhauses, PDS*

Die Entwicklung von Rechtsextremismus in der DDR ist das Thema, zu dem ich sprechen werde. Ich denke aber, dass es zu Beginn wichtig ist, die unterschiedlichen Formen und Ausprägungen von Rechtsextremismus in den alten und neuen Bundesländern nach 1989 festzuhalten.

In den alten Bundesländern ist eine viel stärkere Verankerung im Parteien- und Vereinsspektrum, ja auch ein Übergewicht politischer Aktivität bezüglich des Wahlvolkes, der Teilnahme an Wahlen vorhanden, während in den neuen Bundesländern eine starke Gewalt- und Militanzorientierung, kulturelles und ideologisches Dominanzstreben vorherrscht. Ein zweites Beispiel: In den neuen Bundesländern finden wir eine deutliche Bindung an Szenen und kulturelle Milieus, wie auch kleine, sozial effiziente Gruppen. Während es in den alten Bundesländern eher künstliche Formen von Gruppen gibt, die also relativ einseitig politisch und ideologisch zentriert sind. Der Rechtsextremismus in den neuen Bundesländern hat eine deutlich ausgeprägte antikapitalistische und antiwestliche, kollektivistische Komponente, während er in den alten Ländern eher von rückwärtigem Geschichtsbezug und Revisionismus geprägt ist. Das alles gibt es natürlich in gewisser Weise auch übergreifend, aber ich denke an diesen Beispielen kann man relativ deutlich Unterschiede klarmachen.

Wenn wir zu den Gründen für diese Unterschiede vorstoßen wollen, kommen wir nicht umhin, die Entwicklung des Rechtsextremismus in der DDR zu behandeln. Ich möchte eigentlich den Schwerpunkt nicht auf den Beginn der DDR und das Selbstverständnis der DDR legen, dass bestimmte Dinge tabuisiert waren, dass Fragen der Mittäterschaft in der Bevölkerung nicht aufgearbeitet wurden, weil durch den Übergang zur antinationalsozialistischen Staatsform sozusagen kollektiv entschuldet wurde. Ich denke aber, dass das nicht das Wesen des Rechtsextremismus in den neuen Bundesländern ausmacht, sondern es hat eigentlich nur das Erschrecken ausgemacht, als wir feststellten, dass eine Erziehung im Sinne von Antifaschismus, dass die Schulbücher nicht ausgereicht haben, um den latent vorhandenen Rechtsextremismus in der Bevölkerung zu unterbinden. Als es dann sein durfte, war alles wieder da. Ich möchte den Schwerpunkt eher auf zwei andere Punkte legen. Das ist einmal die Wertekontinuität und die Kontinuität von Ausländerfeindlichkeit. Ich denke, das sind die übergreifenden Schlagworte, die die besondere Situation in den neuen Bundesländern kennzeichnet. Das Festhalten an traditionellen Werten, die auch in der DDR eine entscheidende Rolle gespielt haben, begünstigt natürlich im Großen und Ganzen ein Klima, in dem sich rechtsextreme Jugendliche als Vollstrecker einer überwiegenden Meinung verstehen können. Ich möchte nur daran erinnern, dass es überall in der Bundesrepublik schwere Angriffe auf Asylbewerberheime gegeben hat. Der Unterschied aber zwischen den Übergriffen in den alten Bundesländern und denen in den neuen ist, dass Übergriffe in den alten Ländern im Wesentlichen bei Nacht stattfanden, also vermeintlich nicht von einer größeren Gruppe in der Bevölkerung getragen wurden. Und wer sich an Lichtenhagen erinnert – das war eine Stimme, die von einer Masse an Bevölkerung gedeckt wurde. Diese Brandanschläge und Überfälle hatten eine Deckungsmasse von Mitläufern, von Menschen, die sich zumindest mit den Zielen – wenn auch vielleicht nicht mit allen Handlungen – identifiziert haben, dass man Ausländer dort nicht haben will. Die Frustration, die in den neuen Bundesländern zum Beispiel durch Arbeitslosigkeit besteht, gründet nicht nur in der Angst vor Armut und Verelendung, sondern wird auch als Verletzung einer werthaften Arbeitsethik wahrgenommen. Andere Werte wie öffentliche Ordnung und soziale Sicherheit sehen viele Ostdeutsche durch Kriminalität und die Anwesenheit von Ausländern bedroht. Sekundärtugenden wie Ordnung, Sauberkeit, Ruhe hatten im Gemeinwesen DDR einen weitaus höheren Stellenwert als Kreativität, produktive Unruhe und Individualität. Der Einbruch in vielen Biografien, nicht nur Erwerbsbiografien von BürgerInnen in den neuen Ländern, hat ein starkes Verunsicherungsgefühl aufkommen lassen, das ein Festhalten an solchen Kriterien und damit die Abwehr des Andersseins als eine Art Haltepunkt erscheinen lässt.

Wenn die Politik der DDR-Regierung auch nicht immer und in vollem Umfang von der Mehrheit ihrer Staatsbürger getragen wurde, so war die erwünschte Einheit von Staat und Volk in der Ausländerfrage ziemlich ausgeprägt. Die Ausländerpolitik bestand darin, Ausländer von der DDR möglichst fern zu halten und die wenigen dort lebenden Vertragsarbeiter zu ghettoisieren. Sie fand Zustimmung bei der Mehrheit der Bevölkerung. Selbst die geringe Zahl von Vertragsarbeitern aus Vietnam, Afrika oder Lateinamerika erregte Unmut bei denen, die in der Nähe dieser Ghettos lebten. Ich darf an Sprüche wie „Kubaner machen sich an unsere Mädchen ran" und „Vietnamesen kaufen Mopeds und Fahrräder weg" oder „Schwarze sind laut und auffällig" erinnern. Gegen polnische BürgerInnen wurden regelrechte Kampagnen inszeniert, um ihnen die Auswirkungen der Mangelwirtschaft in die Schuhe zu schieben. Die Aufregung, die in der Bevölkerung über größere Einkäufe von polnischen Bürgern existierte, wurde regierungsseitig oft instrumentalisiert.

Die Regionen, die nach der Wende als erste ganz massiv und sichtbar von rechter Jugendgewalt heimgesucht wurden, hatten schon in der DDR eine besondere Bedeutung für die rechte Szene. Es handelte sich um Gebiete mit über mehr als ein Jahrzehnt gewachsenen rechten Kommunikationsstrukturen. In Sachsen ist es der Muldetalkreis mit dem Zentrum Wurzen, aber auch Görlitz, Zwickau und Hoyerswerda. In Thüringen ist es der Raum um Jena, Rudolstadt und Suhl. In Sachsen-Anhalt ist es die Nordharzregion, aber auch die Landeshauptstadt Magdeburg. In Brandenburg ist besonders der Südosten und der Norden betroffen, in Mecklenburg-Vorpommern die Gegend um Rostock und Greifswald. Jugendgruppengewalt war in der DDR kein Phänomen der 80er Jahre, sondern schon vorher vorhanden, aber mit dem Unterschied, dass es keine konstruierten Feindbilder gab, keine fixierten Opfergruppen, so dass sich die Auseinandersetzungen untereinander abspielten, hauptsächlich im Zusammenhang mit Fußball und unter Alkoholeinfluss. Das blieb auch in einer ersten Phase 1980/81 so. Da waren unterschiedliche Richtungen in der Jugendkultur – zumindest in Richtung auf zentrierte Gewalt – noch nicht festzustellen. Als nichtangepasste, auffällige Gruppe überwogen in diesem Zeitraum die Punks. In der zweiten Phase 1982/83 gab es bereits Unterschiede zwischen Gewalt ausübenden und Opfern. Skinhead-Gruppen hatten sich äußerlich und bekennend von den Punks abgesetzt. Das Gewaltmonopol war schon zu dieser Zeit eindeutig auf Seiten der Skins. Körperliche Gewalt wurde gezielter als Disziplinierungselement und zur Eroberung von Räumen eingesetzt. Punks, die nicht zu den Skinheads überliefen, wurden zu potentiellen Opfern. In der dritten Phase 1985/86 wurde in Skinhead-Gruppen Gewalt ritualisiert und zum Moment des Zusammenhalts sich formierender Gruppen. Es tauchten neue Opferstrukturen auf, denen ein zunehmend ideologisiertes Feindbild zugrunde lag: Ausländer – bevorzugt mit dunkler Hautfarbe, homosexuelle Männer, Grufties, Punks, Polizisten, Bereitschaftspolizei und NVA-Soldaten, aber auch normale Jugendliche. Die Gewalt war von da an ein Instrument der Machtausweitung. Es gab bis 1989 nach Angaben des Ministeriums für Staatssicherheit ca. 1 000 organisierte gewaltbereite Neonazis in der DDR. In der Phase 1987 bis 1989 hatte sich die gewalttätige Szene in etwa verfünffacht. Die Opfergruppen blieben dieselben. Fast systematisch – und da wird der Bezug zu heute sehr deutlich – wurden Jugendclubs besetzt. Die Türsteher waren aus der Skinhead-Szene, sie bestimmten den Musikgeschmack in den Discotheken. Es sind also alles keine neuen Entwicklungen. Differenzierungen setzen dann allerdings auch in der Skinhead-Szene ein, zwischen den so genannten Oi-Skins – zumindest in Deutschland mit einem nationalen Weltbild, aber eher auf Randale nach dem Motto „Just for fun" aus, also weniger organisierte und ideologisierte Weltbilder – und den Faschos, die sich interessanterweise nachweislich seit 1986 in der damaligen DDR selber so bezeichneten – im Gegensatz zu der Westszene, wo „Fascho" ein abwertender Ausdruck, sozusagen aus der Antifa-Bewegung war. Sie haben sich in der DDR als Elite in diesen Jugendszenen bewegt und gefühlt. Interessant ist, dass selbst bei vorsichtiger Schätzung angenommen werden kann, dass zu diesem Zeitpunkt mindestens 80 Prozent der Skinhead-Fascho-Szene über einen in der DDR geachteten sozialen Status verfügten. Das waren also keine Outlaws, wie man das bei den Punks hatte. Die Fascho-Skinheads waren die guten Beispiele an den Arbeitsplätzen – sauber, ordentlich, pünktlich. In den DDR-Bezirken bildeten sich bis zur Wende Organisationsstrukturen heraus, die als Grundstock rechtsextremer Kaderparteien angesehen werden können. Unter anderem waren folgende Gruppen aktiv – ich nenne nur ganz wenige aus der großen Masse: Die NS-Kradstaffel Friedrichshain in Berlin, Freicorps Mengele in Klingenthal, Bucher Volkssturm, Gubener Heimatfront, Söhne der Arier in Erfurt.

Im Rahmen der Gesellschaft für Sport und Technik (GST) hatten viele von ihnen die Ausbildung an Waffen genießen können. Spezialkampftechniken konnte man erlernen, eine Ausbildung zum Fallschirmspringer bekommen oder Kampfschwimmer werden. Man darf daraus allerdings nicht die Schlussfolgerung ziehen, dass sie gefördert wurden. Sie waren sehr repressivem Druck ausgesetzt. In einem Überwachungsstaat wie der DDR war eine rasante Ausbreitung der Szene öffentlich nicht möglich. Sehr früh waren sie gezwungen, Aktivitätsformen außerhalb des unmittelbaren politischen Raumes zu suchen, ein Vorgang, der die Tür zur heute manifesten Verankerung des Rechtsextremismus im soziokulturellen Raum aufstieß. Hauptaktionsfeld waren Berufsschulen, aber auch neunte und zehnte Klassen der Polytechnischen Oberschulen. Diese Altersstufe ist übrigens schwerpunktmäßig mit den heutigen Entwicklungen in den neuen Bundesländern identisch. Sukzessiv wurden die Aktivitäten zur Besetzung von Jugendclubs verstärkt. Das Modell von Angst, Terror und Gewalt wurde in dieser Zeit geprägt. Deshalb waren ein Großteil der Strukturen 1989 einfach da.

Dann kam Entwicklungshilfe aus den alten Bundesländern dazu. Es gab schon vor 1989 Kontakte im Fußballumfeld, auch zur Wehrsportgruppe Hoffmann. 1988 bildeten sich die ersten Sympathisantengruppen für rechtsextreme bundesdeutsche Organisationen und Ansätze – für entsprechende Agitation in den Arbeitsstätten mit dem Ziel irgendwann und irgendwie Parteianschluss zu finden. Das war ein relativ schwieriges Unterfangen. Wie es auch in der linken Opposition war, hat sich jede Gruppierung eine andere Gruppierung aus dem Westen herausgesucht. Bernd Wagner spricht immer davon, dass diejenigen, die die Republikaner gewählt haben, nicht zum intelligenteren Teil gehört hätten. Die anderen hätten eher konspirativ gearbeitet und versucht, andere Organisationen hoffähig zu machen. Sofort nach dem Fall der Mauer siedeln rechtsextremistische Kader aus dem Westen direkt nach Ostberlin über. Dazu gehören Kühnen,

Busse, Priem, Schweigert und Küssel aus Österreich. Sie treffen im nationalen Kommunikationszentrum Weitlingstr. 122 auf die NA-Parteizentrale mit ihrem Vorsitzenden Ingo Hasselbach. 1990 tritt die Nationale Initiative – Gott sei Dank erfolglos – zur Wahl zum Berliner Abgeordnetenhaus an. Zerwürfnisse und später der Ausstieg Hasselbachs aus der Neonaziszene lassen zu diesem Zeitpunkt keine Ausweitung, also keine parteipolitischen Annäherungen zu. Ende 1992 werden dann die ANF – Nationale Offensive – verboten und 1993 auch die FAP. Ein Großteil der Akteure ist weiterhin im rechtsextremistischen Spektrum tätig, entweder in Kameradschaften, die sich durch ihre Struktur von vornherein Verboten entziehen, oder in der NPD, die sich von einer rückwärts gewandten alternden Partei mit seit 1970 nur geringer Attraktivität zu einem modernen Sammelbecken rechtsextremistischer Aktivisten entwickelt hat.

Uli Jentsch, *Antifa-Pressearchiv und Bildungszentrum, Berlin*

Ich denke, es ist wichtig, deutlich darauf hinzuweisen, dass sich entlang von Traditionslinien und Brüchen, die es vorher schon gegeben hat, auch in den 90er Jahren Erfolg und Misserfolg der extremen Rechten entschieden hat. Eine der traditionellen Schwächen der Rechten aus der BRD war es, dass sie immer auf eine Partei rechts von der CDU gesetzt haben – teilweise mit sehr viel Vehemenz und teilweise mit Erfolgen. Diese Traditionslinie finden wir auch in den 90er Jahren, auf die ich aber nur am Rande eingehen werde.

Schon vor der Öffnung der Grenze hat es Kontakte zwischen Rechtsextremisten aus DDR und BRD gegeben. Bundesdeutsche Rechtsextremisten hatten vielfältige Kontakte in den Osten. Zu nennen sind da die Neonazis um Michael Kühnen, aber auch Mitglieder der Nationalistischen Front, einer ebenfalls verbotenen Vereinigung, aber auch Mitglieder von Hooligan- und Skinhead-Subkulturen. Auch Republikaner und NPD hatten früh authentische Ansprechpartner im Osten und haben diese mit Propaganda und Ressourcen versorgt – gerade in der Zeit der Demonstrationen, zum Beispiel in Leipzig. Nach Recherchen, deren Qualität ich selber nicht einschätzen kann, wird davon gesprochen, dass es bis zu 5 000 militante Rechtsextremisten, mit bis zu 10 000 Sympathisanten 1989 im Osten gegeben haben soll. Dazu vielleicht noch eine andere Zahl. Das MfS berichtete zum Beispiel 1988 davon, dass es allein über 1 000 neonazistische Skinheads aus dem gewaltbereiten rechten Spektrum gibt.

Meine Hauptthese für die 90er Jahre ist letztendlich, dass von der Entwicklung in den 90er Jahren hauptsächlich ein neonazistischer Kreis, ein Netzwerk von neonazistischen Aktivisten, und zwar sowohl im Westen als auch im Osten profitiert hat. Seit 1990 können wir zwei Modernisierungsschübe innerhalb dieses Spektrums feststellen. Zum einen die Zeit von 1990 bis 1992, die eben dadurch gekennzeichnet ist, dass zum Teil massenhafte Angriffe und Übergriffe auf Ausländer und Ausländerwohnheime stattfanden. In dieser Zeit schafften es Organisationen wie die Gesinnungsgemeinschaft der Neuen Front (GdNF) im Verbund mit rassistischen, nationalistischen Jugendlichen und im Windschatten letztendlich auch von einem Vereinigungsnationalismus, sich als eine Generation der extremen Rechten auf der Straße zu präsentieren und damit einen medialen Masseneinfluss zu gewinnen, von dem sie in den 80er Jahren nur haben träumen können. Eine zweite Phase setzte schließlich nach vielen Verboten und Repressionen gegenüber Neonazis ein. Sie waren gezwungen – nicht nur sie, sondern auch Teile des rechtsextremen Parteienspektrums – alte und überholte Strukturen und Konzepte endgültig ad acta zu legen und sich prinzipiell neu zu orientieren. Am Anfang, also in den Jahren 1990 bis 1992 hat sich alles darauf orientiert, was vom Westen als Organisationsmodelle importiert wurde. Es gab aber auch zu diesem Zeitpunkt authentische Organisationsmodelle im Osten. Dass der Import dieser Modelle unterschiedlich erfolgreich war, lag zum Teil daran, dass es viele interne Streitereien gab, was sich unter anderem auch an ideologischen Orientierungen deutlich machte. Einige wollten den Hitlerkult nicht mitmachen und setzten stattdessen auf die Gebrüder Strasser – eine so genannte linke Linie der NSDAP der 20er und 30er Jahre. Andere haben die rückwärtsgewandte Orientierung zum Beispiel auf so jemanden wie Rudolf Hess, der sich eben sehr gut als Integrationsfigur der West- und Ostnazis präsentiert hat, als Stellvertreter des Führers und jemand, der lange im Kriegsverbrechergefängnis Spandau saß. Eine zweite Geschichte, die diese verschiedenen Grüppchen früh zusammengebracht hat, war natürlich die Kampagne gegen das Asylrecht. Wobei deutlich zu sagen ist: Diese Kampagne haben die Unionsparteien und eine schwächliche bzw. einknickende Sozialdemokratie zu verantworten. Damals wurde erstmals eine massenhafte und auch durch die Medien getragene Kampagne gegen Ausländer und Flüchtlinge geführt, auf die sich die Nazis nur noch haben draufsetzen müssen.

Die rechtsextremen Parteien hatten in dieser Zeit ihre eigenen Probleme. Die Republikaner boten nach einem ziemlich großen Mitgliederzuwachs schnell ein Bild der Zerstrittenheit und konnten eigentlich keine Wahlerfolge im Osten erzielen. Dadurch sind ihre Landesverbände dort entsprechend marginal und nicht arbeitsfähig. Die DVU hingegen erfuhr erst durch den großen Wahlerfolg in

Sachsen-Anhalt mehr Bedeutung. Sie ist grundsätzlich in der Lage, jederzeit das ausländerfeindliche Potential abzuschöpfen, obwohl sie mit wirklich zweifelhaftem Personal ausgestattet ist. Sie schafft es aber nicht oder nur in geringem Maße, außerhalb von Wahlkämpfen politischen Protest zu artikulieren. Eine dritte wichtige Partei ist die NPD. Sie spielt in den 90er Jahren und vor allen Dingen in den späten 90er Jahren mit Sicherheit die wichtigste Rolle, denn sie ist diejenige, die es am deutlichsten geschafft hat, sich auf die neue Situation einzustellen, die sowohl ihre Strategie als auch ihr Personal runderneuert hat. Die Jahre 1990 bis 1992 sind deswegen wichtig, weil diese Grüppchen der Neonazis in der Lage waren, eine Rolle zu spielen, als seien sie Exekutoren des schweigenden Volkswillens. Und sie haben bis heute in einigen Kommunen so etwas wie eine Ordnungsfunktion. Sie gehen teilweise so weit, dass sie sich sogar als solche der Polizei andienen. Der Widerstand in den einzelnen Kommunen – das ist wesentlich – war sehr unterschiedlich. Es hat Kommunen gegeben, wo es früh Widerstand dagegen gegeben hat. Das sind übrigens diejenigen, die auch heutzutage die wenigsten Probleme mit dem Rechtsextremismus haben. In anderen Kommunen hat es wenig Widerstand oder gar keinen gegeben. Und es hat Kommunen gegeben, in denen es für solche Entwicklungen offene Zustimmung, und zwar von Vertretern der so genannten Zivilgesellschaft, gegeben hat. Teilweise sind Neonazigruppen für ihre Anschläge bezahlt worden oder es hat verbale Zustimmung gegeben. In dieser Zeit wächst folgerichtig auch die Zahl der gewaltbereiten Neonazis. Das Bundesamt für Verfassungsschutz spricht zwischen 1990 und 1992 von einem Anstieg von 660 auf 6 400 Personen. Die Zahl der Gewalttaten springt im selben Zeitraum von 309 auf über 3 600. Und Gewalttaten sind hier Gewalttaten gegenüber Personen.

Es folgt die Zeit der Repression. Acht Organisationen werden aus diesem Spektrum verboten. Weitere neun Organisationen folgen. Damit haben wir die Situation, dass dieses Netzwerk, was 1989 in der Lage war, die wiedervereinigte BRD mit Terror zu überziehen, nicht mehr existierte. Genau in diesem Moment sind wir mit etwas konfrontiert worden, dass ein gewachsenes Selbstbewusstsein und ein gewachsenes Potential der neonazistischen Kader darstellte. Diese diskutierten eine Vielzahl von Strategien und wohin der Weg weiter geht. Die Schaffung Runder Tische wird ins Gespräch gebracht. Es wird die vereinigte Rechte und am Rande auch der Weg in einen terroristischen Untergrund diskutiert. Abgesehen von kurzlebigen Sammlungsbestrebungen, die es damals gegeben hat – auch unter Beteiligung von Parteien wie DVU und NPD – gab es ein Modell, an dem sich seitdem alle orientieren müssen. Und das ist die Bildung von regionalen Kameradschaften, die nur über personelle Netzwerke verbunden sind. Diese zeigten den größten Erfolg. Die Gründe dafür liegen mit Sicherheit in der Beschaffenheit, der Gesinnung und dem sozialen Kontext der Ostdeutschen, in dem sich ostdeutsche Neonazis bewegen konnten oder halt schon zum Teil in den 80er Jahren bewegen mussten. Dieses Konzept wird meistens so tituliert: „Alle machen mit, keiner ist verantwortlich!" Es wird zum Modell in Ost und West. Hier vielleicht ein Zitat aus einer Nachfolgeorganisation der Nationalistischen Front, die inzwischen verboten ist: „Wir betrachten die Arbeit der Vorfeldorganisationen für abgeschlossen und halten die Kampfformen der unabhängigen Kameradschaften, Zellen und Strukturen vor Ort in ihrer Gesamtheit als für das System unangreifbar." Hier wird deutlich, worum es geht, um eine Organisationsform für den Kampf. Das hört sich nicht nur so an wie die Sprache der NSDAP in ihrer Bewegungszeit, sondern das ist genau die gleiche. Parallel dazu hat die NPD seit 1996 wesentliche Teile der verbotenen Neonaziorganisationen integriert. Und sie tut das nicht nur, indem sie Personal integriert, sondern auch deren Orientierung, und zwar hin zu einer Politik, die hauptsächlich auf der Straße stattfindet, und zwar zur Schaffung einer – wie sie es selber nennen – nationalen, außerparlamentarischen Opposition (NAPO). Das ist eine Entlehnung an die linke Organisationsgeschichte, an die APO.

Statistisch gesehen, haben wir seit dem Amtsantritt von Udo Volk, der als Bundesvorsitzender der NPD für diesen Kurs verantwortlich ist, fast an jedem Wochenende zwei Aufmärsche der NPD. Dazu kommen Aufmärsche, bei denen die NPD nur mitmarschiert. Logischerweise hat die NPD zwischen 1996 und 1998 ihr Personal in den neuen Bundesländern auf fast 2 000 Mitglieder vervierfacht. Während die anderen rechtsextremen Parteien stagnieren und die Republikaner sogar auf 300 Mitglieder geschrumpft sind. Um noch einmal deutlich zu machen, inwiefern das wirklich eine strategische Option auf das ist, was Ende der 80er Jahre schon vorhanden war – auch im Osten –, möchte ich die Strategie der national befreiten Zonen erwähnen. Diese Strategie, eine Art Planspiel, wurde im Kreise der NPD entwickelt. Ich möchte nur auf drei Punkte hinweisen, die meiner Meinung nach wesentlich sind. Es geht um die Erlangung einer kulturellen, sozialen und repressiven Hegemonie, und zwar im kommunalen Raum – nirgendwo sonst. Das soll erreicht werden:

• kulturell durch ein umfassendes Angebot von nationalistischer Skinheadmusik, patriotischen Liedern, auch dadurch, dass Jugendszenen wie Dark Wave, Gothic, Heavy Metall oder Techno von rechtsextremistischen Kadern durchdrungen werden,

- sozial durch die Schaffung von niederschwelligen Angeboten einer nationalen Jugendarbeit. Das sind Jugendclubs, aber auch die Organisierung in Kameradschaften und Cliquen,
- und letztendlich gewalttätig durch die Vertreibung aller nicht-rassistischer, linker oder auch nicht-rechter Jugendlicher und Terror gegen Sozialarbeiter, Pfarrer, Journalisten, Nachbarn, Kommunalpolitiker, Bürgermeister usw.

Diese Strategie hat die NPD als Ganzes übernommen, diskutiert sie seit 1996 intensiv. Auch andere Organisationen setzen diese Arbeit um, wie zum Beispiel freie Kameradschaften, Gruppen wie die „Hammer-Skins" oder die verbotenen „Blood-and-Honour-Skinheads". Sie nutzen dabei ihren eigenen Zugang zu einer nationalistischen und rassistischen Jugendkultur, die schon existiert hat, die aber wiederum – und das ist eine Neuerung – dieses Angebot der politischen Organisationen umfassend annimmt. Wir haben solche Versuche in den 80er Jahren auch in Westdeutschland gehabt. Meistens haben diese mit einem Desaster für die Naziorganisationen geendet. Wir haben es inzwischen damit zu tun, dass wir von der Naziseite her eine Infrastruktur haben, die sich genau auf so eine Subkultur stürzt. Viele Funktionäre der verbotenen Organisationen sind in die Musikszene gegangen, haben angefangen die Magazine für Skinheadmusik herauszugeben, Konzerte zu organisieren und Plattenfirmen zu gründen. Es ist ein extrem rechtes Musik-Business entstanden, das seitdem Organisationen, Parteien und Einzelpersonen bereichert. Die CD und das Internet sind zu den wichtigsten Propagandamitteln der Neonazis geworden. Es gibt in Deutschland schätzungsweise über 100 Nazibands, die seit 1991 über 500 eigene CDs mit einer geschätzten Gesamtauflage von über 1,5 Millionen herausgegeben haben. Der Markt ist ein internationaler Multimillionen-Dollar-Markt. Das sind Zahlen, die natürlich nur geschätzt werden können, aber es sind Zahlen, die vom BKA bestätigt werden.

Zum Schluss ein Zitat von Jürgen Schwab, einem der agilsten Denker der NPD. Er schreibt in einem 1999 erschienenen Artikel: „Die Jugend gewinnen. Ein nationales Netzwerk ist zu schaffen, das tief in den vorpolitischen und kulturellen Raum hineinreicht. Nationalismus muss jungen Leuten als ein spannendes Abenteuer verkauft werden. Heranwachsenden muss es Spaß machen, nationale Veranstaltungen zu besuchen. Hierzu ist langfristig eine möglichst große Bandbreite an Medien (Zeitschrift, Buch, Tonträger, Film, Video, privates Fernsehen und Hörfunk, Internet usw.) abzudecken. Parteitage und Mitgliederversammlungen mit einfallslosen Reden und ermüdenden Satzungsdiskussionen langweilen nur. Dieser skizzierte Schritt ist notwendig, damit künftig ein geschulter 25-Jähriger mindestens zehn 18-Jährige nach sich zieht."

Um es abschließend zusammenzufassen: Die bundesdeutsche extreme Rechte hatte über Jahre keinen nennenswerten Zugang zur Jugendkultur gehabt. Dies war über Jahrzehnte ein Schwachpunkt extrem rechter Politik. In diesem Punkt erkennen wir die dramatischsten Veränderungen der letzten Dekade. Der Anteil ausländerfeindlicher Einstellungen liegt in manchen zugänglichen Umfragen und für fast alle Altersgruppen um die 30 Prozent. Notwendig ist hier der Hinweis, dass der Anteil unter Jugendlichen nicht deutlich höher ist. Das Problem ist also weder ein Jugendproblem, noch wird es sich demographisch irgendwann herauswachsen, sondern es wird sich allenfalls anders zu erkennen geben. Die Umorientierung des neonazistischen Spektrums hin zu einer so genannten nationalen Bewegung, die verschiedene, auch lose Organisierungsmodelle zulässt und sich stark an einer jugendlichen Erlebniswelt orientiert, hat zu einem weiteren Anwachsen des Rechtsextremismus geführt. Und die Rechtsextremisten der neuen Bundesländer haben im Resultat die alten Länder in Anzahl und Dynamik überholt. Der Anteil der so genannten „gefestigten, extrem rechten Einstellungen" liegt in den verschiedenen Bundesländern zwischen 4 und 19 Prozent, in den neuen Ländern zwischen 16 und 19 Prozent, also an der oberen Spitze der Skala. Letzteres gilt auch für die Zahl der Gewalttaten pro Einwohner, die Zahl der gewaltbereiten Rechtsextremisten oder die Bereitschaft, extrem rechte Parteien zu wählen.

Magdalena Marsovszky, *Kunsthistorikerin, Kulturmanagerin, freie Journalistin, München/Budapest*

Rassismus in Ungarn ist wie Forschungen zeigen im internationalen Vergleich, ja selbst im Vergleich mit den anderen postsozialistischen Ländern, bedeutend. Die zwei stärksten Varianten des ungarischen Rassismus sind der Zigeunerhass und der Antisemitismus. Im kulturell gespaltenen Ungarn scheint es gegenwärtig einen einzigen gesellschaftlichen Konsens zu geben, nämlich den Hass gegen Zigeuner. Ich sage absichtlich „Zigeuner", weil sie sich in Ungarn so nennen und sich selbst nicht gern als Roma oder Sinti bezeichnen. Die Benachteiligung der Zigeuner ist beinahe auf jedem Gebiet zu beobachten. Sie sind öffentlichen Diskriminierungen ausgesetzt und dies sogar in den öffentlich-rechtlichen Medien. Die ablehnende Haltung der Bevölkerung wird zusätzlich durch führende Politiker, Ministerpräsident Orbán inbegriffen, geschürt. Die andere Abwandlung des Rassismus ist der Antisemitismus, der zwar weniger auffällig ist als der Zigeunerhass, doch dafür die gesamte ungarische Kultur, Gesellschaft und Politik gleicherma-

ßen spaltet. Anhand dieses komplizierten Phänomens des Antisemitismus können die Hintergründe des Rassismus verständlicher dargestellt werden.

Eine wichtige Ursache für den Antisemitismus liegt in der Geschichte des
Landes. Ungarn war seit 1526, dem Jahr der türkischen Belagerung, bis 1989 –
bis auf eine kurze Periode – nie souverän. Auf die Türken folgten die Habsburger,
später die Deutschen und nach dem Zweiten Weltkrieg die sowjetische Besatzung. Wichtigster Meilenstein, und für die kulturelle Entwicklung des Landes bis
zum heutigen Tag von Bedeutung, ist der Friedensvertrag von Trianon von 1920,
als Ungarn – in der Monarchie nach dem Ersten Weltkrieg auf der Verliererseite
– zwei Drittel seiner Gebiete an die Nachbarländer abtreten musste und somit
nahezu ein Drittel der ungarischen Bevölkerung Staatsbürger der Nachbarländer
wurde. Trianon wurde zur Quelle einer allgemeinen Zerstörung, auch die Angst
vor dem Tod der Nation nahm riesige Ausmaße an. So entstand durch die Jahr-
hunderte ein Mechanismus, in dem die Identität vor allem über den verhassten
fremden Unterdrücker definiert wurde. Daneben entwickelte sich eine Konzeption, in der es die reinrassige Kultur der Ungarn zu verteidigen galt. Zu der historisch gewachsenen und durchaus verständlichen Opferhaltung gesellte sich
vor und im Zweiten Weltkrieg auch eine Täterhaltung, die jedoch nach 1945
für vier Jahrzehnte unterbunden wurde. Im Realsozialismus verstärkte sich diese
Art nationaler Identität. Besonders im letzten Jahrzehnt, in der so genannten
weichen Diktatur, entwickelte sie sich zu einem euphorischen Zusammenhalt,
weil die im Untergrund operierende demokratische Opposition trotz harter Repressionen doch Einiges erreichen konnte und ein breiter Widerstand bemerk-
bar war. Widerstand war oft kulturell und hatte die Funktion einer politischen
Ersatzhandlung. Zudem gab es etwas mehr Freiheit als in anderen Ostblocklän-
dern, so dass sich trotz allem ein verhältnismäßig lebendiges kulturelles Leben
entfaltete. Und man war sich dieser Freiheit bewusst. Es entstand das Image
der „fröhlichsten Baracke" im realsozialistischen Lager, das auch weitgehend der
Identität des Landes entsprach. Diese Euphorie war dennoch trügerisch, da die
vom Kádár-Regime geduldeten oppositionellen Tendenzen in der Kultur als politische Ventilfunktion vor allem dem Machterhalt dienten und nicht dem Aufbau
einer Demokratie. Indem jedoch der Staatsapparat durch Provokation von unten
sichtbar schwächer wurde, wurden Ansätze zur zivilen Gesellschaft spürbar.

Mit dem Einzug der Marktwirtschaft wurde dieser Entwicklung ein Ende gesetzt. Bereits einige Monate nach der Wende, nachdem also der Traum von einem
souveränen Nationalstaat in Erfüllung gegangen war, wuchs auch der Nationalismus. Wie der böse Geist aus der Flasche erhob sich mit ihm das Phantom

des Antisemitismus aufs Neue. Trotzdem blieb die dringend notwendige geistig-kulturelle Aufarbeitung der eigenen Geschichte auf der Strecke und stattdessen stieg der Stellenwert von gewinnorientierten, wirtschaftlichen Interessen und von Marktgesetzen von Kunst und Kultur gegenüber der Ästhetik und den bildungspolitischen Aufgaben. Identitätsstiftend wurden immer mehr schnelle und billige Massenprodukte. Die Kultur schien die letzten Reste ihrer Autonomie zu verlieren und war kaum mehr fähig, zu Selbstreflexionen beizutragen. Es stellte sich heraus, dass der Markt ein listigerer Feind von Identität und kultureller Autonomie sein kann als der Einparteienstaat, da er im Gegensatz zur Diktatur fähig ist vorzutäuschen, dass die Kunst ausschließlich dem inneren Anspruch folgt. Als Gegenbewegung gegen die Globalisierung, die kulturelle nationale Eigenheiten nivelliert, versuchen die ungarischen Konservativen seit der Wende die prä-realsozialistische Bürgertradition wiederherzustellen und sich auf altherkömmliche ungarische Wertvorstellungen zu besinnen bzw. sich an alten Modellen zu orientieren. Je lauter die Kritik an den Konservativen wird, desto intensiver ist ihr Rückzug auf altungarische historische Symbole und Reliquien. Da jedoch in Ungarn eine konservative Haltung zu definieren außerordentlich schwierig ist, bedeutet der Rückgriff der postkommunistischen neuen Rechten auf die 20er und 30er Jahre als Hauptquelle ihrer Wertvorstellungen gleichzeitig den Aufschwung von damals zum Wesen des Konservatismus gehörenden volksnationalen Ideen. So fällt der Kampf des nach einem christlichen Ungartum und nach einer organisch ungarischen Kultur strebenden Konservatismus mit dem Kampf gegen die Juden oder gegen die, die dafür gehalten werden, und deren Sympathisanten zusammen. Zumal sich in der politischen Linken heute traditionell eher die Anhänger westlicher Demokratien und des kosmopolitischen Liberalismus versammeln; Prinzipien also, die schon in der Monarchie jüdischen Vorstellungen entsprachen. Dem hasserfüllten ungarischen Kulturkampf liegt also auch ein massiver Antisemitismus zugrunde, der jedes Mal wächst, wenn eine konservative Koalition das Land regiert. Auch die gegenwärtige rechtskonservative Regierung versucht der „McDonaldisierung" – wie die Kommerzialisierung der Kultur genannt wird –, mit der Förderung eines von Staats wegen angeordneten christlich-nationalistischen Wertkonservatismus entgegenzuwirken. So wurde in strategisch wichtigen Bereichen der Kultur der Einfluss der Regierung erheblich vergrößert. Zudem wurde ein dem Ministerpräsidenten zugeordnetes und finanziell gepolstertes Millenniumsbüro eingerichtet, von dem Propagandaschriften zum Millennium direkt ins Haus geliefert werden. Mit modernen PR-Techniken versucht man die ungarische Neurose zu lindern, die aus der Lage eines Landes resultiert, das auf der Verliererseite der Geschichte noch immer mit dem Fiebertraum des Verschwindens seiner nationalen Existenz kämpft. Dass dabei erneut von oben, jetzt sogar vielfach mit Hilfe der Kirche bestimmt wird, was richtige und nicht-richtige, was ungarische und nicht-ungarische Kunst sei, dürfte vielen deshalb nicht auffallen, weil modernes Marketing mit westlichen, stabilen Demokratien assoziiert wird. Appelle an das Gewissen der „richtigen" Ungarn, der „richtigen" Christen fallen zudem vielfach infolge der langen Unterdrückung auf fruchtbaren Boden. Die PR-Techniken der inneren Kommunikation der Regierung orientieren sich an der Politik des schnellen Profits, das heißt der schnellen Sicherung des Wahlerfolgs und sind erneut keine langfristigen Investitionen in die kulturelle Identität, sondern populistische Mobilisierungen zu einer Quasi-Gemeinschaft. So ist nicht nur Trianon ein alltägliches Thema in den Medien, auch die allgemeine Angst wird geschürt, fremde Mächte würden versuchen, die ungarische Kultur und damit die Ungarn ihrem Stil und Denken anzugleichen, weshalb sie verteidigt werden müsse. Dabei ähnelt die Rhetorik der der 30er Jahre gespenstisch. Die Konzeption der reinen ungarischen Kultur taucht erneut auf und der Mechanismus der Identifikation über Feindbildkonstruktionen greift. Aus den Opfern, die sich wehren müssen, werden viele langsam wieder zu Tätern. Die Fundamentalismen und Rassismen im Lande wachsen. Meinungen von Andersdenkenden werden vom Tisch gefegt und oppositionelle Kritiker – meistens codiert mit dem Synonym für „jüdisch" – als „Liberalbolschewiken", „Kosmopoliten", „Scheinungarn" oder einfach als „seelisch fremd" beschimpft und als Verräter in den Medien namentlich genannt. Versuchen sich diese gegen die „öffentlich-rechtliche Judenhetze" zu wehren, wird ihnen von Regierungsseite Hypersensibilität vorgeworfen.

Unterstützt wird die Regierung von der rechtsradikalen Partei MIÉP, seit 1998 das erste Mal – offiziell als Opposition, doch nach eigener Aussage als „Opposition der Opposition" – im Parlament vertreten. Böse Zungen werfen der Regierung vor, in der rechtsradikalen Partei ein ideales Sprachrohr gefunden zu haben, denn diese würden alles aussprechen, was sich die Regierung, die sich EU-Regeln verpflichtet fühle, nicht leisten könne. Der Ausweg aus der Identitätskrise wird dadurch erschwert, dass sich in Ungarn bis heute keine, im Sinne von authentischen Persönlichkeiten verstandene, breite bürgerliche Schicht entwickeln konnte, die für die demokratische und kulturelle Entwicklung des Landes so wichtig wäre. Die ungarische Geschichte hat die Entstehung des „Citoyens" in all ihren Perioden verhindert und verhindert sie auch heute. Denn das wichtigste Mittel für Selbstreflexion, die Kunst und Kultur, werden durch repressive staatliche Kulturpolitik nach realsozialistischen Reflexen auf der einen und durch neoliberale Tendenzen auf der anderen Seite beherrscht. Für die neoliberalen Tendenzen wirkt sich heute vor allem die Tatsache günstig aus, dass der bisherige Prozess der EU-Integration beinahe gänzlich dem Markt überlassen wurde. Ungarn wurde weitgehend zum Wirtschaftsfaktor degradiert. Als logische Konsequenz wird auch die EU-Integration als eine von oben herab geführte erneute „Kolonisation der Quote" erlebt, weshalb die für sie dringend notwendige geistig-kulturelle Basis fehlt.

Der Rassismus erwächst also aus dem Nationalismus, dem „Trost der Verlierer", selbst wenn sie nicht de facto Verlierer sind, sondern sich im sozialpsychologischen Sinne nur so fühlen, etwa infolge von Identitätsverlust nach dem Auflösen der geschlossenen Gesellschaft der Kádár-Ära. Zum Erhalten der politischen Stabilität in Europa ist es also höchste Zeit für langfristig angelegte Investitionen in die kulturellen Identitäten einer künftigen zivilen Gesellschaft. Denn nur stabile Identitäten weichen den Fragen reflexiver Modernisierung nicht aus und halten Spannungen und Differenzen stand. Kultur darf wiederum nicht länger als Instrument des Machterhalts oder als das einer erhofften Gewinnmaximierung benutzt werden. Sie muss gegenüber Markt und Politik weitgehend autonom bleiben, denn nur eine autonome Kultur kann eine hohe Integrationsleistung hervorbringen und gesellschaftlich stabilisierend wirken.

Tatjana Zhdanok, *Vorsitzende der „Equal Rights" Partei, Lettland*

Ich wurde gebeten, über die lettische Situation und die baltischen Staaten im Allgemeinen zu sprechen. Ich muss sagen, dass die Tendenzen und Entwicklungen in Lettland nach den Veränderungen 1989 und 1991 – besonders was Toleranz und Nichtdiskriminierung angeht – eher zerstörend sind. Besonders die Situation in Litauen und Estland ist hier bedenklich. Der Antisemitismus ist in Lettland weit verbreitet und ein Gewohnheitsphänomen. Die Gründe für dieses Phänomen, das ganz allgemein in allen osteuropäischen und besonders in postsowjetischen Ländern gilt, wurden bereits in unserem Workshop erwähnt. Ich werde mich daher auf einige spezifische Aspekte konzentrieren, die meiner Meinung nach grundlegend sind und für solche Trends positive Rahmenbedingungen schaffen.

Zunächst einmal ist das der spezifische Status der drei baltischen Staaten, die 1989/1991 aus den damaligen Entwicklungen hervorgegangen sind. Der zweite Grund ist der Ansatz der doppelten Standards westlicher Regierungen und internationaler Organisationen, wenn man über die baltische Situation spricht. Die theoretische Substanz für einen Anstieg des Nationalismus, der in der Gesellschaft vorherrscht, wurde in der Doktrin der Restaurierung des Vorkriegszustandes – in Lettland, Estland und ebenso in Litauen – gefunden. Gemäß dieser Doktrin ging es nach dem Ende der 50-jährigen Besatzung vor allem um die Wiederherstellung des Staates in den Grenzen von 1920, die Gesamtheit der Bürger (die vor 1940 ein Recht auf die Staatsbürgerschaft hatten) und um Privateigentum (Häuser und Ländereien wurden an die ehemaligen Eigentümer übergeben). Diese Doktrin besagt auch, dass der Vorkriegsstaat wieder „de jure" hergestellt werden sollte – obwohl er eigentlich nicht existent war. Das heißt, alle, die in den letzten 50 Jahren neu hinzugekommen waren, waren also Illegale und müssten daher abgeschoben werden. Die ethnische Gruppe der Letten wird als die vorherrschende Gruppe dargestellt und alle anderen werden als Gäste betrachtet. Es ist sehr einfach, die so genannten Herrscher auszumachen, da die sowjetische Anordnung der obligatorischen Aufzeichnung des ethnischen Ursprungs im Pass immer noch Pflicht ist. Per Gesetz gibt es die Möglichkeit, die Angabe des ethnischen Ursprungs zu ändern, wenn man nur bis auf zwei Generationen begrenzt seine Nationalität angeben möchte. Aber wenn die gewünschte Nationalität lettisch sein soll, dann muss man sehr gute lettische Sprachkenntnisse vorweisen und ein Zertifikat vorlegen. Man verhält sich hier entgegen der Empfehlung der OSZE. Aber die Art, wie die OSZE und andere internationale Organisationen mit den lettischen Behörden sprechen, obgleich man solche Empfehlungen gegeben hat, ist wie mit einem störrischen Kind. Es ist leicht zu erkennen, welche Unterschiede in der Behandlung zwischen Lettland und Russland existieren, wenn wir uns um ein schlechtes Erbe oder eine Unsitte aus dem sowjetischen System kümmern. Es ist die „Propiska", die Registrierung des Wohnsitzes. Es gibt hier sehr viel Kritik gegenüber Russland, aber in Lettland wird diese weiterhin vorherrschende Praktik nicht kritisiert. Das Nichtvorhandensein einer solchen „Propiska" bedeutet, dass die jeweilige Person illegal in Lettland ist. Die meisten dieser Illegalen sind hausgemacht, wurden zwangsweise geschaffen. Viele wurden in Lettland geboren, andere lebten dort für viele Jahre und ihre Angehörigen sind immer noch in Lettland. Ihre einzige Schuld ist, dass sie vorübergehend Lettland verlassen haben. Einige wurden zu Illegalen, weil sie ihre „Propiska" verloren haben und diese nicht wieder neu erstellt wurde. Nach Angaben des zuständigen behördlichen Instituts gibt es ungefähr 6 000 Menschen die in Lettland Illegale sind. Unsere Schätzungen gehen eher von 20 000 bis 30 000 Personen aus. Und diese sind von Abschiebung bedroht.

Aber auch diejenigen, die nicht den offiziellen Status haben, Bürger von Lettland zu sein – das sind ungefähr 600 000 Menschen und 25 Prozent der Gesamtbevölkerung –, müssen sich regelmäßig beleidigen und sich darüber belehren lassen, dass sie nicht in Lettland willkommen sind. Sie werden als MigrantInnen, Besatzer oder Kolonisten beschimpft. Eine Reihe von Funktionären und auch die staatlichen Massenmedien möchten, dass diese Menschen Lettland verlassen. Dabei gibt es verschiedene Herangehensweisen: Österreich wird für Herrn Haider kritisiert, der dort an der Regierung beteiligt ist. Bei Lettland aber vergisst man, dass die rechtsgerichtete Partei „Für Vaterland und Freiheit" (TB/LNNK) in der lettischen Regierungskoalition seit 1995 aktiv ist und der Repräsentant dieser Partei zweimal Premierminister Lettlands war. Die Forderung dieser Partei ist, einen ethnisch reinen Staat zu schaffen: „Lettland den Letten!" oder „Das lettische Lettland". Die Abgeordneten dieser Partei haben in einer eigenen Wochenzeitschrift erklärt, dass es schon seit langer Zeit notwendig sei, ein detailliertes Programm der Abschiebung zu entwickeln. Der Generalsekretär der TB/LNNK erklärte im November 1997 im Fernsehen, dass alle Nichtbürger von Lettland notwendigerweise Lettland vor dem Jahre 2000 verlassen müssen. Im März 1998 wurde ein Artikel von einem Abteilungsleiter des Justizministeriums in einer Wochenzeitschrift abgedruckt, in dem die rassische Unterlegenheit des russischen Volkes „bewiesen" wurde. Von Seiten der Staatsanwaltschaft sah man keinen Grund, Anklage zu erheben. Dieser Abteilungsleiter arbeitet nun als offizieller Vertreter Lettlands am Europäischen Gerichtshof für Menschenrechte.

Die Jugendzeitschrift von TB/LNNK fördert auch die Musikgruppe „Hakenkreuz", deren Arbeit sich dem Antisemitismus widmet. Mit Liedtexten wie „Unsere Bibel ist ‚Mein Kampf', Lasst unsere Bomben auf das Holocaustmuseum fallen ..." setzten sie ihren Antisemitismus in Szene. Es gab keinen einzigen Fall, in dem gegen jemanden gerichtlich vorgegangen wurde, obwohl dies durch unsere Gesetzgebung ermöglicht wird.

Während der Wahlkampagne 1997 und 1998 benutze die Nationaldemokratische Partei Lettlands ein Hakenkreuz, in dem „Russian Yids" stand, eine negative Bezeichnung für russische und jüdische Geschäftsleute. Und bei den Wahlen im März 2001 kandidierten auf der „Vereinten Liste" Mitglieder verschiedener Parteien, wie zum Beispiel der Partei „Unser Land" oder „Helsinki 86". Man muss erwähnen, dass diese Liste nur 1 000 Stimmen erhielt und kein Mandat erringen konnte. Die „Vereinte Liste" bestritt zum Beispiel ihren Wahlkampf mit Inseraten in der nationalistischen Zeitschrift „Latvietis Latvija". In ihren Anzeigen wurden Hakenkreuzsymbole und die Worte „Der letzte Kampf für Lettland – Lettischer Sozialismus" verwendet.

Ein weiteres Beispiel: Der lettische Verlag „Vieda" hat einen Wettbewerb angekündigt, der sich „Der Weg zu einer neuen Welt oder Der wirkliche Nationalismus und die wahre Kultur – Die einzige Garantie für das Überleben Lettlands und seine Entwicklung" nennt. Die Anzeige für diesen Wettbewerb befand sich auf einem schwarzen Brett einer Universität in Lettland und die Studenten und Schüler sollten darüber nachdenken, warum Lettland dazu gezwungen wird, dem EU-Modell zu folgen. Sie sollten in diesem Wettbewerb darüber nachdenken, warum die Integration der Gesellschaft absurd ist, warum Kämpfer für Freiheit, nationale Partisanen und Legionäre im unabhängigen Lettland nicht verehrt werden. Man fragte die Studenten und Schulkinder, ob sie einen Aufsatz schreiben wollten. Es gab Themen zur Auswahl, wie zum Beispiel: „Die Realisierung der göttlichen Gerechtigkeit" oder „Lettlands Auslieferung von 700 000 Siedlern als die Aufgabe Nummer Eins". Als Ergebnis wurden mehr als 80 Aufsätze eingereicht, meist von jungen Menschen geschrieben. „Vieda" hat nun angekündigt, ein Buch mit den Aufsätzen zu veröffentlichen und allen Regierungsmitgliedern als Geschenk auszuhändigen. Es gab natürlich einige Beschwerden bei den zuständigen Behörden wegen Verleumdung und Hetze. Und auch hier sahen die Behörden keinen Handlungsbedarf.

Wenn ich über „nationale Partisanen" spreche – diese waren ja eines der Themen in diesem Wettbewerb –, sollte ich erklären, dass diese ehemaligen Legionäre am 16. März diesen Jahres gemeinsam mit Parlamentsmitgliedern in der Altstadt von Riga aufmarschierten und sich in der Rigaer Kathedrale versammelten. Sie hielten eine Prozession zu Ehren der Waffen-SS-Soldaten Lettlands ab. Die Messe wurde durch den Erzbischof der lettischen Kirche Janis Vanags abgehalten. Einen ähnlichen Aufmarsch gab es auch in verschiedenen anderen Städten.

Die lettischen Behörden widerstehen weiterhin dem Druck von Vertretern der Simon-Wiesenthal-Stiftung, Konrads Kalejs, ehemaliger Offizier des SD-Sonderkommandos, festzusetzen. Eine Abteilung, die Kalejs kommandierte, nahm aktiv an Hinrichtungen von Juden und Strafaktionen gegen die Bevölkerung – nicht nur in Lettland, sondern auch in Russland und Weißrussland – im Zweiten Weltkrieg teil. Kalejs musste aufgrund seiner nationalsozialistischen Vergangenheit aus den Vereinigten Staaten und Kanada flüchten. Zur Zeit lebt er friedlich in Australien.

Denkmäler für diejenigen, die 1944/45 Lettland von den Nazis befreit haben, werden heute zerstört. Zweimal wurde das Denkmal, für die Befreier von Riga gesprengt. Mitglieder der faschistischen Organisation „Perkonkrusts" waren dafür verantwortlich. Sechs Menschen wurden angeklagt, die Strafen aber fielen milde aus. Fünf Jahre Haft für ein Mitglied der Gruppe – die Höchststrafe. Die Gruppe selber bezeichnet sich als lettische Kampforganisation, den Kern der rassischen und nationalen Reinheit, deren Ziel ein „lettisches Lettland" ist. Symbol von „Perkonkrusts" ist ein Hakenkreuz.

Vor einigen Tagen war der 8. Mai. An diesem Tage verehren Menschen diejenigen, die in der Anti-Hitler-Koalition kämpften. Aufgrund des großen Drucks mussten die Behörden auch in Lettland diesen Tag, als Tag der Befreiung von Hitlerdeutschland, in den Kalender aufnehmen. Eine offizielle Gedenkveranstaltung mit unserem Präsidenten und dem Premierminister gab es nicht. Ihr Verhalten war so, als wäre dies ein Tag wie jeder andere. Eine große Demonstration, die durch unsere politische Vereinigung organisiert wurde, fand unter Beteiligung von Tausenden Menschen statt. Regierungsvertreter suchte man vergebens.

Konzeption: Steffen Zillich, Mitglied des Berliner Abgeordnetenhauses (PDS)

Forum 2000plus! Für eine tolerante Gesellschaft – gegen Rechtsextremismus und Rassismus

Prof. Dr. Hajo Funke, *Politikwissenschaftler an der Freien Universität Berlin*

Ich bin der Meinung, dass der traditionelle Rechtsextremismus, wie wir ihn aus der Bundesrepublik kennen, und der entsprechende Begriff das neue Phänomen nicht mehr fasst. Ich gehe deswegen von einem Rechtsextremismus neuen Typs aus, der sich in der völkischen Alltagskultur, in einer Lifestyle-Bewegung, insbesondere unter männlichen Jugendlichen auch und gerade in Ostdeutschland ausgebreitet hat und dennoch ein West-Ost-Produkt ist. Zu den Ursachen rechne ich erstens den langtradierten Autoritarismus in der deutschen Gesellschaft aus dem 19. Jahrhundert, eine ethno-nationalistische Tradition, eine antisemitische Tradition und eine rassistische Tradition, die in der DDR und in Westdeutschland erst recht in den 50er Jahren kaum angemessen individuell aufgearbeitet worden ist. Denn eine der erfolgreichsten Sozialisationsagenturen, die die deutsche Gesellschaft und Geschichte je hatte, ist die HJ gewesen. Die individuelle Auseinandersetzung mit diesen Traditionen ist weder in Ostdeutschland, in der damaligen DDR, noch in Westdeutschland angemessen vorgenommen worden. Es hat in den 60er, 70er, 80er Jahren im Westen Versuche gegeben. Die individuelle Auseinandersetzung im Osten ist trotz eines von vielen glaubwürdig formulierten Antifaschismus dennoch nicht auf der Ebene der Individuen, durch offene Diskussion zureichend bearbeitet worden. Zweitens sind die Einigungskosten deswegen so hoch, weil sie auf diesen autoritären Potentialen aufbauen konnten. In der Nachwendezeit haben wir die einigungspolitischen Fehler das, was Helmut Schmidt dann im Ergebnis 1998 als „Absturz Ost" bezeichnet hat. Es geht um eine falsche Treuhandpolitik und ebenfalls eine falsche Politik der Rückgabe statt Entschädigung und andere Mechanismen, die jedenfalls in der Wirkung zu Wahrnehmungen einer psychischen Kolonisierung und hoher Entfremdung und Enteignung in der Vereinigung geführt haben. Dritte Ursache ist ein Asyldiskurs, der auf Kosten der Schwächsten formuliert worden ist, zum Teil in bewusster Anspielung an diese bedrohte schwache Gruppe und nationalistische Tendenzen in der Bevölkerung. 90 Prozent „Scheinasylanten" waren 1991 genauso falsch wie sie es heute sind. Viertens konnten neonazistische Kader aus dem Westen und Faschos aus dem Osten an diese Potentiale, an die Frustration, insbesondere bei Jugendlichen mit einer Alltagsbewegung von männlichen Jugendlichen anknüpfen. Das alles ist im Sündenfall der Berliner Republik sichtbar geworden, nämlich den Rostocker Unruhen 1992. Es hat zu einem antidemokratischen Lernprozess in großen Teilen der männlichen Jugend, vor allem im Osten, aber auch mit Wirkung im Westen geführt. Vor diesem Hintergrund ist das, was zu tun ist, das Thema dieser Veranstaltung, die uns hier zusammenbringt, keineswegs nur, aber auch, Repression gegenüber solchen Kadern – seien es freie Kameradschaften oder die neo-nationalsozialistische NPD mit dem horrenden Antisemitismus eines Horst Mahler. Zweitens ist es wichtig und hat Wirkungen auf die Organisierungsbereitschaft nicht-rechter Jugendlicher, dass man appelliert, dass man es nicht zulässt, dass in der Öffentlichkeit weiter über Asylbewerber geredet wird wie Anfang der 90er Jahre. Die Debatte seit Sommer ist insofern ernst und ernst zu nehmen. Aber drittens reicht das überhaupt nicht aus – weder die Repression, noch die Appelle –, sondern es bedarf einer vor allem kommunalen Demokratisierung. Wir brauchen eine kommunale Kompetenz. Wir brauchen eine Jugendarbeits-, Wirtschafts- und Ausbildungskompetenz im sozialen Nahraum. Wir können nicht Hunderttausende Jugendliche bitten, nach Stuttgart zu ziehen. Sie verrecken und verrotten, wenn man sie in Schwedt und Sebnitz weiter alleine lässt.

Ich glaube also, es ist eine soziale Dimension, die den Nährboden gibt, und eine rassistische Tradition, die die prekäre Konstellation, der wir ausgesetzt sind, kennzeichnet. Deswegen muss an beiden Fronten in der Kommune gearbeitet werden. Dazu besteht die Notwendigkeit vierter, fünfter, sechster Ausbildungs- und Arbeitsmärkte. Da gibt es viel Flexibilität, wenn man denn will.

Saskia Sassen, *Sozialwissenschaftlerin an der Universität von Chicago und Globalisierungsforscherin und -kritikerin*

Ich möchte verschiedene Fragen ansprechen. Zuerst: Wenn Asylbewerber, MigrantInnen und Flüchtlinge versuchen, ein Land illegal zu betreten und sterben – ich spreche von unseren Territorien, von unseren Ländern ... diese Toten kann man doch nicht als illegale Leichen betrachten. Das ist aber in England passiert.

Die 15 Einwanderer, die in einem LKW tot aufgefunden wurden, wurden als tote illegale Leichen betrachtet. Sie wurden also zu etwas nicht Realem gemacht. Es gibt in unserem System anscheinend etwas, was dies ermöglicht. Aber so etwas gibt es doch in Wirklichkeit nicht – eine illegale Leiche! Und das ist eine Frage, die wir anpacken müssen. Es ist eine schwierige Frage und es passiert jeden Tag. Sie wissen das, Sie kennen die Statistik. Über 1 000 Menschen sind beim Versuch, Europa zu betreten, gestorben. Und das sind nur die, die gefunden wurden.

Wir finden dabei zwei Kontexte vor. Der erste Kontext wurde vom ersten Redner beschrieben. Er hat eine lange Geschichte in allen reichen Ländern – dieser Rassismus, die Diskriminierung durch Menschen, die das Fremde nicht möchten. Aber es gibt auch eine zweite Geschichte, eine kurze und kleine Geschichte, die sich in den letzten zehn Jahren entwickelt hat. Diese Geschichte hat zwei Komponenten. Die eine ist die der Globalisierung. Die Globalisierung baut Brücken. Die Brücken sind eigentlich für das Kapital geschaffen worden – für Kapitalflüsse, für Informationsflüsse und auch für die Flüsse von internationalen Geschäftsleuten. Aber die Brücken werden auch von anderen benutzt – von Verbrechern und Menschenhändlern. Ich glaube, wir haben im Westen ganz gut reagiert, indem wir ein juristisches- und Verwaltungsumfeld geschaffen haben, um diese Kapitalflüsse, Informationsflüsse und beruflichen Flüsse zu organisieren bzw. zu strukturieren – WTO, EFTA.

Freihandelsabkommen haben Maßnahmen getroffen, damit Menschen leichter herumreisen können. Die Mitglieder der „Plauderklassen" – so wie ich – haben ebenfalls keine Probleme, Grenzen zu überschreiten. Wir müssen diese Ressourcen benutzen, wir müssen unsere innovativen Fähigkeiten einsetzen, um Verwaltungs- und Rechtsumfelder zu schaffen, die es auch anderen ermöglichen – den Asylbewerbern, den MigrantInnen – diese Brücken für sich zu benutzen, ohne dass sie als illegal betrachtet werden. Aber das ist sehr schwierig.

Die zweite Komponente dieser kurzen Geschichte, die ich anspreche, betrifft die Menschenrechtsregime. Eigentlich gibt es seit 1988 verschiedene Gesetze und Abkommen für die Menschenrechte, die manches erleichtern. So wurden die Rechte des Einzelnen gestärkt. Ich glaube aber auch, wenn wir an diesem erreichten Punkt stehen bleiben, ermöglichen wir es, dass in unseren Ländern Menschen anders beurteilt werden, dass Rassismus, Diskriminierung und auch ganz legal mangelnde Akzeptanz gegenüber von MigrantInnen herrschen werden. Ich biete ein Beispiel dafür an. Ich will nicht sagen, dass das immer so ist, aber in den Vereinigten Staaten – und das ist jetzt eine Fußnote – wurden viele (negativen) Fortschritte gemacht, wenn es darum geht Rassismus, Intoleranz,

Verfolgung und Tod zu schüren. Es ist in den Vereinigten Staaten viel schlimmer als in Europa. Gesetze wurden geändert und jetzt können die Behörden selbst viel leichter Menschen verfolgen. Ein Beispiel – und das ist nur eines von vielen: Es gibt große Landwirtschaftsunternehmen, die sehr oft illegale MigrantInnen ohne Papiere als Arbeitskräfte einsetzen. Die Behörden erscheinen oft und fangen an, diese Menschen zu verfolgen. Meist schon direkt auf den Feldern. Sie terrorisieren diese MigrantInnen so, dass sie zum Beispiel ins Wasser gelaufen sind und dort ertranken. Wenn mein Sohn, der Idealist und Romantiker ist, unter ihnen wäre, hätte er dann die Zeit zu sagen „Mensch, ich habe hier einen Pass"? Nein, er würde mitlaufen und vielleicht auch ertrinken. Ich glaube, so wie sich die Gesellschaften entwickeln, werden irgendwann diese so genannten legalen Verfolgungen weitere Intoleranz fördern. Das ist es, was ich wirklich unmöglich finde. Die Art und Weise wie unsere juristischen Systeme, unsere Rechtssysteme dieses fördern. Es ist ein Geschwür und wird sich in den Institutionen unserer Gesellschaft, unserer Rechtsordnung weiter ausbreiten.

Dr. Max Stadler, *Innenpolitischer Sprecher der FDP-Fraktion im Deutschen Bundestag*

Ich gestehe, dass ich einen kurzen Moment gezögert habe, ehe ich die Einladung angenommen habe, weil ein bürgerlicher Mensch an diesem Tag glaubte, gewisse familiäre Verpflichtungen zu haben. Erfreulicherweise hat mich meine Familie aber davon freigestellt, weil bei uns die Auffassung vorherrscht, dass es wenig Sinn macht, einmal im Jahr einen Muttertag zu begehen, sondern dass sich der familiäre Zusammenhalt das ganze Jahr über erweisen muss. Ich erwähne dies deswegen, weil ich glaube, der Kampf gegen Rechtsextremismus – so weit hergeholt vielleicht die Parallele ist – verpflichtet uns auch, es nicht mit einem gemeinsamen Beschluss des Deutschen Bundestages bewenden zu lassen, so erfreulich es ist, dass sich vier Fraktionen zu einem solchen Beschluss zusammengefunden haben. Der Kampf gegen Rechtsextremismus ist natürlich eine dauerhafte und nachhaltige Aufgabe, die von uns Politikern auch fordert, das ganze Jahr über und bei jedem Thema schon in der Wortwahl sehr bewusst vorzugehen. Zu Recht haben Sie die falsch gelaufene Asyldebatte von Anfang der 90er Jahre apostrophiert. Das setzt sich ja jetzt wieder fort in der Migrationsdebatte mit äußerst gefährlichen Sätzen, wie etwa in der Unterscheidung von Ausländern, die uns nützen, und solchen, die uns ausnützen. Das ist der verbale Sprengstoff, der gesetzt wird und wo man sich nicht wundern muss, wenn er sich dann entzündet. Da dies also eine dauerhafte und nachhaltige Aufgabe für die Politik ist, gebietet es die Fairness einer solchen Veranstaltung, Ihnen auch meine Beobachtungen aus dem Innenausschuss des Bundestages mitzuteilen, dem ich seit 1994 angehöre. Ich habe festgestellt, dass dort diese Problematik in ganz besonderem Maße und mit großer Sachkenntnis und Hartnäckigkeit von Ihrer innenpolitischen Sprecherin, Ulla Jelpke, thematisiert worden ist und wird. Und zwar auch schon zu einem Zeitpunkt, wo dies noch kein allgemeines Thema war. Es galt ja zunächst einmal Problembewusstsein zu erzeugen, denn es gibt schon eine gewisse Tendenz der Verdrängung und der Verharmlosung. Sie haben es sicher verfolgt, dass Frau Jelpke etwa mit zahlreichen Anfragen herausgefunden hat, dass die Bundesregierung geschönte Statistiken vorgelegt hat, was die Zahl der Opfer von rechtsextremer Gewalt anbelangt. So dass schließlich die Kriterien für die Erfassung rechtsextremer Straftaten und diese Statistiken geändert werden mussten. Das ist so ein Beispiel für die Nachhaltigkeit in dieser Diskussion. Es galt also Problembewusstsein zu schaffen und es galt, die richtigen Lösungsansätze voranzubringen. Dazu gehört etwa auch die Frage, wie Steuergelder richtig eingesetzt werden. Es hat lange gedauert, bis es ins allgemeine Bewusstsein eingedrungen ist, dass Publikationen und politische Bildungseinrichtungen rechtsextreme Inhalte verbreiten und dass dafür Steuergelder zur Verfügung gestellt werden. Dies ist ein zweites Beispiel der Tätigkeit der Kollegin Jelpke, die dies mit Anfragen klargestellt hat. Meine Beobachtung ist die, dass solches beharrliches Nachbohren zwar zu großem Ärger im Innenministerium führt, weil man da belästigt wird und Positionen auch ändern muss, dass wir aber gern von den anderen Fraktion das Material, das auf diese Weise zutage gefördert wird, für die eigene Information und für die eigene Meinungsbildung verwenden.

Man braucht die Repression. Niemand hat das Recht, dass er wegen einer Straftat ungeschoren davon kommt, nur weil er einer noch nicht verbotenen Partei angehört. Wir brauchen die Instrumente der Strafverfolgung und der Repression selbstverständlich. Noch wichtiger ist das, was wir auch als Bundestagsfraktion in Thesen für die Bildungsarbeit, für die Prävention versucht haben zu formulieren. Ich will noch anmerken, dass die FDP-Fraktion sich ja gegen das NPD-Verbot gewandt hat, nicht etwa in der Meinung, die NPD sei nicht verfassungswidrig, sondern aus der politischen Erwägung heraus, dass ein solches Verbotsverfahren leicht Alibicharakter gewinnen kann und dass die Aufgabe, den Rechtsextremismus zu bekämpfen weit über ein solches Verbotsverfahren hinaus reicht. Demgemäß muss sie aus einem Mix von Prävention und Repression bestehen.

Dr. Rabbiner Andreas Nachama, *Repräsentant der Jüdischen Gemeinde*
zu Berlin

Wenn Verfassungsorgane zu dem Schluss kommen, eine Partei wäre verfassungsfeindlich, kann es keine Diskussion geben, dann müssen sie einen Verbotsantrag stellen, denn sonst wären solche Organe unnötig und überflüssig. Es ist ihre Aufgabe die freiheitlich demokratische Grundordnung vor denen zu bewahren, die sie zerstören wollen. Das ist doch eine Grundlehre aus dem Untergang der Weimarer Republik. Wir sind eine wehrhafte Demokratie! Deshalb müssen die Verfassungsorgane prüfen, wägen und gegebenenfalls die entsprechenden Anträge in die Wege leiten. Wenn es auf der anderen Seite dabei bliebe und man meinte, damit den Kampf gegen Rechts gewonnen zu haben, hat man ihn schon verloren. Das soll heißen, mit den Verbotsanträgen ist es nicht getan. Wenn man sich anschaut, was mein Vor-Vorgänger im Amt des Vorsitzenden der Jüdischen Gemeinde Heinz Galinski in den 80er Jahren an Reden über Rechtsextremismus in der Bundesrepublik (West) gehalten hat, dann weiß man, worüber wir in den letzten zehn Jahren klagen. Der Rechtsextremismus ist nicht vom Himmel gefallen. Das ist ein ganz wesentlicher Punkt.

Am 9. oder 10. Mai 1945 war dieses Land nicht befreit, sondern es hat sich unter der Besatzung, unter fürsorglicher Belagerung, schließlich auch ein Stück freiwillig in eine andere Richtung begeben. Aber die ewig Gestrigen haben ihre Strukturen auch beibehalten und haben dafür gesorgt, dass heute eine ganz neue Generation, möglicherweise auch in einer neuen Qualität, eine neue völkische Ideologie propagiert. Das ist deprimierend. Dass ich hier auf dem Podium sitze, hat ja nichts damit zu tun, dass ich FDP-Mitglied bin oder dass ich Vorsitzender der Jüdischen Gemeinde war. Es hat damit zu tun, dass ich mich über viele Jahre hinweg mit diesen Themen auseinander gesetzt habe, ob in der Topographie des Terrors oder an anderen Stellen. Wir alle, die wir in diesem Land leben, sind aufgerufen, für eine tolerante Gesellschaft zu sorgen, für eine Gesellschaft, die respektvoll miteinander umgeht: Und wir wissen, was passieren kann, wenn Rassenhass und Antisemitismus zu gesellschaftlich akzeptierten Einstellungen werden: Der „Schutthaufen bei Potsdam", wie Berlin spöttisch genannt wurde, ist doch unvergesslich. Die traurigen Beispiele aus der Vergangenheit ließen sich mehren. Aber es geht nicht nur um Vergangenheit, sondern leider auch um Gegenwart.

Wenn wir darüber reden, wer in den letzten Jahren hier alles zu Tode gekommen ist, ermordet oder körperlich so sehr drangsaliert wurde, dass er heute kein normales Leben mehr führen kann, dann wird das immer gerne so abgetan wie die Unfallstatistik des ADAC aus dem Straßenverkehr, als etwas, wogegen man sich nicht wehren kann. Um es an einem Beispiel zu verdeutlichen: Die Gesellschaft, wir alle sind gefragt, wenn NPD, DVU, „Republikaner" oder andere durchs Brandenburger Tor ziehen wollen. Es muss einen Bürgerwillen geben, der dagegen steht. Ein solcher Bürgerwille ist wichtiger als Anträge von Verfassungsorganen, er ist zugleich die Voraussetzung und die Grundlage von solchen Anträgen. Ich glaube, man kann sich wehren und man soll sich wehren, ja man muss sich öffentlich bekennen: Die Demonstration vom 9. November 2000 ist nicht nur bemerkenswert, weil da das Brandenburger Tor von den Bürgern, von der sonst schweigenden Mehrheit okkupiert worden ist, sondern sie ist bemerkenswert, weil sie einmal zeigt, dass da 200 000 oder 250 000 Leute standen, wogegen die, die von der NPD, DVU, von den „Republikanern" oder einer sonstigen kahlrasierten Dummheit kommen, nur einige Hundert sind. Man soll sich weder die Öffentlichkeit noch die Straße abraufen lassen von diesen Herrschaften, sondern dagegen laut und deutlich Proteststandpunkte beziehen. Das ist, denke ich, das, was eine bürgerliche Gesellschaft tun kann, neben der Erziehung, neben dem, was in den Elternhäusern zu laufen hat. Prof. Funke hat in Aufsätzen und in seinem Buch darauf hingewiesen, dass diese in dem letzten Jahrzehnt entstandene völkische Alltagskultur durchaus auch strukturelle Parallelen mit dem Ende der Weimarer Republik hat: Damals wie heute gibt es Menschen, die nicht gewöhnt waren oder sind, für sich Verantwortung zu tragen und die dann die Verantwortung für ihr vielleicht im Augenblick unglückliches Schicksal bei anderen suchten. Es spricht schon für sich, wenn bei 15 und mehr Prozent Arbeitslosigkeit Leute meinen, dass das halbe Prozent Ausländer, die in ihrem Gebiet leben, möglicherweise daran Schuld sein können. Das entbehrt jedweder Logik. Aber mit Logik ist hier nichts getan. Hier muss gekämpft werden. Hier muss deutlich gemacht werden, dass diejenigen, die sich gegen die rechtliche Gleichheit der Menschen wenden, eben außerhalb der Gesellschaft stehen. So wie das in England auch ein unhaltbarer Zustand ist. Als vor kurzem diese 15 Menschen ums Leben gekommen sind, weil ein schleusender LKW-Fahrer eine Lüftungsklappe vergessen hat zu öffnen. Wer trägt die Verantwortung dafür, dass Menschen ihr Leben riskieren, um über eine Grenze zu gehen. Es beginnt damit, dass diese Menschen einfach als 15 „Illegale" bezeichnet werden – als könne Leben gegen das Gesetz sein – also illegal sein. Wir alle sollten lernen: Es gibt keine Asylbewerber, es gibt keine Illegalen, es gibt nur Menschen und es gibt Recht. Wir alle haben uns dafür einzusetzen, dass jedermann, der innerhalb des Wirkungskreises eines Rechtsgebietes ist, vor diesem Recht gleich behandelt wird.

Petra Pau, *Stellvertretende Partei- und Fraktionsvorsitzende der PDS im Deutschen Bundestag und Berliner Landesvorsitzende der PDS*

Da ich der Analyse sowohl von Prof. Funke wie auch der Darstellung von Dr. Nachama zustimme, spare ich jetzt einfach Zeit, indem ich bestimmte Dinge nicht wiederhole. Aber ganz deutlich wird etwas, was diejenigen, die gestern schon die Chance hatten in unterschiedlichen Workshops zu arbeiten, auch unterstrichen haben. Wir haben es mit etwas zu tun, was jahrzehntelang, wenn nicht noch länger, gewachsen ist und verharmlost wurde, und das übrigens nicht nur im Westen, sondern auch im Osten. Und wir müssen uns klarmachen, dass das nicht mit einer einmaligen Anstrengung oder einer einmaligen Aktion aus der Gesellschaft zu drängen ist. Ich denke, dass es ein Problem der gesamten Bundesrepublik ist, aber nicht nur der Bundesrepublik, sondern mindestens auch Europas, und zwar in Ost und West. Trotzdem – und da spreche ich jetzt für mich und meine Partei, die ich vertrete – dürfen wir die Augen nicht vor den Ursachen, die zum Beispiel auch im realen Sozialismus gelegen haben, verschließen. Da ist uns eine Kontroverse übrig geblieben, die wir auch mit dem heutigen Tag nicht klären werden. Gestern Abend habe ich es so zusammengefasst, dass wir es hier mit zwei Extremen zu tun haben – dazwischen lagen natürlich sehr differenzierte Positionen: die einen, die vor allen Dingen autoritäre Strukturen, das System der DDR verantwortlich machen, für das, was uns im Osten ganz besonders entgegenkommt, und die anderen, die sagen, das hat es alles gegeben, aber wir wollen das Ganze verschweigen, um den sozialistischen Versuch nicht zu delegitimieren. Ich denke, beides trifft es nicht, sondern in die Analyse müssen wir genau das, was Prof. Funke auch für die Bundesrepublik (alt) heute hier dargestellt hat, einbeziehen, aber eben auch das, was wir hier gemeinsam geerbt haben.

Gleichzeitig ist es sicherlich falsch den so genannten verordneten Antifaschismus sowie die darauf fußende Kultur und Bildung in der DDR für den Rechtsextremismus in der Bundesrepublik (alt wie neu) in Haftung zu nehmen. Hier ist schon klarzustellen: Antifaschismus bedeutet, dass man für ein Menschenbild eintritt, das von Toleranz, Emanzipation, Individualität, Freiheit und Solidarität geprägt ist, und dass mit Weltoffenheit für eine solche Einstellung geworben wird. Antifaschismus schließt eben auch den Aufruf zu Zivilcourage und Mitverantwortung ein. Antifaschismus bedeutet auch Solidarität mit den Opfern.

Ich denke, Rechtsextremismus ist kein Randproblem, sondern es muss als gesellschaftliche Erscheinung, die auch aus der Mitte der Gesellschaft gespeist wird, begriffen werden. Das heißt auch, dass wir es mit verbreiteten Denkweisen und Einstellungen zu tun haben, was nicht ausschließt, dass diese Denkweisen

und Einstellungen auch in Taten münden. Aber wir sollten uns nichts vorma-
chen: Selbst wenn die Zahlen derjenigen, welche sich in den zitierten Parteien
organisieren, gar in Kameradschaften oder in anderen Zusammenhängen gewalttätig werden, vergleichsweise klein ist. Die Einstellungen in der Gesamtbevölkerung sind sehr viel umfassender verbreitet. Wenn ich sage, das wird aus der
Mitte der Gesellschaft gespeist, dann wissen wir ja, dass hier vorne auch prakti-
zierende Politiker sitzen. Wir müssen uns also die Frage stellen: Welche Verantwortung auch wir – mit unserer Sprache, mit der Art und Weise des Umgehens
mit gesellschaftlichen Problemen – haben? Ob man nicht mit Schlagworten diesen verbreiteten Denkweisen noch entgegenkommt.

Ich denke, der Kampf gegen Rechtsextremismus muss dort stattfinden, wo
er sich konkret zeigt. Die Zivilgesellschaft ist genauso wie staatliche Institutionen gefordert, sich vor Ort nicht nur zu Zivilcourage, zu einem Dagegensein zu
bekennen, sondern auch Maßnahmen dagegen zu treffen. Das heißt, dass die
Politik konkret gefordert ist, dort wo auch institutionell Rassismus, Ausgrenzung gefördert wird, dagegen aufzutreten. Das sind Dinge, die zum Teil seit
Jahrzehnten in der Debatte sind. Das betrifft die Ausländergesetzgebung der
Bundesrepublik, das Asylbewerberleistungsgesetz, das immer wieder diskutierte
und kritisierte Flughafenverfahren, wo Menschen, die in unser Land kommen,
unter unwürdigsten Bedingungen darauf warten, dass ihr Anliegen entschieden
wird. Hier sind zuallererst Politikerinnen und Politiker gefordert, aber natürlich
auch jeder andere. Auch die Frage von Aufklärung und Bildung, dass dafür auch
Geld zur Verfügung stehen muss, gehört dazu.

Antifaschismus muss endlich heraus aus dem Katalog der Bedrohung der Verfasstheit diese Landes und muss als gesellschaftlicher Wert und als Motivation
zum Handeln in diese Gesellschaft eingebracht werden. Das heißt, auch Menschen, die sich in Initiativen oder auch allein engagieren, dürfen nicht kriminalisiert werden. Sie dürfen nicht unter den Generalverdacht gestellt werden, dass
sie eigentlich Hand an die Wurzeln unserer Gesellschaft legen. Dieses Engagement gehört gefördert, aber auch in der Gesellschaft entsprechend geachtet.

Ganz wichtig ist es, in breiteste Bündnisse nicht nur gegen Rechtsextremismus zu kommen, sondern entsprechend dem Motto unserer heutigen Veranstaltung deutlich zu machen, wofür sich Menschen mit so ganz unterschiedlicher
Herkunft in dieser Gesellschaft engagieren und welches Bild von einer toleranten und menschlichen Gesellschaft sie haben.

Ich denke, eine Verkürzung möglicher Maßnahmen gegen den Rechtsextremismus auf Repression und Verbote ist höchst gefährlich, weil das auch in der

breiten Gesellschaft die Illusion nährt, dass dieses Problem administrativ zu lösen ist. Es hemmt auch Zivilcourage und antifaschistisches Engagement. Ich bin höchst skeptisch, ob man Bedrohungen für die Verfasstheit der Gesellschaft, für Menschen- und Bürgerrechte durch die Einschränkung – sozusagen vorauseilend – von Bürgerrechten, z. B. des Versammlungsrechtes, tatsächlich entgegentreten kann oder ob wir nicht auf diese Art und Weise selbst auch an der Verfasstheit dieses Landes rütteln.

Didier Motchane, *Vizepräsident Mouvement des Citoyens (MDC), Frankreich*

Mir scheint, dass wir alle wissen und fühlen, dass es hier um ein großes ethisches Problem der Politik geht. Ich möchte nur ganz kurz darauf verweisen, dass die Menschlichkeit eine ethische Kategorie ist. Gegenwärtig kann es sich um keine politische Kategorie handeln. Ich möchte ganz kurz auf drei Gedankengänge eingehen.

„Es ist viel leichter, die Grenzen der Nation zu überschreiten als die Grenzen der Klassen!" Wir sollten bei unseren Überlegungen auch an ein Wort von Pascal denken. Er hat uns aufgefordert, wachsam zu sein. „Wer nämlich zu sehr den Engel macht, ist dann der Dumme."

Kurz etwas zum Internationalismus von heute, vor allem zu den Beziehungen zwischen den Nationen und zum Postnationalen. Das Migrantenproblem ist ein weltweites Problem. Dieses Problem steht vor der gesamten Menschheit. Besonderes Kennzeichen sind die gewaltigen Flüchtlingsströme. Auch unsere Länder haben dazu beigetragen. Es gibt einen großen Unterschied zwischen denen, die dienstlich unterwegs sind oder eine Reise um die Welt machen und in der Regel zu sich nach Hause zurückkehren und denen, die auf der Flucht sind. Wir haben es mit gewaltigen Flüchtlingsströmen zu tun. Wir kennen dieses Phänomen sowohl in Europa als auch in anderen Teilen der Welt. Hier sollten wir unbedingt die Schlussfolgerung ziehen, dass es intellektuell und moralisch gesehen ein gewaltiger Irrtum wäre, wenn man hier die moralischen Anforderungen mit den Anforderungen an die Verwirklichung der Menschenrechte verwechselt und das dann auch noch gleichsetzt mit den Kapital- und Marktbewegungen. Wir müssen hier genau unterscheiden, denn wenn man das nicht tut, dann spielt man mit. Und das, was Marx mit der „Reservearmee der Arbeiter" bezeichnet hat, wird dann eine europäische Form der Sklaven und wir werden es mit einer Situation zu tun haben, wo Tausende und Abertausende Menschen, die von sehr weit herkommen, jahrelang wie Sklaven arbeiten. Hier in Europa – auch in Frankreich ist das so – arbeiten sie wie Sklaven. Sie sind von der Realität total abgeschnitten, sind gezwungen illegal zu arbeiten, um den Preis für ihre Überfahrt zu bezahlen. Sie erhöhen damit letztendlich den Profit der Menschenschmugglerbanden.

Angesichts dieser Situation, die nicht leicht zu bekämpfen ist, brauchen wir den Internationalismus zwischen den Staaten. Ich meine hier zwischen den Rechtsstaaten. Gegenwärtig kennen wir den real existierenden Internationalismus und dieser Internationalismus, den ich als real bezeichne, wird dominiert von der Hochfinanz. Dann haben wir es mit dem nostalgischen Internationalismus zu tun. Ich meine den Internationalismus der früheren Arbeiterbewegung, als es um den Internationalismus des Elends ging. Dieses Elend hat das Sklavenheer des Kapitals genährt. Wir müssen uns dieser Realität bewusst werden und müssen uns all die Mittel verschaffen, um dem entgegen zu wirken und uns zu wehren. Und wir sollten uns hier auch über die Begriffe „Staat" und „Nation" Klarheit verschaffen. Wir sollten uns genau vergegenwärtigen, dass es zwei verschiedene Wege der Konstruktion und Realisierung gibt. Die traditionellste Form der Nation ist die, die sich auf ihre Wurzeln beruft. Es geht um die ethnische oder kulturelle Nation. Auf der anderen Seite gibt es die andere Form der Nation, die in der großen Französischen Revolution geboren wurde. Das ist eine politische Nation. Mit anderen Worten eine Nation, die sich über den Willen definiert, die politische Entscheidungsbildung und die Meinungsbildung zu teilen. Letzteres trifft auf Frankreich zu, so mangelhaft diese Demokratie auch sein mag.

Kurz dazu, was wir in Europa gemeinsam anpacken sollten und was vor allen Dingen die Deutschen und Franzosen gemeinsam unternehmen müssen. Man kann nur sagen, dass der reale Internationalismus wirksam und möglich ist, wenn er sich wirklich auf Demokratie stützt. Der einzige zivilgesellschaftliche Rahmen dafür ist, dass wir uns immer vor der Illusion bewahren, hier einen nationalen Posten zu schaffen. Vor kurzem hat der Bundestag das deutsche Staatsbürgergesetz verändert. Ich glaube, dass das auch ein weiterer Grund dafür ist, dass wir uns jetzt noch besser verstehen und gemeinsam im heute diskutierten Sinne handeln.

Konzeption: Harald Pätzolt, Berater der PDS-Bundestagsfraktion